"十三五"国家重点出版物出版规划项目

转型时代的中国财经战略论丛 ◢

国家社会科学基金青年项目"产业政策视角下中国产能过剩的形成机制
与治理路径研究"（批准号18CJL027）

要素价格扭曲
对中国工业产能过剩的影响研究

邹 涛 著

中国财经出版传媒集团

经济科学出版社
Economic Science Press

图书在版编目（CIP）数据

要素价格扭曲对中国工业产能过剩的影响研究/邹涛著.
—北京：经济科学出版社，2020.11
（转型时代的中国财经战略论丛）
ISBN 978 - 7 - 5218 - 1952 - 6

Ⅰ. ①要…　Ⅱ. ①邹…　Ⅲ. ①生产要素 - 价格 - 影响 -
工业产品 - 生产过剩 - 研究 - 中国　Ⅳ. ①F424

中国版本图书馆 CIP 数据核字（2020）第 192554 号

责任编辑：刘战兵
责任校对：隗立娜
责任印制：李　鹏　范　艳

要素价格扭曲对中国工业产能过剩的影响研究
邹　涛　著
经济科学出版社出版、发行　新华书店经销
社址：北京市海淀区阜成路甲 28 号　邮编：100142
总编部电话：010 - 88191217　发行部电话：010 - 88191522
网址：www. esp. com. cn
电子邮箱：esp@ esp. com. cn
天猫网店：经济科学出版社旗舰店
网址：http：//jjkxcbs. tmall. com
北京季蜂印刷有限公司印装
710 × 1000　16 开　17.5 印张　285000 字
2020 年 11 月第 1 版　2020 年 11 月第 1 次印刷
ISBN 978 - 7 - 5218 - 1952 - 6　定价：69.00 元
（图书出现印装问题，本社负责调换。电话：010 - 88191510）
（版权所有　侵权必究　打击盗版　举报热线：010 - 88191661
QQ：2242791300　营销中心电话：010 - 88191537
电子邮箱：dbts@ esp. com. cn）

总　序

山东财经大学《转型时代的中国财经战略论丛》（以下简称《论丛》）系列学术专著是"'十三五'国家重点出版物出版规划项目"，是山东财经大学与经济科学出版社合作推出的系列学术专著。

山东财经大学是一所办学历史悠久、办学规模较大、办学特色鲜明，以经济学科和管理学科为主，兼有文学、法学、理学、工学、教育学、艺术学八大学科门类，在国内外具有较高声誉和知名度的财经类大学。学校于 2011 年 7 月 4 日由原山东经济学院和原山东财政学院合并组建而成，2012 年 6 月 9 日正式揭牌。2012 年 8 月 23 日，财政部、教育部、山东省人民政府在济南签署了共同建设山东财经大学的协议。2013 年 7 月，经国务院学位委员会批准，学校获得博士学位授予权。2013 年 12 月，学校入选山东省"省部共建人才培养特色名校立项建设单位"。

党的十九大以来，学校科研整体水平得到较大跃升，教师从事科学研究的能动性显著增强，科研体制机制改革更加深入。近三年来，全校共获批国家级项目 103 项，教育部及其他省部级课题 311 项。学校参与了国家级协同创新平台中国财政发展 2011 协同创新中心、中国会计发展 2011 协同创新中心，承担建设各类省部级以上平台 29 个。学校高度重视服务地方经济社会发展，立足山东、面向全国，主动对接"一带一路"、新旧动能转换、乡村振兴等国家及区域重大发展战略，建立和完善科研科技创新体系，通过政产学研用的创新合作，以政府、企业和区域经济发展需求为导向，采取多种形式，充分发挥专业学科和人才优势为政府和地方经济社会建设服务，每年签订横向委托项目 100 余项。学校的发展为教师从事科学研究提供了广阔的平台，创造了良好的学术生态。

习近平总书记在全国教育大会上的重要讲话，从党和国家事业发展全局的战略高度，对新时代教育工作进行了全面、系统、深入的阐述和部署，为我们的科研工作提供了根本遵循和行动指南。习近平总书记在庆祝改革开放 40 周年大会上的重要讲话，发出了新时代改革开放再出发的宣言书和动员令，更是对高校的发展提出了新的目标要求。在此背景下，《论丛》集中反映了我校学术前沿水平、体现相关领域高水准的创新成果，《论丛》的出版能够更好地服务我校一流学科建设，展现我校"特色名校工程"建设成效和进展。同时，《论丛》的出版也有助于鼓励我校广大教师潜心治学，扎实研究，充分发挥优秀成果和优秀人才的示范引领作用，推进学科体系、学术观点、科研方法创新，推动我校科学研究事业进一步繁荣发展。

伴随着中国经济改革和发展的进程，我们期待着山东财经大学有更多更好的学术成果问世。

山东财经大学校长

2018 年 12 月 28 日

2

前　言

　　生产能力大于市场需求是市场经济运行过程中的正常现象，是经济波动中市场供求关系的特殊表现，合理范围内的产能过剩甚至有利于促进市场竞争、提高资源配置效率，但是当产能过剩超过一定程度时，便会引发市场恶性竞争、产品价格下降、企业亏损倒闭、失业增加、金融风险加大等经济社会问题，导致资源浪费，降低资源配置效率，增加经济运行成本，阻碍经济发展方式转变和产业结构优化升级，抑制经济运行效率提升。我国的产能过剩问题由来已久，从 20 世纪 90 年代开始出现至今，发生了三次大规模产能过剩，贯穿着我国改革开放后经济转型时期的发展历程，产能过剩已经成为中国经济运行的常态，尤其是 2008 年金融危机过后，产能过剩由阶段性产能过剩问题转变为长期性产能过剩问题，由低端局部性产能过剩转变为以重化工业产能过剩为主、部分新兴产业和轻工业产能过剩并存的全局性产能过剩，不仅具有周期性产能过剩特征，而且更多地表现为结构性产能过剩和体制性产能过剩，产能过剩已经成为阻碍我国经济健康、持续、稳定发展的主要障碍，严重阻碍了经济结构优化和转型升级，是我国经济运行过程中众多矛盾和问题的根源。

　　然而，以往从需求侧出发的经济刺激政策对投资、消费、出口的促进作用逐渐减弱，目前治理产能过剩的措施也仍然停滞在"控制增量""优化存量""行政管制"等短期手段层面，产能过剩治理收效甚微、步履维艰，甚至陷入越治理越严重的怪圈，因此，2015 年中央经济工作会议提出从供给侧积极稳妥地化解产能过剩，积极推进供给侧结构性改革，优化资本、劳动、土地、能源、环境等要素资源配置，提高供给体系的质量和效率，供给侧改革治理产能过剩的思路充分体现了我国的产能过剩从根本上说是由于包括要素供给和产品供给在内的供给端结构失衡导致的。而产能的供给侧主体是企业，生产要素是企业生产和产品供给的基础，因此，企业市场供给行为从根本上由要素价格和要素供给决定。然而，我国的要素价格长期偏离其边际产出价值，存在要素价格扭曲现象，在基本实现产品市场化定价的背景下，要素价格作为决定企业利润和成本的关键性因素，要素价格扭曲势必会误导企业的市场决策行为，导致企业在扭曲要素价格下的市场决策偏离完全竞争市场中的最优市场决策。进一步地，企业的投资、进入和退出等市场决策行为是决定市场企业数量、规模经济、竞争情况和产能利用情况等市场结构和市场绩效的关键，因此，要素价格扭曲导致企业做出非最优的市场决策必然会对市场中的产能利用情况产生不利影响。

鉴于此，本书基于我国经济转型时期要素价格扭曲和产能过剩并存的特征事实，在全面、系统地回归和梳理国内外关于要素价格扭曲和产能过剩研究的基础上，从产能供给侧主体——企业的市场决策行为入手，研究了要素价格扭曲对企业投资、进入和退出等市场行为的影响，深入剖析了要素价格扭曲情况下企业过度投资、过度进入和退出障碍等的形成原因，理论分析并实证检验了要素价格扭曲通过激励企业过度投资、诱导企业过度进入、形成企业退出障碍从而导致产能过剩的影响机制，并有针对性地提出了从根本上有效消除要素价格扭曲和化解产能过剩矛盾的对策建议，对深化供给侧改革、积极稳妥地化解产能过剩矛盾、推进产业结构调整优化升级、转变经济发展方式有重要的理论意义和现实指导意义。

相对于已有的研究，本书可能的创新点主要体现在以下几个方面：

（1）本书对要素价格扭曲对产能过剩的影响问题进行了深入、系统的理论分析和实证研究，得到了要素价格扭曲对企业的市场决策形成了扭曲激励，会激励企业过度投资、诱导企业过度进入和形成企业退出障碍，从而导致了大规模产能过剩的结论，为产能过剩形成原因的研究和分析提供了新的视角，一定程度上丰富了产能过剩成因的研究。（2）详细分析了要素价格扭曲激励企业过度投资的微观影响机制，采用制造业微观企业数据，运用预期投资模型和多部门完全竞争市场均衡模型对企业过度投资水平和行业间要素价格相对扭曲程度进行了测度，并在此基础上实证检验了要素价格扭曲对企业过度投资的激励效应，同时验证了要素价格扭曲对不同特征企业过度投资的差异化影响，从企业过度投资视角研究了要素价格扭曲对产能过剩的影响。（3）对要素价格扭曲诱导企业过度进入、导致企业退出障碍的影响机制进行了系统的理论分析，并通过实证检验提供了经验证据支持，为运用过度竞争理论解释产能过剩现象提供了新的分析视角和实证支持，从要素价格扭曲角度出发对于企业过度进入动机的分析丰富了我国"潮涌现象"成因的研究，同时实证考察了要素价格扭曲对不同特征企业过度进入和退出障碍的差异化影响效应，以及资本价格扭曲和土地价格扭曲对企业过度进入和退出障碍的不同影响。（4）本书实证检验了要素价格扭曲情况下不同所有制企业在产能过剩形成过程中发挥的作用，多数研究认为国有企业的过度投资、过度进入和退出障碍很大程度上推动了产能过剩的形成，但本书实证结果表明，要素价格扭曲在更大程度上推动了民营企业的过度投资和过度进入，同时也对民营企业形成了较强的退出障碍，民营企业的过度投资、过度进入和退出障碍在产能过剩形成过程中发挥了不容忽视的作用，本书在一定程度上矫正了对于产能过剩形成过程中推动主体的认识。

目 录

第1章 绪 论

    生产能力大于市场需求即一定程度的产能过剩是市场经济运行过程中的正常现象，是经济波动中市场供求关系的特殊表现，合理区间范围内的产能过剩甚至有利于促进市场竞争、提高技术和管理水平、推动企业创新、增进消费者福利，但是当产能过剩超过一定程度时，便会引发市场恶性竞争、产品价格下降、企业亏损倒闭、失业增加、金融风险加大等经济社会问题，导致资源浪费，降低资源配置效率，阻碍经济发展方式转变和产业结构优化升级，增加经济运行成本，抑制经济运行效率提升，严重影响国民经济的高效、持续、健康和协调发展。我国目前的产能过剩已经由阶段性产能过剩问题转变为长期性产能过剩问题，由低端局部性产能过剩转变为以重化工业产能过剩为主、部分新兴产业和轻工业产能过剩并存的全局性产能过剩，不仅具有周期性产能过剩的特征，而且更多地表现为结构性产能过剩和体制性产能过剩，已经成为经济运行中突出矛盾和诸多问题的根源。因此，化解产能过剩矛盾已经成为当前以及未来很长一段时间内推动经济转型升级和调整优化产业结构的工作重点，而深入系统地挖掘和分析产能过剩的形成机理，才能有的放矢地制定完善的、行之有效的对策有效治理产能过剩，化解产能过剩矛盾。本章在介绍研究选题背景的基础上，阐释了研究的重要性和研究意义，并简要介绍了本书的研究内容、技术路线和主要研究方法，最后提出了研究可能的创新点和不足。

1.1 选题背景与研究意义

1.1.1 选题背景

纵观我国改革开放至今的经济发展历程，产能过剩问题由来已久，一直困扰着我国经济的健康、快速、可持续发展。产能过剩最早出现在20世纪90年代，随着改革开放的深化和社会主义市场经济体制的建立，我国改革开放初期致力于调整经济发展结构、扭转产品短缺、提升人民生活水平的优先发展轻工业和消费型工业的政策取得了显著效果，中国逐渐扭转了计划经济时期的短缺经济态势，由卖方市场转变为买方市场，但轻工业生产能力的急剧扩张、居民消费层次的提高和要素成本的上升也导致了纺织、服装、家用电器等部分轻工业行业开始出现盈利水平下降、企业亏损、设备利用率下降和有效开工率不足等问题，据1995年国家统计局公布的数据，在对70多种工业产品的产能利用率测算中，有15种产品的产能利用率较低，其中11种属于轻工业，对900多种主要工业产品生产能力的普查，有一半左右产品的产能利用率低于60%，最低仅有10%，到了1996年，全国主要工业品大约有40%以上的生产能力闲置，1997年下半年主要消费品供大于求的局面进一步恶化。

第一次大规模产能过剩发生在1998～2001年，在东南亚金融危机的冲击下，受到经济衰退、通货紧缩、总需求不足的宏观经济环境及其他结构性因素的影响，除能源、原材料供给短缺外，主要工业行业存在产能过剩的问题，产品供需矛盾日益严重，工业品价格持续走低，据统计，1997～1999年的工业生产者出厂价格指数连续三年低于100，工业成本费用利润率最低降到3%以下（周劲、付保宗，2011），全国600多种商品中有86%的商品供给严重超过需求，1999年《政府工作报告》指出，我国的经济结构矛盾突出，多年的盲目投资和大量的低水平重复建设导致多数工业行业产能过剩现象严重。第二次大规模产能过剩发生在2003～2006年，自2003年开始，我国的固定资产投入高速增长、经济出现局部过热，钢铁、水泥和电解铝行业固定资产投资增长分别高达

92.6%、121.3% 和 96.6%（江飞涛，2008），经过 2003 年、2004 年的投资急剧扩张，产能在 2005 年开始集中释放，导致了严重的产能过剩问题，如钢铁行业存在过剩产能 1.2 亿吨，还有在建和拟建的 1.5 亿吨产能，电解铝行业产能过剩 260 万吨，焦炭行业产能过剩 1 亿吨，钛合金行业产能利用率仅 40%，电石行业产能利用率低于 50%，2006 年《国务院关于加快推进产能过剩行业结构调整的通知》指出，部分行业盲目投资、低水平重复建设已经成为阻碍经济发展的突出问题，钢铁、电解铝、电石、铁合金、焦炭、汽车等行业产能已经出现明显过剩，水泥、煤炭、电力、纺织等行业存在潜在的产能过剩问题，此次产能过剩发生在经济繁荣时期，并没有和经济周期性波动保持一致，具有显著的非周期性产能过剩的特征。第三次大规模产能过剩从 2008 年金融危机开始一直持续至今，2008 年下半年由美国"次贷危机"引发的全球性金融危机和随之而来的 2010 年欧洲主权债务危机是这次产能过剩的主要诱因，但也暴露出我国粗放型经济发展的结构性矛盾问题，导致我国经济严重受挫，2003 ~ 2007 年的年均增长 11% 下降到 2008 年的 9%，2008 年第四季度经济增长率仅为 6.8%，消费实际增长率下降 0.2%，投资增长率下降 7%，出口增长率下降 10.9%，为应对国际经济危机对我国经济产生的负面影响，促进经济平稳较快发展，2008 年 6 月中国政府实行了包括"4 万亿投资计划""10 万亿贷款"、发展战略性新兴产业和宽松的财政货币政策等一揽子经济刺激计划，在推动经济恢复发展动力的同时，也引发了新一轮的全局性的产能过剩，到 2012 年，产能过剩行业由钢铁、水泥、平板玻璃、电解铝、船舶等传统行业扩大到光伏、多晶硅、风电、新能源等新兴行业，2014 年前三季度我国工业产能利用率 78.7%，是 2009 年以来的最低点，19 个制造业产能利用率低于 79%，风电制造业闲置产能甚至超过 40%，7 个产业在 70% 以下，轻工业行业中的纺织业和纺织服装、鞋、帽制造业也于 2011 年下半年出现了明显的开工率不足现象，2013 年《国务院关于化解产能严重过剩矛盾的指导意见》指出，我国目前的产能过剩已经成为长期性的、全局性的产能过剩，具有周期性、结构性和体制性的多重产能过剩特征，产能过剩问题越来越成为经济运行中突出矛盾和诸多问题的根源，化解产能过剩矛盾成为当前和今后一个时期经济转型升级和调整优化产业结构的重要任务。

3

金融危机后，我国进入了"经济增长速度换挡期、结构调整阵痛期和经济刺激政策消化期"三期叠加的"新常态"特殊阶段，粗放型经济增长模式的弊端迅速显现，产能过剩成为当前阻碍我国经济健康、持续、稳定发展的主要障碍，是我国经济运行过程中众多矛盾和问题的根源。而从需求侧出发的经济刺激政策对投资、消费、出口的作用逐渐减弱，因此，2015年的中央经济工作会议提出，2016年经济工作的战术着力点在于提高供给体系质量和效率，从供给侧积极稳妥地化解产能过剩，积极推进供给侧结构性改革，优化资本、劳动、土地、能源等要素资源配置，坚持绿色发展，加大环境治理力度，树立"绿水青山就是金山银山"的绿色经济发展理念。供给侧改革治理产能过剩的思路充分体现了我国工业行业的产能过剩从根本上是由于包括要素供给和产品供给在内的供给端结构失衡导致，因此，从供给侧角度出发对产能过剩的形成机制进行深入、系统的研究具有重要的理论和现实意义。

产能的供给侧主体是企业，而企业的市场行为从而宏观的经济增长方式从根本上由要素价格和要素供给决定（林毅夫、苏剑，2007）。生产要素作为物质资料生产所必需的经济资源，是企业生产和产品供给的基础，在完全竞争的市场条件下，要素价格由生产要素的市场供求情况决定，企业会根据要素边际产出价值等于边际成本的原则决定要素投入数量组合，由市场供求决定的要素价格能够反映要素的相对稀缺程度、动态变化和真实成本价值，从而引导以利润最大化或成本最小化为目标的理性企业做出正确的进入市场、退出市场、扩大投资等市场决策。然而，在我国尚不完善的市场经济环境下，我国要素市场的市场化进程缓慢，要素市场受到市场分割、垄断势力、个体歧视和特殊体制下政府不正当干预等因素的影响而不能准确反映生产要素的相对稀缺程度，要素实际价格偏离了要素的边际产出价值，形成要素价格扭曲，而在产品市场基本实现市场化定价的背景下，要素价格就成为决定企业利润和成本的关键性因素，企业会在给定产出水平和产品价格水平的基础上根据要素价格选择要素投入组合实现利润最大化或成本最小化，从而也决定了宏观经济的增长方式，因此，扭曲的要素价格势必会对企业的市场决策行为造成误导，使得企业在扭曲要素价格下的市场决策偏离完全竞争市场中的最优市场决策。而且，企业作为产品市场供给侧的主体，企业的投资、进入和退出等市场决策行为与市场的结构和绩效息息相关，是决定市场企业数量、规模经济、竞争情况和产能利用情况等市场结构和市场绩效的关键，企业有效投资、高效率企业进入、低效率企业退出是社会资源优化配置的表现，从而要素价格扭曲使得企业的投资、进入和退出等市场决策偏离最优市场决策势必会对市场中的产能利用情况产生不利影响。

鉴于此，在我国经济"新常态"的宏观背景下，考虑到产能过剩矛盾日益突出，而目前治理产能过剩的措施仍然停滞在"控制增量""优化存量""行政管制"等短期手段层面，产能过剩治理步履维艰，陷入越治理越严重的怪圈，这就需要深入、系统地挖掘和分析产能过剩的形成机理，从而有的放矢地制定完善的、行之有效的对策，从根本上化解产能过剩矛盾。本书从要素市场价格扭曲对产品市场供给主体的企业市场决策行为影响的角度出发，系统分析并实证检验了要素价格扭曲通过激励企业过度投资、诱导企业过度进入、形成企业退出障碍从而导致产能过剩的影响机制，并有针对性地提出了消除要素价格扭曲、治理产能过剩的对策建议，对化解产能过剩矛盾、推进产业结构调整优化升级、转变经济发展方式有重要的理论意义和现实意义。

1.1.2 研究目的和意义

在经济"新常态"背景下，我国的经济发展迫切需要转变粗放型的发展方式、调整优化产业结构、创新经济发展点，而我国的产能过剩矛盾却日益突出，一直以来以行政手段为主的严控增量和优化存量等短期治理方式的效果不尽如人意，甚至导致产能过剩越治理越严重，产能过剩的治理任重而道远。本书尝试对要素价格扭曲对产能过剩的影响进行系统研究，从产能供给主体——企业的市场行为入手，研究了作为企业生产和产能供给基础的生产要素的价格扭曲对企业市场决策行为的影响，深入剖析了当前要素价格扭曲情况下企业过度投资、过度进入和退出障碍等的形成原因，系统分析了要素价格扭曲通过激励企业过度投资、诱导企业过度进入、形成企业退出障碍从而导致产能过剩的影响机理，为从根本上有效化解产能过剩矛盾提供参考。具体地，本书的研究意义主要体现在以下几个方面：

第一，系统梳理了产能过剩问题的相关研究。对于产能过剩的含义、发展历程、成因、测度和治理措施的研究和分析较多，但文献大多各执一言，研究的侧重点各有不同，没有形成系统、完善的研究体系，本书在认真研读国内外大量关于产能过剩问题研究文献的基础上，重新对产能过剩的含义进行了科学、合理的界定，对产能过剩的发展历程、形成原因、衡量与测度进行了系统的总结和梳理，为深入研究产能过剩问题奠定了良好的文献基础和理论基础。

第二，构建了全面的、综合性的产能过剩判断指标体系，对于判断某个行业或企业是否存在产能过剩提供了理论和方法指导，本书在此基础上综合运用产能利用率、经济社会效应指标，对中国目前的工业行业产能过剩现状进行了科学、合理的判断，指出了产能过剩矛盾比较突出的重点行业，为有侧重点、有针对性地治理工业行业产能过剩提供了方向，对有效治理产能过剩有重要的参考价值。

第三，对要素价格扭曲激励企业过度投资的分析解答了要素价格扭曲情况下企业为什么会过度投资从而导致产能过剩的问题，丰富了产能过剩成因的研究结论，为产能过剩成因研究提供了新的理论视角。在以往的研究中，大多数文献都指出政府不正当干预是导致企业过度投资的重要原因，从而直接导致了产能过剩，但随着市场经济体制不断完善，现代企业制度逐步建立，地方政府通过以行政手段直接干预企业决策的现象已经很少，并且单纯依靠政府行政手段直接干预企业过度投资不可能成为中国企业的普遍现象，也并不能导致我国目前长期性、全局性的产能过剩，本书通过分析认为，企业是以追求利润最大化和成本最小化为目标的理性微观经济体，在完全无利可图甚至亏损的情况下，企业不会扩张投资，而在我国要素价格扭曲的情况下，扭曲的要素价格实际上是对企业投资以超额利润的形式进行的补贴，企业过度投资是一种理性的反应，政府干预只是加剧了要素价格扭曲，进一步刺激了这种理性反应，因此，要素价格长期低于正常的市场均衡价格，要素价格扭曲才是导致企业过度投资的根源，从而形成了大规模的产能过剩。这一结论深化了对我国过度投资和产能过剩形成原因的认识，对从根本上有效化解产能过剩矛盾有重要的理论和现实指导意义。

第四，要素价格扭曲导致企业过度进入和退出障碍的研究，有助于帮助理解企业过度进入行为以及即使发生产能过剩和亏损时也不选择退出市场的背后逻辑，首先，要素价格扭曲情况下对企业过度进入行为动机的分析丰富了"潮涌现象"的成因研究；其次，本书的理论和实证研究表明，要素价格扭曲会促使企业过度进入市场，同时抬高了市场退出壁垒，阻碍了企业自由、有效退出，形成了过度竞争、产能过剩，这为采用过度竞争理论解释产能过剩成因提供了新的分析视角和经验证据支持；最后，本书通过理论分析和实证研究发现要素价格扭曲会引发企业过度进入、导致企业退出障碍，从而造成了产能过剩，这表明有效化解产能过剩矛盾，应着重从消除要素价格扭曲的供给端入手，恢复和积极发挥市场化的要素价格对企业有效进出市场的引导作用，本书的研究结论对于深化供给侧改革和优化产能过剩治理措施有重要的参考价值和指导意义。

1.2 研究内容与技术路线

1.2.1 研究内容

本书从产能供给主体——企业的市场决策行为入手，研究了作为企业生产和产能供给基础的生产要素的价格扭曲对企业市场决策行为的影响，深入、系统地分析了要素价格扭曲通过激励企业过度投资、诱导企业过度进入、形成企业退出障碍等市场行为从而导致产能过剩的影响机制，并在此基础上有针对性地提出了治理产能过剩的对策建议。本书具体的结构安排和主要研究内容如下：

第 1 章是绪论。主要介绍本书的选题背景、研究目的和研究意义，明确本书的研究脉络、具体的研究内容和研究方法，并总结了研究的创新点和不足。

第 2 章是对要素价格扭曲和产能过剩的概念界定和相关理论述评。本章在系统回顾和梳理了要素价格扭曲和产能过剩研究文献的基础上，首先明确了要素价格扭曲的含义，对要素价格扭曲成因和测度的相关理论进行了梳理；紧接着对产能过剩的概念进行了界定，并进一步从不同角度对产能过剩形成原因的相关理论进行了系统的总结和述评，对产能过剩的衡量和测度方法进行了详细介绍；最后梳理了要素价格扭曲与产能过剩关系的相关研究理论。本章全面、系统的文献梳理为后续的研究奠定了良好的文献基础和理论体系基础。

第3章是中国工业产能过剩的演进、测度与评价。我国的产能过剩问题由来已久，并一直困扰着我国经济的健康、快速、可持续发展。本章首先系统回顾了我国产能过剩的形成和演进历程，介绍了我国几次大规模产能过剩的成因、表现和问题严重性；其次，在借鉴国内外相关研究对产能过剩判断方法的基础上，构建了包括产能利用率、经济效应指标和社会效应指标在内的综合性产能过剩判断指标体系；最后，采用生产前沿面方法对我国工业行业产能利用率进行了测度，综合运用构建的产能过剩判断指标体系对1998年以来中国工业行业具体的产能过剩情况进行了科学、合理的分析和判断，明确了目前产能过剩矛盾比较突出的重点行业。

第4章是要素价格扭曲对产能过剩影响的理论分析与实证检验。要素合理有效配置是供给侧改革的重要内涵，然而在我国要素市场化进程缓慢、政府不正当干预的背景下，我国的要素价格长期偏离其机会成本，存在价格负向扭曲。本章在对我国要素价格扭曲具体表现进行详细论述的基础上，分析了要素价格扭曲引发产能过剩的作用机理，要素价格扭曲对我国的企业市场决策行为产生了扭曲的激励，诱导企业过度进入、过度投资，并提高了市场退出壁垒、阻止企业有效退出，在地方政府间的诸侯割据竞争下，造成了大规模的产能过剩。在此基础上，采用1998~2014年36个工业行业的面板数据，利用生产函数法对中国工业行业的要素价格扭曲状况进行了测算、分析，并通过对比分析和实证检验为要素价格扭曲引发产能过剩的研究结论提供了经验证据支持。

第5章从企业过度投资视角研究了要素价格扭曲对产能过剩的影响。目前，过度投资导致产能过剩的结论已得到了学术界一致认同，本章详细地分析了要素价格扭曲激励企业过度投资的理论机制，要素价格扭曲是导致企业过度投资从而形成产能过剩的重要原因，并采用1998~2007年《中国工业企业数据库》中的制造业微观企业数据，运用理查森（Richardson，2006）预期投资模型和青木周平（Aoki，2012）、陈永伟和胡伟民（2011）的多部门完全竞争市场均衡模型对企业的过度投资水平和要素价格扭曲程度进行了测度，在此基础上，利用面板Tobit模型实证检验了要素价格扭曲会促使企业过度投资从而导致产能过剩的理论假说的可靠性和客观性，同时还探讨和检验了要素价格扭曲对不同特征企业过度投资行为的差异化影响，为有针对性地制定行之有效的抑制企业过度投资、治理产能过剩的对策提供了参考。

第6章从企业过度进入视角研究了要素价格扭曲对产能过剩的影响。企业过度进入会导致市场集中度下降、重复建设、过度竞争和产能过剩，要素价格作为决定企业利润和成本从而引导企业进入决策的关键性变量，在我国要素价格扭曲的背景下，企业进入行为必然会受到扭曲的要素价格信号误导而偏离其最优状态。本章系统分析了要素价格扭曲对企业过度进入的理论影响机制，要素价格扭曲会对企业形成过度进入的扭曲激励，导致企业过度进入市场，从而在宏观层面上形成"潮涌现象"，在各地诸侯割据式的无序竞争下，这种扭曲的过度进入激励是导致重复建设、过度竞争、产能过剩的重要原因，同时利用1998～2007年《中国工业企业数据库》中的制造业微观企业数据，运用固定效应的面板数据Logit模型对理论假说进行了实证检验，并探讨和检验了要素价格扭曲对异质企业过度进入的差异化影响。

第7章从企业退出障碍视角研究了要素价格扭曲对产能过剩的影响。详细探讨了要素价格扭曲导致企业退出障碍的理论影响机制，要素价格扭曲提高了企业退出的沉没成本和退出壁垒，导致了我国企业的退出障碍，阻碍了企业的有效退出，使得市场集中度下降、企业间过度竞争、产品供给过剩、产能利用率下降，最终演变成产能过剩，同时要素价格扭曲导致大规模的过剩产能和落后产能无法有效淘汰，是我国目前产能过剩矛盾长期无法化解的主要原因。随后利用1998～2007年《中国工业企业数据库》中的制造业微观企业数据，采用固定效应的面板数据Logit模型对要素价格扭曲阻碍企业退出的研究假设进行了验证，同时还检验了要素价格扭曲对不同特征企业退出障碍的影响差异。

第8章是研究结论、政策启示与研究展望。本章从整体上系统总结了本书的主要研究结论，据此有针对性地提出了有效消除要素价格扭曲和化解产能过剩矛盾的对策建议，并指出未来进一步研究的方向。

1.2.2 技术路线

本书的技术路线如图1-1所示。

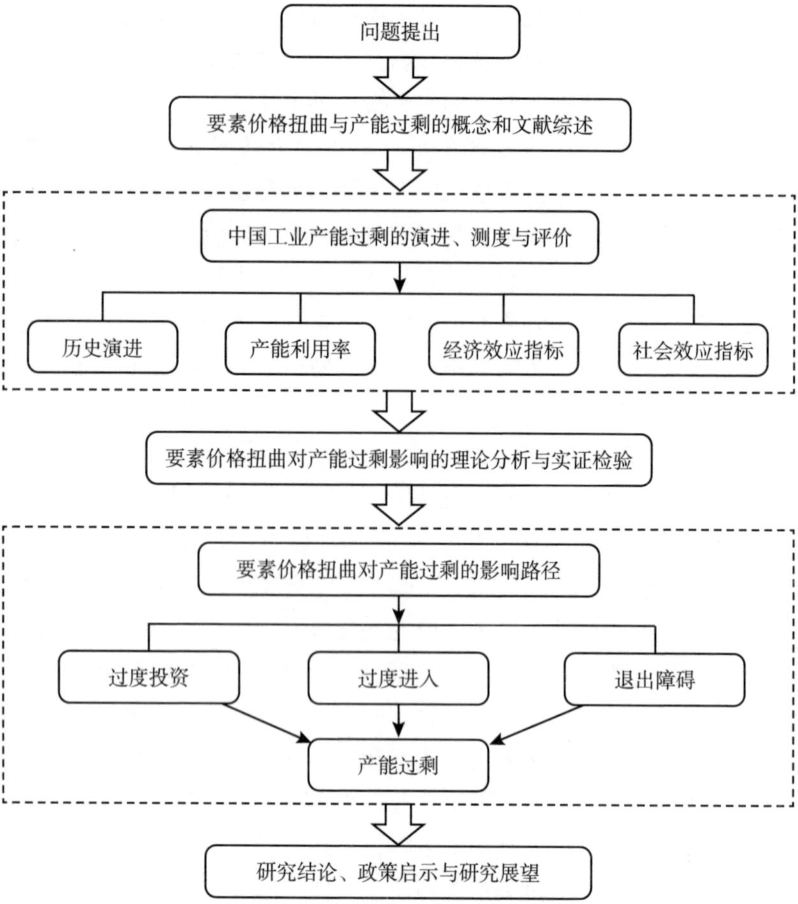

图 1-1　本书的研究技术路线

1.3　研究方法

　　本书从企业的市场决策行为入手，研究要素价格扭曲对企业投资、进入和退出等市场决策行为的影响，分析了要素价格扭曲通过激励企业过度投资、诱导企业过度进入、形成企业退出障碍从而导致产能过剩的影响机理。本书综合运用了产业经济学、微观经济学、发展经济学、新结构经济学、公司治理、财务管理和金融学等学科理论，主要采用了文献研究方法、对比分析方法、规范性研究和实证研究相结合的方法，力图为本书的研究结论提供严谨、扎实的理论基础和坚实的经验性证据支持。本书核心章节主要使用的研究方法如下：

第3章对中国工业行业产能过剩的整体判断，采用了随机前沿分析方法（SFA）和数据包络分析方法（DEA）对中国36个工业行业的产能利用率进行了测度，随后通过对两种方法所得结果相互验证、进行对比分析，初步分析了中国工业行业产能利用情况，最后综合运用构建的产能过剩判断指标体系对中国工业行业产能过剩情况给出了基本的判断。

第4章的要素价格扭曲引发产能过剩的原因分析部分，通过理论分析、模型分析和图形推导研究了要素价格扭曲对产能过剩的影响机理，通过对比要素价格扭曲不同测度方法的优缺点，采用较为稳健的柯布—道格拉斯形式生产函数法对包含资本、劳动和能源在内的要素价格扭曲程度进行了测度，在此基础上，运用对比分析和面板数据固定效应模型的实证分析研究了要素价格扭曲对产能过剩的影响。

第5章首先采用理查森（Richardson，2006）的预期投资模型对企业的过度投资水平进行了测度，然后运用青木周平（Aoki，2012）、陈永伟和胡伟民（2011）构建的多部门完全竞争市场均衡模型对要素价格扭曲进行具体的定义，同时为了克服微观企业数据估计时面临的同时性问题和样本选择偏误问题，采用奥利和帕克斯（Olley and Pakes，1996）提出的OP半参数三步估计法对柯布—道格拉斯生产函数进行估计，测度了要素价格扭曲情况，在此基础上，采用面板数据Tobit模型实证检验了要素价格扭曲对企业过度投资的影响，并进一步验证了要素价格扭曲对不同特征企业的差异化影响。

第6章、第7章分别从企业过度进入和企业退出障碍的视角研究了要素价格扭曲对产能过剩的影响，在采用青木周平（Aoki，2012）、陈永伟和胡伟民（2011）构建的多部门完全竞争市场均衡模型和OP半参数三步估计法对要素价格扭曲测度的基础上，运用固定效应的面板Logit模型对要素价格扭曲对企业过度进入和退出障碍的影响机制进行了实证研究，并检验了要素价格扭曲对不同属性企业过度进入和退出障碍的差异化影响。

1.4 研究的创新点与不足

1.4.1 研究的创新点

本书可能的创新点主要表现在以下几个方面：

（1）本书从产能供给主体——企业的市场决策行为入手，深入分析了要素价格扭曲通过影响企业过度投资、过度进入和退出障碍等从而导致产能过剩的影响机理，并进行了实证检验，为产能过剩形成原因的研究和分析提供了新的视角，丰富了产能过剩成因的研究理论。目前的文献大多认为政府不正当干预是导致企业过度投资、过度进入并阻止企业退出从而形成产能过剩的主要原因，但却忽略了逐渐完善的市场经济体制下政府已经无法通过行政手段直接干预企业决策，企业作为理性的微观个体更多的是在利润最大化和成本最小化目标约束下进行决策，因此在产品市场基本实现市场化定价的背景下，要素价格就成为决定企业利润和成本的关键性因素，要素价格扭曲势必导致企业决策行为偏离其最优状态，本书通过理论分析和实证研究发现，要素价格扭曲会诱导企业过度投资、引发过度进入并形成企业退出障碍，从而导致了产能过剩，然而已有文献中很少有对要素价格扭曲与产能过剩的关系问题展开细致的理论和实证研究，本书的研究弥补了这方面的不足。

（2）本书第5章从企业过度投资视角研究了要素价格扭曲对产能过剩的影响。已有的文献对于要素价格扭曲导致企业过度投资的微观影响机制分析存在不足，在个别细节上仍需补充完善，本书详细分析了要素价格扭曲对企业过度投资的影响机制，指出要素价格扭曲对企业形成了要素替代效应、成本和风险外部化效应和收入补贴效应，并促使企业寻租以增强自身获取价格扭曲的要素资源及其形成的隐性补贴收入的能力，共同形成了对企业过度投资的扭曲激励，从而最终导致经济社会大规模的过度投资和产能过剩。同时，目前对于要素价格扭曲导致企业过度投资的实证研究较少，大多停留在理论分析层面，对于企业过度投资的衡量也存在一定缺陷，主要采用企业的固定资产投资额衡量，无法准确表示企业的过度投资程度，本书利用制造业微观企业数据，采用理查森（Richardson，2006）预期投资模型对企业的过度投资水平进行了测度，并采用面板数据 Tobit 模型实证检验了要素价格扭曲激励企业过度投资的研究结论，并进一步验证了要素价格扭曲对不同特征企业的差异化影响，得到了要素价格扭曲对民营企业、重工业企业、小型企业、经济落后地区和政府干预程度较高地区的企业的过度投资有较高程度的正向影响的结论。

（3）本书第 6 章和第 7 章分别从企业过度进入和企业退出障碍角度研究了要素价格扭曲对产能过剩的影响。这两章的研究可能在以下方面丰富了已有文献：第一，目前直接研究要素价格扭曲和企业进入退出关系的文献较少，本书对要素价格扭曲引发企业过度进入和形成企业退出障碍的微观影响机理进行了详细分析，并采用微观企业数据进行了实证检验，为研究结论提供了经验证据支持；第二，实证考察了要素价格扭曲对不同属性企业过度进入和退出障碍的差异化影响效应，同时检验了资本价格扭曲和土地价格扭曲对企业过度进入和退出障碍的不同影响；第三，从要素价格扭曲角度出发对于企业过度进入动机的研究丰富了我国企业"潮涌现象"成因的研究；第四，本书的研究为运用过度竞争理论解释产能过剩现象提供了新的分析视角和经验证据支持，在我国产能过剩的早期研究中，诸多学者采用过度竞争的概念解释产能过剩现象，并认为低进入壁垒、高退出壁垒和较低的市场集中度是导致过度竞争、产能过剩的主要原因，但已有的文献大多停留在理论分析层面，而且上述理论都存在一定的缺陷，尤其无法解释我国竞争性行业的产能过剩现象，对于产能已经过剩的行业出现的企业持续过度进入、不愿退出市场的行为也无法进行充分解释，本书系统分析了要素价格扭曲导致企业过度进入和退出障碍的影响机制，从而为过度竞争和产能过剩的形成提供了新的分析视角，并通过实证检验提供了经验证据支持。

（4）本书实证检验了要素价格扭曲情况下不同所有制经济主体在产能过剩形成过程中发挥的作用。多数研究认为国有企业的过度投资、过度进入和退出障碍很大程度上推动了产能过剩的形成，而本书第 5 ~ 7 章的研究结论表明，我国过度投资的民营企业占比也逐年上升并且在 2002 年超过国有企业，民营企业的过度投资水平也较高，而且制造业发展表现出显著的"国退民进"趋势，制造业高进入高退出的现象主要是由于市场化经济发展过程中民营经济的高速发展和数量规模快速扩张导致，实证检验结果进一步显示，要素价格扭曲更大程度地推动了民营企业的过度投资和过度进入，同时也对民营企业形成了较强的退出障碍，因此我国的产能过剩可能并不像已有文献中指出的主要由国有企业大规模过度投资推动，民营企业的过度投资、过度进入和退出障碍在产能过剩形成过程中发挥了不容忽视的作用，本书的研究一定程度上矫正了对于产能过剩形成过程中推动主体的认识。

1.4.2　研究的不足之处

（1）本书重点从企业投资、进入和退出等市场决策行为视角研究了要素价格扭曲影响企业市场决策进而导致产能过剩的影响机制，然而企业的市场决策还包括投资方向、生产技术选择、研发决策等，尤其是技术选择和研发决策会对企业创新能力和创新绩效产生重要影响，企业的创新能力、技术进步是决定产业结构调整优化升级、影响产能过剩的重要因素，而在要素价格扭曲背景下，企业的研发决策、研发绩效、创新能力、创新效率等会受到何种影响，从而如何影响产能过剩，本书没有进行研究，存在一定的不足。

（2）本书对于要素价格扭曲对企业过度投资、过度进入和退出障碍的影响机制进行了系统、深入的分析，但对影响机制的研究和分析只是通过理论性的论述和逻辑推理，并未构建系统的理论模型进行严谨的推导和验证，应该通过构建数理模型推导出要素价格扭曲情况下企业投资、进入和退出的最优选择，以验证要素价格扭曲对企业过度投资、过度进入和退出障碍的影响效应，因此，本书的研究结论可能缺乏理论模型支撑。

（3）由于研究的可操作性和数据可获得性的限制，同时考虑到2012年开始实行新的国民经济行业分类标准，2011年之后的工业企业各项指标的统计口径发生变化，因此，为了保持统计口径的一致性，减少统计口径变化导致的数据非常规变动和数据质量下降，本书第5~7章主要采用的是1998~2007年《中国工业企业数据库》中的制造业微观企业数据，样本时间跨度不能全部覆盖我国三次大规模产能过剩，这可能会导致本书的研究结论在一定程度上受到该数据库样本区间的限制。

第 2 章　相关概念与文献综述

我国目前的产能过剩已经由阶段性产能过剩转变为长期性产能过剩，由低端局部性产能过剩转变为以重化工业产能过剩为主、部分新兴产业和轻工业产能过剩并存的全局性产能过剩，《国务院关于化解产能严重过剩矛盾的指导意见》指出，严重的产能过剩会导致社会资源极大的浪费，降低资源配置效率，阻碍资源的优化配置和产业结构优化升级，增加经济运行成本，抑制经济效率提升，产能过剩已经成为经济运行中突出矛盾和诸多问题的根源，因此，化解产能过剩矛盾成为当前以及未来很长一段时间经济结构调整和转型升级的重要任务。生产要素作为物质资料生产所必需的经济资源，是企业生产和产品供给的基础，市场化的要素价格能够引导资源合理有效配置，实现供需均衡的帕累托最优，而要素价格扭曲势必会对市场供需均衡状态产生不利影响，从而对产能过剩的形成有重要影响。本章对学术界关于要素价格扭曲和产能过剩研究的文献进行了系统地回顾和梳理，为本书后续的理论分析和实证研究提供理论支撑和方法基础。

2.1　要素价格扭曲的内涵、成因及度量

2.1.1　要素价格扭曲的定义

在完全竞争市场中，市场化价格信号会引导资源配置，企业在要素价格等于要素边际产出的水平上选择要素投入组合进行生产，实现要素配置的帕累托最优，但在现实中，无论是发达的市场经济中还是欠发达

的市场经济中，都存在着大量的市场分割、垄断、歧视、外部性、信息不完全等市场失灵现象，导致资源配置偏离了帕累托最优状态，经济学家将这种现实经济活动对理想模型的帕累托最优状态的偏离称作"扭曲"，约翰逊（Johnson，1966）就指出，完全竞争市场只是一种理想状态，现实经济中存在诸多导致市场失灵的因素，因而扭曲是市场经济的一种常态。要素价格扭曲是经济扭曲的一种情况，是由于要素市场价格形成机制扭曲导致要素价格偏离其机会成本或边际产出，从而导致整个社会的要素投入决策偏离了最优配置状态，造成资源配置效率损失，有些学者（Bhagwati and Ramaswami，1969；Bhagwati，1971；Chacholiades，1978）将要素价格扭曲定义为：由市场不完全导致的生产要素市场价格对其机会成本的背离，导致生产要素资源在国民经济中无法实现帕累托最优配置。尤其是我国目前处于发展中阶段，市场经济体制不健全，要素市场化改革滞后，再加上我国政治、经济、社会体制存在缺陷，政府干预经济运行现象普遍，加剧了要素价格扭曲，企业只能在次优状态下生产，导致经济低效运行、社会福利损失。

根据已有的文献研究，要素价格扭曲可以分为要素价格绝对扭曲和要素价格相对扭曲，要素价格绝对扭曲指的是单个行业或企业的单个生产要素的市场价格相对于其边际产出的偏离程度（Samuelson，1941；Lau and Yotopoulos，1971；Atkinson and Halvorsen，1980），要素价格相对扭曲指的是在同一行业、部门或企业内的不同生产要素之间的市场价格偏离其边际产出的相对程度，或者在不同行业、部门或企业之间，生产要素之间的价格比率不相等，如工资—租金率的差异，有些学者（Johnson，1966；Mundlak，1970；Magee，1973）从这一角度进行了要素价格扭曲的研究。而我国正处于深化改革的转型时期，生产要素市场化进程严重滞后，要素市场中同时存在着要素价格的绝对扭曲和相对扭曲，而且以负向扭曲为主，即要素价格低于其边际产出，同理要素价格正向扭曲则表示要素价格高于其边际产出（姜学勤，2009），要素价格扭曲同时也显示出要素资源的配置情况，当要素价格正向扭曲时，企业使用要素的成本升高，会自动缩减要素的投入量，当要素价格负向扭曲时，会产生替代效应和收入效应，导致要素投入比例失衡，企业使用要素的成本较低，会增加该要素的投入量，导致要素的过度使用。

2.1.2 要素价格扭曲的形成原因

在要素价格扭曲形成原因的研究方面，巴格瓦蒂（Bhagwati，1971）对二战后要素价格扭曲问题的研究进行了系统的概括和总结，指出要素价格扭曲形成的原因主要有两种：一种是在没有任何外在干预的情况下，由于市场自身的不完善导致的要素价格扭曲，是内生性的扭曲；另一种是由于政策性因素导致的要素价格扭曲，并进一步可以分为由自治政策导致的扭曲和由工具性政策导致的扭曲。

总体来说，国外学术界对于要素价格扭曲形成原因的解释主要集中在四个方面：第一，要素市场分割导致要素价格扭曲，这种观点认为只有保证市场完全竞争和要素自由流动，才能形成竞争性的要素均衡价格，实现资源最优配置。然而当存在要素市场分割时，就会阻碍要素的自由流动，从而出现要素价格扭曲。多林格和皮奥里（Doeringer and Piore，1971）、托宾（Tobin，1972）指出，由于受到劳动力价格管制、歧视和进入门槛等社会和制度因素的影响，不同性质的劳动力群体在就业信息获得、就业门槛、所在行业和收入水平等方面存在差异，导致劳动力实际价格不再遵循新古典经济理论的边际法则，偏离了其边际产出价值，不同行业、区域、性质的劳动力的价格存在显著差异，形成了劳动力价格扭曲。迪肯斯和朗（Dickens and Lang，1985，1988）还通过实证方法验证了劳动市场分割是导致劳动力价格差异的关键。第二，存在垄断等市场势力，该理论认为在现实经济活动中，完全竞争的市场条件难以实现，市场更多地处于不完全竞争状态，如存在垄断势力，导致市场无法有效配置要素资源，出现要素价格扭曲。迪菲纳（Defina，1983）、费希尔和瓦西克（Fisher and Waschik，2000）的研究就指出，工人为了提升自身议价能力，会通过组织工会的形式与雇主进行谈判，工会作为劳动力市场的垄断供给方，具有较强的垄断势力，会导致劳动力价格高于完全竞争市场的均衡价格水平。第三，政府管制，该理论认为政府对要素市场的干预和管制会导致要素价格偏离其竞争性的真实价格水平，无法反映市场供求情况和要素的稀缺性，导致要素价格扭曲。如科尔奈（1986）指出，社会主义经济体制存在政府的预算软约束，政府会通过扭曲要素价格为亏损的国有企业提供财政补贴和优惠的信贷支持。麦金农（Mckinnon，1973）认为发展中国家为加速工业化，会干预金融市场的运行，压低利率、高估汇率，降低国内外金融资源使用成本，造成金融抑制。贝克曼（Beckerman，2006）则认为政府对金融市场的过度干预会导致资本价格高于竞争性的均衡利率水平，使资本要素无法实现最优配置。第四，性别和种族歧视会导致要素价格扭曲，这种理论主要用于解释劳动力价格的扭曲现象。

上述四种要素价格扭曲成因的理论是在西方国家要素市场发展和完善的过程中总结得到，对于中国要素市场价格扭曲的研究还要紧密结合我国经济转型时期的特殊国情。根据罗德里克等（Rodrik et al.，1995）和瓦齐亚格（Wacziarg，2002）的观点，在市场经济体制尚未完善的发展中国家，要素市场扭曲是发展中国家向健全的市场经济体制过渡过程中的一种常态，要素市场扭曲会受到经济运行制度的影响，并对长期的经济持续性发展有阻碍作用。在我国改革开放以前的计划经济时期，迫于当时复杂、严峻的国际国内环境，为了快速扩大资本积累、提高人民生活水平，政府推行优先发展重工业的"赶超战略"，与之相适应的就必须通过实行全面扭曲产品和要素价格的计划经济制度来降低重工业的发展成本，这种重工业优先发展的战略选择内生出了我国特有的要素价格扭曲的制度安排，比如，实行金融垄断政策，国有化银行等金融机构，使银行成为唯一的融资渠道，由中国人民银行负责信贷配置和存贷款利率制定，压低利率水平；实行统一的工资制度，压低工资水平；统一分配经济建设物资，压低原材料和能源的价格；取消农产品自由交易市场，实行统购统销制度，压低农产品价格；实行低汇率政策；土地无偿划拨。这些以行政手段配置资源的制度安排完全否定市场对经济的调节机制，导致了资本、劳动、土地、能源等要素严重的价格扭曲，而依赖要素价格扭曲推行的重工业发展战略也扭曲了产业的发展结构，使得资源配置效率低下，供需严重失衡，经济低效运行（林毅夫等，1994，1999；林毅夫、龚强，2010）。

改革开放以后，我国进入了由计划经济向市场经济过渡的转型时期，由于价格改革采取有先有后、有快有慢、调放结合、双轨运行的方式，转型时期渐进式的经济改革存在着明显的不对称现象，即我国要素市场发育程度滞后于产品市场的发育程度，产品价格已基本实现了由市场供求决定，但要素市场的市场化进程缓慢（盛仕斌、徐海，1999；黄益平、陶坤玉，2011），同时随着放权让利改革的深化和"分灶吃饭"的财政分权体制的施行，地方政府权力急剧扩大，出于发展地方经济、政治晋升、社会稳定和干预经济的需要，各级地方政府普遍存在对要素定价权和配置权的干预和控制，导致生产要素价格被低估，形成了不同程度的要素价格扭曲（周黎安，2004；姜学勤，2009；张杰等，2011a，2011b；毛其淋，2013），使得我国要素市场出现了资本积累速度远高于GDP 增长、劳动收入份额显著下降、生产要素价格双轨制等矛盾现象，受"晋升锦标赛"机制激励的地方政府往往通过土地财政、差异化优惠政策和盲目引进外商投资等形式相互竞争，区域间恶性竞争及其衍生的地方保护和市场分割行为，严重阻碍了劳动力、资本等要素的合理流动，导致生产要素的市场价格偏离其边际产出价值，造成生产要素资源在国民经济中的非最优配置（Chacholiades，1978），要素市场成为中国经济改革的滞后领域和瓶颈（Young，2000）。

2.1.3　要素价格扭曲的测度方法

根据要素价格绝对扭曲和相对扭曲的定义可知，对要素价格扭曲进行测度，实际上就是测度要素价格相对于其边际产出的偏离程度和不同行业、部门、企业间的不同生产要素间的相对偏离程度。目前较常用的测度要素市场价格扭曲的方法主要有五种：一是生产函数法；二是影子价格法；三是生产前沿分析法；四是一般均衡分析法；五是要素市场扭曲指数法。

1. 生产函数法

生产函数法测算要素价格扭曲的核心思路是基于恰科里亚德斯（Chacholiades，1978）对要素价格扭曲的定义，即要素价格偏离了其完全竞争市场情况下的机会成本或边际产出，从这个角度出发，可以通过先对要素投入组合的生产函数进行估计，进而计算得到各要素的边际产出，再与各要素的实际价格进行比较，得到单个要素价格对其边际产出的偏离程度，即要素的绝对价格扭曲程度，通过计算不同要素绝对价格扭曲程度的比值可以得到两种要素的相对价格扭曲程度（王宁和史晋川，2015a，2015b）。由于生产函数法含义明确，简便易用，既可以测度不同要素价格的绝对扭曲程度，还可以测度要素之间的价格相对扭曲程度，成为较常用的测度要素价格扭曲的方法，也是最基本的测度方法，部分学者（Hopper，1965；Sahota，1968；Rader，1976；Ram，1980）假设生产函数是柯布—道格拉斯形式的，最早运用生产函数法对印度和美国农业部门的要素价格扭曲情况进行了测度。然而，生产函数法的测度结果比较依赖生产函数的设定形式，即使研究所使用的样本和数据相同，不同形式的生产函数得到的计算结果也会有明显差异，目前文献中比较常用的生产函数形式有以下几种：柯布—道格拉斯形式生产函数、超越对数形式生产函数、不变替代弹性的 CES 生产函数和时变弹性生产函数。

柯布—道格拉斯形式生产函数结构简单易用，经过反复理论验证，具有明确经济含义，估计结果较可靠，得到广泛的应用，盛仕斌和徐海（1999）利用柯布—道格拉斯生产函数测算了 1995 年我国不同所有制企业的资本和劳动价格扭曲，徐长生和刘望辉（2008）利用地区面板数据测度了我国 1998～2005 年的各地区劳动价格扭曲程度。谢和克莱诺（Hsieh and Klenow，2009）在柯布—道格拉斯生产函数基础上构建了垄断竞争模型，分析了中国和印度由政策扭曲导致的要素错配效率损失，随后国内学者在 HK 模型的分析框架下对我国的要素市场扭曲和要素错配进行了研究和拓展，如简泽（2011）、李静等（2012）和盖庆恩等（2015）研究了要素市场扭曲对中国工业企业生产率的影响，结果表明消除要素错配会提高工业生产率；朱喜等（2011）拓展了 HK 模型，研究了要素市场扭曲对中国农业全要素生产率的影响，结果发现消除要素价格扭曲导致的要素错配影响，农业 TFP 可以提升 20%；陈彦斌等（2015）利用 HK 模型研究要素价格扭曲对企业投资和产出的影响，认为要素价格扭曲提高了总投资，但降低了资源配置效率，反而抑制了产出的增长，消除资本价格扭曲有利于抑制过度投资、增加产出。另外，施炳展和冼国明（2012）、邵敏和包群（2012）、冼国明和徐清（2013）、邵宜航等（2013）、陈晓华和刘慧（2014）、李平等（2014）、李平和刘雪燕（2015）、林雪和林可全（2015）、陈林等（2016）、冷艳丽和杜思正（2016）、耿伟和廖显春（2016）等都利用柯布—道格拉斯形式生产函数对要素价格扭曲进行了测算。但柯布—道格拉斯生产函数必须假设要素投入具有单位替代弹性，可能会造成估计偏误。

超越对数生产函数设定形式灵活，更具一般性，放宽了要素投入单位弹性的强假设，同时考虑了要素之间的替代效应和交叉影响，近年来得到了广泛应用。杨振兵和张诚（2015a，2015b）、白俊红和卞元超（2016）等利用超越对数生产函数测算了资本和劳动价格扭曲，王希（2012）、夏晓华和李进一（2012）、夏茂森等（2013）、唐杰英（2015）还构建了包含资本、劳动、能源的三要素超越对数生产函数研究了我国的要素价格扭曲情况。但超越对数函数包含要素投入的二次项和交互项，存在多重共线性问题，而且由于估计参数过多，容易出现自由度不足问题，现有研究中采用超越对数生产函数容易得出要素边际生产力为负值的情况（王宁、史晋川，2015a，2015b），与实际情况不符。

考虑到柯布—道格拉斯生产函数的要素投入不变弹性的假设与实际偏离较大，王宁和史晋川（2015a，2015b）认为要素投入数量是随时间变化的，要素的产出弹性和边际产出也应该是时变的，因此以柯布—道格拉斯生产函数为基础构建了时变弹性的生产函数对要素价格扭曲进行了测算。阿罗等（Arrow et al.，1961）通过放松柯布—道格拉斯生产函数的约束条件，推导出不变弹性的 CES 生产函数，可以通过替代弹性方法间接衡量要素价格扭曲情况，该方法的基本思想是，要素的替代弹性主要取决于要素市场化程度，要素市场化程度越高，要素的替代弹性也就越大，而要素市场化程度越高时，一般又意味着要素价格扭曲程度越低，从而建立起要素替代弹性与要素价格扭曲的联系。伊斯特利等（Easterly et al.，1995）、艾伦（Allen，2001）就利用 CES 生产函数的替代弹性法测度了苏联的资本和劳动的替代弹性，结果发现苏联的要素替代弹性较低，表明要素市场化程度较低，存在较高程度的要素价格扭曲。盛仕斌和徐海（1999）也利用 CES 生产函数得到了企业的要素替代弹性高于一般生产函数替代弹性等于 1 的假定，因此判断出我国要素市场存在严重的价格扭曲现象。基于不变弹性的 CES 生产函数的替代弹性法衡量要素价格扭曲比较间接，存在结果的准确性问题。由于不变替代弹性和时变替代弹性的生产函数形式相对复杂、估计难度高，因此应用较少。

2. 影子价格法

根据新古典经济理论，在完全竞争的市场中，市场价格机制会使经济走向均衡，实现最优化的资源配置，此时的均衡价格被定义为影子价格（Lau and Yotopoulos，1971），因此要素价格扭曲实质上就是指要素价格对于经济均衡状态时的影子价格的偏离。对竞争均衡状态的影子价格的计算是该方法的重点和难点，阿特金森和哈尔沃森（Atkinson and Halvorsen，1984）从影子价格角度出发，构建了测算要素价格扭曲的一般框架，可以通过比较两种要素影子价格比值与实际价格比值的差异，得到两种要素的相对价格扭曲程度。在具体运用时，影子价格方法主要可以分为基于利润函数的影子价格方法和基于成本函数的影子价格方法。刘遵义和约托波洛斯（Lau and Yotopoulos，1971，1972）在利用利润函数研究要素价格扭曲方面做出了开创性的贡献，他们认为企业利润与要素的价格和配置效率有关，要素价格越有效、配置效率越高，企业越能够实现利润最大化。库姆巴卡和巴塔查亚（Kumbhakar and Bhatta-charyya，1992）、王等（Wang et al.，1996）利用基于利润函数的影子价格法对印度和中国的农业要素价格扭曲进行了研究。阿特金森和哈尔沃森（Atkinson and Halvorsen，1984）提出利用一般化的成本函数对要素价格扭曲进行测度，帕克（Parker，1995）利用基于成本函数的影子价格法研究了美国规制行业的要素价格相对扭曲。阿特金森和考威尔（Atkinson and Cornwell，1998）同时利用基于利润函数和基于成本函数的影子价格法估计了美国航空业的资本、劳动和能源价格扭曲情况，结果发现行业规制会导致要素价格扭曲和要素配置无效率。格塔丘和西克斯（Getachew and Sickles，2007）利用基于成本函数的影子价格法研究了埃及的制度约束对要素相对价格扭曲的影响。陶小马等（2009）利用基于成本函数的影子价格测算方法，构建了超越对数形式的成本函数和要素的成本份额的联立方程组，进而估计出 1980～2007 年间的中国资本、劳动和能源的相对价格扭曲情况。王维国和潘祺志（2011）采用超越对数形式的影子成本模型建立成本函数和份额方程的系统方程组，并利用个体变参数模型进行了估计，测度了劳动和能源相对于资本的价格扭曲程度。袁鹏和杨洋（2014）也利用超越对数形式的影子成本模型测算了 1985～2010 年中国分地区的要素相对价格扭曲程度，认为要素的价格扭曲和配置无效率导致经济运行成本增加，形成了经济效率损失。影子价格法也存在一些缺陷，即测算结果比较依赖利润函数和成本函数的设定形式，而且由于函数中估计参数过多，多重共线性问题和自由度不足的问题难以有效解决。

3. 生产前沿分析法

在新古典主义经济理论中，市场经济处于帕累托最优状态时，市场个体应该在产品相对价格曲线与生产可能性曲线的切点处进行生产，切点处即为最优生产点，因此要素市场扭曲可以利用市场个体的实际生产点对最优生产点的偏离程度衡量，从生产效果的角度衡量要素市场扭曲。斯科尔卡（Skoorka，2000）首次利用参数的随机前沿方法，通过对生产可能性边界进行估计同时研究了产品市场和要素市场的扭曲情况，他将总的市场扭曲分为技术扭曲和配置扭曲，技术扭曲是由于次优的要素投入水平导致，此时市场个体的实际生产点不在最优生产可能性曲线上，技术扭曲主要是由要素市场扭曲导致；配置扭曲表现为市场个体在最优生产可能性曲线上进行生产活动，但实际生产点偏离最优生产点，配置扭曲主要是由于产品市场导致。随后，盛誉（2005）、杨帆和徐长生（2009）、郝枫和赵慧卿（2010）、蒋含明（2013）、蒋含明（2016）等都运用随机前沿方法对我国的要素市场扭曲情况进行了研究和拓展，将扭曲分为三种：非价格原因导致的要素市场扭曲，即生产或技术无效率；产品市场价格扭曲；要素市场价格扭曲。但斯科尔卡（Skoorka，2000）方法的限制性也较强，必须假定生产函数满足新古典主义的连续性、可导性、凹向原点和规模报酬不变等假设，同时随机前沿方法的测度结果较依赖于生产函数的形式设定和随机误差项的概率分布假设。另外，从生产前沿角度出发，还可以利用非参数的数据包络分析方法对要素市场扭曲进行测算，该方法不需要事先设定生产函数形式，可以避免函数设定偏误问题，但却无法衡量随机误差等外在环境因素的影响。赵自芳和史晋川（2006）利用 DEA 方法实证研究了要素市场扭曲对产业技术效率损失的影响，发现在投入不变的情况下，消除扭曲可以使制造业产出至少提高 11%。生产前沿分析法可以测算市场的整体扭曲程度，同时对要素市场和产品市场的扭曲进行测度，还可以测算出要素价格扭曲导致的经济影响和效率损失，具有一定的研究优势，同时该方法也存在着缺陷，即无法测度具体的单个要素的实际价格扭曲程度（王宁、史晋川，2015b）。

4. 一般均衡分析法

整体来看，上述三种方法都属于局部均衡分析，还可以从一般均衡视角对要素价格扭曲进行测度。梅洛（Melo，1977）开创性地采用可计算一般均衡方法研究要素市场扭曲问题，研究发现如果消除由工资结构导致的要素市场扭曲，哥伦比亚的国民生产总值将会有13.3%的提升。权和白（Kwon and Paik，1995）在一般均衡框架下研究了韩国的要素价格扭曲及其导致的福利损失情况，结果表明资本价格扭曲导致GDP损失3.2%，劳动价格扭曲导致GDP损失1%，要素价格扭曲导致社会总福利下降5.6%。庄（Zhuang，1996）、费希尔和瓦西克（Fisher and Waschik，2000）分别对中国和加拿大的要素价格扭曲进行了一般均衡分析。罗德明等（2012）构建了异质性动态随机一般均衡模型，研究我国的要素价格扭曲情况，结果发现要素价格扭曲导致我国全要素生产率损失9.15%。一般均衡分析方法虽然为测度国家层面的整体要素市场扭曲提供了良好视角，而且具有经济理论基础，但一般均衡模型要求严格的假设条件，对数据数量和质量要求都较高，计算过程复杂，因此在一定程度上限制了对现实经济的解释力度和适用性。

5. 要素市场扭曲指数法

除了局部均衡分析方法和一般均衡分析方法，目前较常用的衡量要素价格扭曲的方法还有要素市场扭曲指数方法。张杰等（2011a，2011b）根据我国要素市场的市场化程度滞后于产品市场的市场化程度或整体市场的市场化程度的事实，基于樊纲、王小鲁和朱恒鹏编制的历年《中国市场化指数——各地区市场化相对进程报告》中提供的各地区市场化程度数据，首次提出了要素市场扭曲指数的两种测算方法，第一种是以要素市场市场化程度与产品市场市场化程度的差距表示，即（产品市场市场化程度－要素市场市场化程度）/产品市场市场化程度，第二种是以要素市场市场化程度与整体市场市场化程度的差距表示，即（整体市场市场化程度－要素市场市场化程度）/整体市场市场化程度。康志勇（2012）、冼国明和石庆芳（2013）、踪家峰和周亮（2013）分别利用该方法研究了要素市场扭曲对就业、投资和产业升级的影响，毛其淋（2013）、陈艳莹和王二龙（2013）利用该方法分别研究了要素市场扭曲对工业和生产性服务业全要素生产率的影响，结果发现要素市场扭曲会抑制工业企业和生产性服务业全要素生产率的提高，阚大学和吕连菊（2016）也利用这一方法研究要素市场扭曲对环境污染的影响。

　　然而，林伯强和杜克锐（2013）指出，张杰等（2011a，2011b）关于要素市场扭曲指数的测算方法忽视了我国要素市场市场化程度低的地区的产品市场市场化程度和整体市场市场化程度也较低的事实，会抹平地区间要素市场的相对扭曲程度，而且指数测算出现负值与实际不符，因此他们提出基于标杆法的相对差距来衡量要素市场扭曲，即以各地区要素市场市场化程度与样本中最高的要素市场市场化程度之间的相对差距表示要素市场扭曲，既可以反映地区间的要素市场相对扭曲程度，还可以反映要素市场扭曲程度的时间变化趋势。戴魁早和刘友金（2016a，2016b）分别利用该方法研究了要素市场扭曲对高技术产业的创新效率和创新产出水平的影响，结果发现，要素市场扭曲对企业创新效率的抑制作用边际递减，对企业创新产出有显著抑制作用。戴魁早（2016）利用该方法研究了要素市场扭曲形成的原因，指出地方官员的财政激励、晋升激励和寻租激励都显著导致要素市场扭曲。李鲁等（2016）也以要素市场扭曲指数为基础研究了要素市场扭曲对企业生产率的影响。

　　另外，赵自芳（2007）、雷鹏（2009）还借鉴林毅夫（2002）关于技术选择指数的构建，采用要素的比较密集度衡量要素市场扭曲程度。陈永伟和胡伟民（2011）还构建了多部门完全竞争市场均衡模型，测算了 2001～2007 年中国制造业各部门间的要素价格相对扭曲情况，考察了要素价格相对扭曲变动对经济产出的影响，指出要素价格扭曲造成的制造业各行业间的资源错配导致了 15% 的产出缺口。冼国明和程娅昊（2013）也利用这一方法测算 1999～2007 年中国制造业的资本、劳动和中间投入的价格相对扭曲，并研究了要素价格扭曲对出口的影响，结果表明要素价格扭曲形成的成本优势推动了企业的出口。鞠蕾等（2016）在该方法基础上研究要素价格扭曲对产能过剩的影响，指出要素价格扭曲对企业形成了过度投资和退出障碍的扭曲激励，从而导致并加剧了产能过剩。

2.2　产能过剩的概念、成因及测度

2.2.1　产能过剩的概念辨析

1. 产能产出的含义

对产能产出的概念进行准确界定是认识产能过剩的必要前提，产能即生产能力。卡塞尔斯（Cassels，1937）提出产能产出是在给定固定资本存量和要素价格的情况下，企业期望得到的长期均衡产出水平，即长期平均成本函数最低点处的产出水平。克莱恩（Klein，1960）认为产能是企业达到均衡时的产出水平，在完全竞争市场中产能即成本函数最低点处的产出水平，在垄断竞争市场中产能是均衡产能与成本函数最低点处产出水平的差额。约翰森（Johansen，1968）认为产能产出是可变投入不受限制的情况下，企业充分利用固定要素投入在单位时间内的最大生产能力。随后法尔等（Fare et al.，1984，1989，1994）放松了关于可变要素投入不受限制、无穷大和潜在产出最大的强假设，将投入产出的技术关系限定在观测到的数据，产能表示为在给定固定要素投入条件下，充分利用所观测到的可变投入所能达到的最大产出。科克利等（Kirkley et al.，2002）在此基础上认为产能产出是使用可用的投入要素所能达到的最大化的、最优的产出，也就是一个企业或行业的潜在产出水平。谢赫和穆杜德（Shaikh and Moudud，2004）认为产出和固定资本存量之间如果存在协整关系，即存在着产出随资本存量变化而变化的长期趋势，产出的实际观测值在趋势线附近上下波动，这种由固定资本存量决定的长期趋势定义为产能产出。对于产能产出的定义，学术界并没有统一的说法，具体地，在以往文献研究中，根据不同的产能概念研究视角和测算方法，可以将产能分为三种类型，分别是工程意义上的产能、技术意义上的产能和经济意义上的产能。

工程意义上的产能是指企业或行业投资购买一定生产能力的生产设备所形成的产能水平，一般指的是生产设备在理想状态下的最大产出，

从这个角度测度的产能利用率实质上指的是企业或行业的设备利用率，一般基于对企业进行抽样调查基础上运用统计方法加工整理的方式直接获得，可以直接有效地指导实践。该方法多数为政府统计部门或经济研究机构使用，但是工程意义上的产能不是企业最优化行为的结果，缺乏经济理论基础，是一种经验主义的定义。伯恩特和莫里森（Berndt and Morrison，1981）认为在企业面临要素价格冲击时，由于生产设备具有资产专用性、沉没成本等约束，工程意义上的产能无法及时调整，会导致产能利用率的统计出现偏差，而且抽样调查需要耗费大量的人力、财力和物力收集、整理企业调查数据，只有依靠政府部门、研究机构和企业长期合作才有可能建立系统的产能利用率统计体系，同时也存在着调查对象对自身偏好的解释不一致问题，工程意义上产能产出和调查法的应用并不广泛，国内学者应用该方法的主要有江源（2006）和江飞涛（2008）等。

技术意义上的产能主要基于经济学理论中的生产技术概念得到，考虑的是生产过程中要素投入和产出的关系，是指在技术水平和要素投入量一定的情况下，企业或行业充分利用当前的生产设备能够达到的最大产出水平，从这个角度测度的产能只考虑了要素投入和产出的技术特征，并没有考虑经济含义，是一种只考虑数据处理关系的方法，利用实际产出数据推演出其生产边界，将一理想状态下的产出作为产能产出。基于技术意义测算产能利用率的方法主要有生产函数法、协整法和生产前沿面方法。技术意义上产能产出的测算对数据要求较少，适用于缺乏完善微观统计数据的行业或地区产能利用率的估算，但这种方法缺乏一定的经济理论基础。

经济意义上的产能指的是在给定投入要素价格、固定要素数量和技术水平一定的情况下，企业在均衡状态下的产出水平（Morrison，1985b），也就是企业在成本最小化或利润最大化时的产出水平，卡塞尔斯（Cassels，1937）和希克曼（Hickman，1964）认为产能产出指的是长期平均成本函数最低点处的产出水平，而有些学者（Klein，1960；Segerson and Squires，1990；Morrison，1985b）则认为企业生产的均衡状态位于短期平均成本函数和长期平均成本函数的切点上。针对两种不同的理解，伯恩特和莫里森（Berndt and Morrison，1981）、莫里森（Morrison，1985a）认为，当企业的长期生产规模报酬不变时，企业生产均衡状态即产能产出位于短期平均成本曲线最低点，当长期生产规模报酬可变时，企业均衡状态是短期平均成本曲线和长期平均成本曲线相切的位置。尼尔森（Nelson，1989）通过实证检验对比了两种方法的异同，认为二者并无本质区别，测算结果高度相关。经济意义上的产能是基于企业均衡状态下的经济行为，具有一定的理论基础，而且其综合考虑了各种要素投入和产品价格的信息，可以有效反映要素价格变化、市场需求变化和经济波动等因素对产能利用率的影响（何蕾，2015），得到了广泛应用（Garofalo and Malhotra，1997；孙巍等，2009；韩国高等，2011；刘航、孙早，2014）。

2. 产能过剩的概念界定

产能过剩的概念最早由张伯伦（Chamberlin，1933）在其《垄断竞争理论》一书中提出，张伯伦（Chamberlin，1947）进一步从微观经济学角度对完全产能和产能过剩进行了定义，认为完全产能是指在企业完全竞争市场中达到均衡状态时的产出水平，垄断竞争的不完全市场结构导致经济组织无效率，企业生产能力相对于市场需求是过剩的，从而形成了产能过剩。卡米恩和施瓦茨（Kamien and Schwartz，1972）进一步指出，在理论层面上，产能过剩是指处于垄断竞争等不完全竞争市场中的企业的设备利用率低于企业平均成本最小化时利用率的状态。科克利等（Kirkley et al.，2002）认为企业实际产出小于产能产出时即为产能过剩。迪克森和瑞默（Dixon and Rimmer，2011）认为产能过剩是企业的生产能力超过市场均衡状态的产出需求水平，从而导致生产要素投入过剩、要素闲置和浪费的情形。

受限于经济发展水平和经济发展阶段的约束，国内学术界对产能过剩的研究较晚。在 20 世纪 90 年代，我国部分行业出现生产过剩的情况，但当时学术界并没有采用产能过剩的概念进行研究和分析，大多学者借鉴国外对于产能过剩的研究，从微观的企业竞争性行为、产业组织理论和市场竞争理论角度，采用"过度投资""过度竞争""过度进入"等概念对产能过剩这一经济现象进行解释，如马如静等（2007）、李鑫（2008）就指出，我国国有企业受到政府控制，存在严重的过度投资现象；秦海（1996）、曹建海（1999）、魏后凯（2001）认为在企业数目较多、集中度较低、产品供给过多的行业中，普遍存在生产能力过剩和过度竞争现象；原毅军和丁永健（2000）、吕政和曹建海（2000）认为在低进入壁垒、高退出壁垒的情况下，企业容易受到利益驱使大规模进入某些行业，而由于资产专用性、沉没成本等退出壁垒较高无法顺利退出市场，产生过度竞争、产能过剩；刘志彪和王建优（2000）认为产能过剩是因为某些行业进入壁垒太低，导致大规模中小企业进入，形成过度进入和过度竞争。张军和威廉（1998）、曹建海（2001）、罗云辉（2004）还试图通过运用企业过度进入定理解释过度竞争，认为市场自由进入的情况下，企业数量会超过社会福利最大化的企业数量，从而导致企业过度竞争。还有很多国内学者采用"重复建设"概念解释产能过剩，比如魏后凯（2001）、关培兰等（2004）认为重复建设是指生产或提供相同产品或服务的企业数量过多，导致经济总体生产能力严重超过市场需求，生产设备闲置的现象，魏后凯（2001）还将重复建设分为合理的重复建设和不合理的重复建设，并认为合理的重复建设会促进竞争、提高产品质量，但不合理的重复建设就会造成过度竞争、资源浪费、产能闲置，周民良（2000）、马衍军等（2001）、张伟和曹洪军（2004）指出，不合理重复建设是在一定区域内、一定时期内，某个行业或产品已经形成和即将形成的生产能力已经严重超过市场需求情况下仍然进行投资以扩大产能的行为，这一定义与"过度投资"的含义一致，曹建海（2002）认为"重复建设"概念模糊，建议采用考虑市场进入退出的"过度竞争"概念替代"重复建设"，推动了生产过剩现象的研究。"过度投资""过度进入""过度竞争""重复建设"的概念从本质上来说描述的都是生产过剩的现象，只是研究侧重点不同。"过度投资"指市场主体过度扩张生产能力的行为；"过度进入"强调进入退出壁垒会影响企业市场进入决策，从而对市场的产能造成影响；"过度竞争"强调企业过度进入后导致的市场不合理竞争情况；"重复建设"主要刻画了过度投资导致的生产能力过剩、资源闲置和浪费的现象。因此，"产能过剩"与"过度投资""过度进入""过度竞争""重复建设"等概念都是指的工业行业生产能力过剩的现象，没有本质上的区别，本书统一使用"产能过剩"概念。

　　我国学者从不同角度对"产能过剩"的概念进行了定义和解释。部分学者从产能与实际产出的关系角度对产能过剩进行了定义，如韩国高等（2011）认为我国的产能过剩可以从宏观和微观两个层面进行理解，宏观的产能过剩就是指在社会总需求的限制下，经济活动没有达到正常的潜在产出水平，存在资源未充分利用和社会生产能力闲置、浪费的情况，微观的产能过剩是指企业的产能产出超过实际产出一定程度时的生产能力过剩；王立国（2010）指出，社会实际产出与技术水平一定条件下要素投入所能创造的最优产出之间的偏离即产能过剩；李晓华（2013）认为产能过剩是实际产出小于生产设备满负荷运转时的产出水平从而导致的生产能力过剩的现象。国内学术界更多地从市场供求的宏观层面对产能过剩进行定义，张保权（2006）认为产能过剩是社会生产能力超过市场需求从而导致产品价格下降、库存增加、利润减少的现象，甚至会导致大量企业破产倒闭、金融机构信贷风险增加等，王岳平（2006）、周劲（2007）、刘航和孙早（2014）、胡荣涛（2016）认为产能过剩是指社会生产能力远超过市场需求、超出正常期望产出水平从而导致生产要素闲置、生产能力过剩的现象。还有部分学者从产能过剩成因的角度对其进行了定义，周劲和付保宗（2011）、王立国和鞠蕾（2012）、江飞涛等（2012）、陈胜勇和孙仕祺（2013）、冯俏彬和贾康（2014）根据产能过剩成因将其分为周期性产能过剩和非周期性产能过剩，并进一步将非周期性产能过剩分为结构性产能过剩和体制性产能过剩。

综上所述，本书将产能过剩定义为，在市场经济条件下，由于受到经济周期性波动、结构性因素和体制性因素的影响，企业的进入、退出、投资和生产技术选择等市场决策行为会受到扭曲激励，从而导致过度进入、过度投资、低水平重复建设和退出障碍等非最优市场决策，使得市场供给严重超过市场需求的现象，会导致企业恶性竞争、产品价格下降、利润降低、库存增加、持续性亏损，从而使得企业和整个社会的实际产出偏离潜在最优产出、生产能力闲置。

2.2.2　产能过剩的成因分析

产能过剩的形成原因错综复杂，不能仅从某一角度解释产能过剩现象。尤其是当前我国的产能过剩不仅源于经济的周期性波动，表现出周期性产能过剩特征，同时在非经济周期性波动时期，在经济一直处于高速发展状态、大多数行业处于成长上升期的情况下，也出现了大规模的产能过剩，具有体制性产能过剩和结构性产能过剩的特征（周劲、付保宗，2011），我国的产能过剩是一般性的市场性因素和具有发展阶段、发展模式特殊性的非市场性因素综合作用的结果。国内外学术界从不同角度对产能过剩的形成机理进行了研究。

1. 经济周期理论

经济周期性波动是影响企业生产能力的重要因素，在经济繁荣时期，企业盈利情况良好，整个社会中的企业对未来市场发展情况有积极乐观的预期，会普遍做出增加投资、扩大生产规模、扩张产能的决策；而在经济衰退时期，市场有效需求不足，导致经济繁荣时期形成的产能无法得到有效利用，部分产能闲置，形成产能过剩。李江涛（2006）、张新海和王楠（2009）、周劲和付保宗（2011）认为，产能过剩是由经济周期性波动导致的，是经济发展过程中的普遍现象，当经济萧条时，需求萎缩，有效需求不足导致富余产能增加，到一定程度时形成产能过剩，这时供给超过需求导致价格下降，相应地供给也会降低，供给的减少又会带动需求逐渐上升，有效需求扩张，经济逐渐复苏走向繁荣，产能过剩程度逐渐下降，产能过剩得到化解，也就是说周期性的产能过剩是市场经济中的正常现象，可以通过市场经济自身的调节机制自动解决。周业樑和盛文军（2007）、纪志宏（2015）还认为适度的产能过剩是市场经济中的常态，而且从产品和行业成长周期的角度看，在产品和行业发展的成熟期和衰退期，新产品、新需求的产生和新老产品的转换不可避免地会形成产能过剩，但这种产能过剩对产业结构调整、优化有利，能促进资源的优化配置。卢锋（2011）、江飞涛（2010）、付保宗（2011）也认为由经济周期性波动导致的产能过剩是市场中的正常现象，一定程度的产能过剩会加剧市场竞争，提高企业效率，优化产业结构，能起到优胜劣汰的作用，有效的市场机制能一定程度地调节和化解产能过剩，并不需要其他经济政策的干预。

2. 结构失衡理论

（1）企业窖藏行为。经济的周期性波动具有不确定性，企业无法获取足够的有效信息准确判断经济周期性波动趋势，而产能的变化是刚性的，要素投入到形成生产能力有一定的滞后期，供给调整相对市场需求的变动来说是滞后的、缓慢的，为了维持生产的稳定性，应对未来市场的不确定性，企业的决策一般都是跨期行为，会根据对未来市场需求和利润的预期提前做出增加或减少要素投入和储备的决策，企业往往会留有一定的闲置产能，提高企业运营和产品供给的灵活性，这种提前储备一定量的要素投入的成本会低于根据市场需求波动而随时调整要素投入的调整成本（Stiglitz，1999；何彬，2008），因此企业的窖藏行为是应对经济周期性波动不确定性的理性选择。部分学者（Fair，1969；Blinder，1982；Abel，1983；Sarkar，2009；Ishii，2011）指出，在不完全信息条件下，为应对需求的不确定性，避免改变企业规模和变动要素投入的调整成本，企业会增加要素的储备量，企业窖藏行为形成的过剩产能有利于增强企业产品供给的灵活性。平迪克（Pindyck，1988）运用金融市场中的期权来解释企业窖藏行为，认为在未来经济情况不确定的情况下，企业保有一定程度的过剩产能相当于一种"运营期权"，在不考虑增加产能的机会成本的情况下，未来市场需求波动越大这种运营期权的价值就越高，因此企业会增加产能形成产能过剩，但是由于投资是不可逆的，而且增加产能投资存在机会成本，企业一般会充分考虑期权价值和投资机会成本来做出是否扩张产能的理性决策，然而如果企业忽视机会成本的存在就很可能会导致严重的产能过剩。法伊和梅多夫（Fay and Medoff，1985）利用美国微观企业调查数据实证检验了由企业窖藏行为导致产能过剩的普遍存在性和合理性，法尔（Fair，1985）采用峰值法测算了劳动要素的窖藏水平，证实了企业出于成本最小化的考虑，会选择保有一定程度的过剩产能。布伊特（Buiter，2000）、周（Chou，2000）在总供给—总需求框架下，利用数理模型分析了为应对不确定的市场需求变化，企业过剩产能的形成机理。

国内学者也对企业窖藏行为导致产能过剩的现象进行了研究。巴曙松（2006）指出部分行业由于其产品供给弹性较低，产量提升需要大量的要素投入，但这在短期内很难完成，因此企业需要保有一定程度的过剩产能以应对经济周期性波动中需求的大幅度增长。孙巍等（2008）、何彬（2008）利用随机动态优化方法构建数理模型，分析了由经济波动引起企业窖藏行为从而导致产能过剩的机理，并实证检验了企业窖藏行为的存在性，认为经济繁荣时期需求旺盛，企业会增加较多的要素投入，窖藏行为导致的产能过剩程度较高，在经济萧条时窖藏行为形成的过剩产能较小。然而，虽然窖藏行为会导致产能过剩这一论断得到学术界的广泛认同，但由于缺少由宏观经济波动到诱发企业要素窖藏行为再到产能过剩的这一过程的微观基础行为的刻画和证明，受到了一些学者的质疑（Ghemawat，1984；Lastrapes，1992）。

（2）企业竞争策略。在不确定信息条件下，在位企业为了减少竞争、谋求高额利润、获取或维持一定的市场地位所采取的竞争性策略行为也会形成过剩的产能。一种是在位企业维持一定程度的闲置生产能力作为一种可置信的进入壁垒阻止潜在进入者的进入，当新企业进入市场时，在位企业可以迅速通过扩大产量、压低价格打击新进入企业，使得新进入企业无利可图，过剩产能可以有效阻止潜在进入者的进入行为，提高企业利润（Wenders，1971），卡米恩和施瓦茨（Kamien and Schwartz，1972）指出在位企业的定价策略会影响潜在进入者的进入概率，由于不确定企业的进入时机，在位企业选择的策略性生产规模会导致产能过剩，从而可以保证新企业进入后可以通过降低产品价格进行回应。斯潘斯（Spence，1977）也认为在位企业拥有足够的生产能力能够使新企业进入市场后无利可图时就可以阻止进入，随后斯潘斯（Spence，1979）利用数理模型讨论了在不完全均衡条件下单个在位企业的情形，证明了该结论。布洛等（Bulow et al.，1985）在完全均衡条件下验证了企业会采取维持一定水平过剩产能的策略性行为以阻止企业进入。考林（Cowling，1983）认为寡头市场中的企业保有过剩产能更有利于共谋，从而形成更加可信的降价威胁，阻止企业进入。基尔曼和马森（Kirman and Masson，1986）还认为寡头市场中的企业会保持过剩产能进行价格竞争，阻止企业进入。周业樑和盛文军（2007）也认为部分行业或企业维持过剩产能可以保证在位企业的市场地位和利润，阻止新企业进入。然而，企业采取竞争性策略行为而导致产能过剩的解释只适用于寡头市场或存在明显在位企业的情况，而不能对存在大量企业和分散投资的情况进行很好的解释。

还有一些学者对这种竞争性策略行为导致产能过剩的理论进行了实证研究，例如，希尔克（Hilke，1984）对 16 个行业的实证研究表明维持过剩产能的策略行为对企业进入率有负向影响，但是不显著。利伯曼（Lieberman，1987）利用 38 个化学品产业数据进行实证研究的结果表明，仅三个产业利用产能过剩作为阻止进入的策略性行为，在位企业维持过剩产能并不能有效地遏止新企业的进入。而马森和沙阿南（Masson and Shaanan，1986）的实证研究表明 37 个行业中有 26 个行业的企业由于维持一定程度的过剩产能而使得企业的市场势力发挥作用，成功阻止新企业进入，获得了额外利润，但同时也指出在不对称信息条件下，故意增加产能的策略并不能有效阻止进入。马西斯和科西安斯基（Mathis and Koscianski，1997）在对美国金属钛行业进行产能过剩形成原因的研究中发现，产能过剩会显著阻止新企业进入，是阻止竞争企业进入的有效手段。贝诺伊特和克里施纳（Benoit and Krishna，1985，1987）在研究寡头市场企业的共谋和产能过剩时发现处于共谋均衡状态的企业都存在产能过剩。沙阿南（Shaanan，1997）采用修正的 Dixit 模型对美国制造业的研究结果表明，企业维持过剩产能可以阻止潜在进入者的进入并增加企业利润。

另一种策略性行为是为了增强企业间合作、增加合作机会、提高企业盈利水平，企业会通过维持过剩产能表现自身实力，作为对合作企业的承诺策略，例如，植草益（2000）通过构建同质企业的无限次重复博弈模型证明了维持过剩产能的企业间合作的可能性更大，企业利润提高的概率也增大，罗云辉（2004）的研究也验证了这一结论，因此企业为了获取更多的合作机会和高额的利润会保有过剩产能。

（3）经济发展方式不合理。我国长期以来粗放型经济发展方式是导致产能过剩的重要原因，主要表现为经济增长高度依赖投资扩张和企业的技术创新能力较低（付保宗，2011；胡荣涛，2016）。一方面，地方政府为了最大化自身的政治经济利益，过分关注经济总量的增长，忽视了经济发展质量，把扩大投资作为推动经济发展的首要选择（韩国高等，2011），同时政府提供各种政策性优惠降低了企业投资成本和投资风险，提高了投资的收益预期，企业只要通过扩大投资就可以获取超额利润，投资扩张成为企业的理性选择（高越青，2015），从而整个经济社会普遍依赖投资拉动经济发展。张前程和杨光（2015）分析认为投资依赖型经济较容易导致重复建设、低效率投资和产能过剩，杨振兵（2016）也指出，长期以来我国企业偏好于增加资本投入的资本技术进步，加速了企业尤其是重工业企业的投资增长对产能过剩的贡献程度。另一方面，政府提供的各种名目的财政直接补贴和其他政策性补贴导致企业缺乏技术创新的动力（张杰等，2011a），使企业更加倾向于通过不断扩大生产规模和投资规模以提高利润水平，从而导致低端制造环节产能的高速增长，大部分企业不掌握产业价值链的核心技术和关键性资源，多数集中在资本密集、劳动密集和竞争激烈的初级加工组装环节，企业资本积累缓慢，无法进行有效的技术研发和工艺、品牌的创新（白让让，2016），而且自主创新能力不足也阻碍了产业结构升级，导致产品结构与市场需求结构不匹配，低端产品供给过剩，高端产品供给不足，形成了结构性产能过剩，提高了产能过剩化解难度。王立国和高越青（2012）分析了技术水平落后对产能过剩的影响机制，认为在产能过剩形成时期，较低的技术水平会影响企业投资决策，导致重复建设和产能过剩；在产能过剩治理时期，较低的技术水平和较差的创新能力会阻碍产业结构优化、升级，形成对落后产能的淘汰障碍和高退出壁垒，提高了产能过剩化解难度。国家行政学院经济学教研部课题组（2014）也指出，企业创新不足是导致产能过剩的重要原因，也是产业升级的最大障碍。

3. 市场失灵理论

（1）低进入壁垒、高退出壁垒的结构性特征。现代经济学的产业组织理论认为市场结构是决定市场绩效的主要影响因素，而企业的进入退出是决定市场结构的关键性因素，进入退出壁垒在直接影响企业进入退出的同时，对企业数量和规模分布等市场结构特征有重要影响，低进入壁垒、高退出壁垒则容易导致企业过度进入、过度竞争和产能过剩。昌忠泽（1997）、原毅军和丁永健（2000）、吕政和曹建海（2000）、牛桂敏（2001）、杨蕙馨（2000，2004）就指出中国是易进难出的市场结构，在低进入壁垒、高退出壁垒的情况下，政府无法有效控制企业进入，企业容易受到利益驱使大规模过度进入某些行业，而由于资产专用性、沉没成本等退出壁垒较高无法顺利退出市场，从而产生过度竞争、产能过剩。刘志彪和王建优（2000）认为当前我国的产能过剩是因为某些行业进入壁垒太低，导致大规模的中小企业进入，形成过度进入和过度竞争，而在进入壁垒较高的行业又存在地方政府使用行政权力突破资本和规模经济壁垒的现象，导致制造业产能过剩。李世英等（2010）实证验证了我国普遍存在的过度进入和退出障碍会导致过度竞争和产能过剩。然而李伟（2006）、江飞涛和曹建海（2009）、曹建海和江飞涛

（2010）认为以进入退出壁垒解释企业过度进入、过度竞争和产能过剩的理论是将低进入壁垒和高退出壁垒相分离的思路，根据卡夫斯和波特（Caves and Porter，1977）、吉尔伯特（Gilbert，1989）、卡夫斯（Caves，1998）关于进入退出的研究，退出障碍实质上也是一种进入壁垒，退出障碍越高，企业进入市场的风险越大、成本越高，从这个角度来看，高退出壁垒只能解释进入不足，而无法解释为什么企业过度进入，低进入壁垒、高退出壁垒的市场结构性特征无法很好地解释产能过剩现象。

（2）市场集中度较低的市场结构。国内学者还认为低市场集中度是导致重复建设、过度竞争和产能过剩的原因，并将低市场集中度作为判断产能过剩的标准和表现（秦海，1996），例如，曹建海（1999）认为在集中度较低的行业中普遍存在生产能力过剩和过度竞争现象；魏后凯（2001）认为市场集中度越高，产能利用率越高；柯颖（2002）指出我国多数工业行业都是市场集中度较低的原子型市场结构，较小的企业规模、较多的企业数量使得市场中生产分散，企业规模效益低，市场中无法实现有效分工，反而形成了对资源的恶性竞争，导致资源浪费、利用率下降，低市场集中度也使得行业进入壁垒低，从而导致了企业过度进入，造成重复建设和产能过剩。关于市场集中度与产能过剩关系的实证研究没有得出统一的结论，温斯顿（Winston，1971）将行业中企业数量作为行业集中度的替代变量加入产能利用率的影响因素方程，结果发现行业集中度与产能利用率负相关，随着行业集中度下降，产能利用率将会提升；埃斯波西托和路易斯（Esposito and Louis，1974）却得到了行业集中度和产能利用率正相关的结论，埃斯波西托和路易斯（Esposito and Louis，1979）又使用 1976～1979 年的美联储数据和普查数据进行了验证，结果显示美联储数据得到二者有正相关关系结论，普查数据估计结果则表明产能利用率与行业集中度负相关；萨利姆（Salim，2008）在研究孟加拉国食品制造业产能利用率影响因素时发现，行业集中度与产能利用率负相关；齐鹰飞和张瑞（2015）的实证研究结果显示，行业集中度与产能利用率有倒"U"形的非线性关系，提高行业集中度先对产能利用率有促进效应，超过一定程度就会阻碍产能利用率提升。张军和威廉（1998）、曹建海（2001）、罗云辉（2004）还试图通过运用过度进入定理解释产能过剩的形成机制，认为市场自由进入的情况，企业的数量会超过社会福利最大化的企业数量，导致过度竞争、重复建设和产能过剩，而曼昆和惠斯顿（Mankiw and Whinston，1986）证明只有自然垄断行业才存在过度进入，纳赫巴尔等（Nachbar et al.，1998）的研究也表明只要存在退出的沉没成本，即使市场是自由进入的，也不会导致过度进入。而且过度进入定理的研究大多是在寡头市场结构的假设下进行，而我国的重复建设、过度竞争和产能过剩很多发生在竞争行业，因此运用过度进入定理解释产能过剩现象存在适用性问题。

（3）市场信息不对称。在现实中，市场是复杂多变的，普遍存在信息不对称、不完全的现象，企业无法准确观测到市场供求的变化、行业企业数量、行业产能利用率等信息，由于缺乏及时准确的信息参考和警示，在面临不确定的市场需求变动时，企业会存在系统的认知偏差，这种预期偏差会导致事后投资过高从而形成产能过剩（张新海、王楠，2009；卢锋，2011）。班纳吉（Banerjee，1992）以市场信息不完全作为前提假设，认为企业会受到市场中其他企业行为的影响，从而对市场环境变化形成预期偏差，导致盲目的"跟风"行为，这种"羊群效应"会造成大量企业集中进入某些行业，导致产能过剩。张新海（2010）认为在信息不对称的情况下，当经济处于上升时期，企业对未来市场情况有良好的预期，会出现大规模集中投资现象，导致个别行业过度投资，形成过剩产能。林毅夫（2007）、林毅夫等（2010）认为，我国尚处于发展中阶段，处于世界产业链的内部，出于对发达国家成功经验的认知，在产业升级过程中，企业往往会投资那些技术成熟、产品市场完善、处于世界产业链内部的产业，从而在全社会范围内存在对发展前景良好产业的投资共识，但是由于企业是在不完全信息情况下做出的决策，对行业中未来企业数量和供给总量无法充分了解，不能对未来的市场变化进行准确的判断，最终导致某些行业出现投资"潮涌现象"，形成了产能过剩。但该理论也存在着缺陷，江飞涛等（2012）、范林凯等（2015）指出"潮涌"理论的基本假设不成立，首先是并不存在全社会对前景良好行业的准确、普遍共识，企业之间的预期差别很大，其次，"潮涌"理论中出现的产能过剩只是不完全信息情况下对均衡状态的偏离，属于正常的市场现象。付才辉（2016）认为在市场经济没有受到外部因素干预的情况下，理性的企业个体能够预期到潮涌现象带来的供给过剩、利润下降、企业亏损破产等后果，在面对社会共识的投资机会时会谨慎行事，并不会产生大量企业潮涌的冲动进入和投资现象。

4. 体制扭曲理论

在我国经济转型时期，国民经济运行同时受到市场因素和非市场因素的影响，因此对产能过剩成因的研究既要以市场经济规律为基础，又要充分考虑我国经济发展阶段、发展模式和特殊体制的影响。江飞涛和曹建海（2009）、曹建海和江飞涛（2010）、江飞涛和李晓萍（2010）、江飞涛等（2012）就指出，单纯采用市场失灵解释我国的产能过剩存在缺陷，以市场失灵理论为基础实施的政府干预经济、治理产能过剩的方法不但没有解决产能过剩问题，反而引发了一系列的不良政策后果。我国目前的产能过剩并非单纯的市场性问题，而是有着深刻的体制背景。

（1）不合理的政治管理体制。科尔奈（1986）认为，在计划经济体制向市场经济体制转型的过程中，放权让利改革的实施导致投资分散化，中央政府对投资的约束力减弱，又没有建立起健全的财务、利润等自我约束机制，使得投资过热现象进一步加剧。刘西顺（2006）、陈明森（2006）、周劲和付保宗（2011）、江飞涛等（2012）、国家行政学院经济学教研部课题组（2014）、国务院发展研究中心《进一步化解产能过剩的政策研究》课题组（2015）进一步指出，我国转型时期不合理的财政体制和政绩考核体制促使地方政府有较高的热情干预经济发展，过度重视经济建设，往往以扩大投资的方式拉动经济增长、扩大财政收入、增加就业、获取晋升机会，忽视经济发展的资源、环境、生态和社会成本，导致过度投资、重复建设和产能过剩。

在财政体制方面，1994年开始的财政分权体制改革赋予了地方政府独立的经济利益和经济地位，地方政府间的经济利益逐步分化，地方经济利益与地方经济发展挂钩充分调动了地方政府发展经济、获取经济利益的积极性（Jin et al.，2005；王立国、鞠蕾，2012；张日旭，2013）。尤其是财政分权改革使得当时仍处于落后状态的地方政府的财政资源大大减少，不断减少的财政收入和逐年增加的财政支出之间的收支失衡矛盾加剧，面对着财权事权的不匹配，为了发展地方经济、扩大税基、增加财政收入，地方政府有较强的动机吸引和扩大辖区内的工业投资。在此背景下，地方政府间展开了激烈的经济竞争，而由于地方政府存在系统性制度软约束问题（李江涛，2006），地方政府纷纷利用掌握的行政权力通过地方保护、市场分割、扭曲要素价格、提供各种优惠政策和补贴的方式招商引资，引发了过度干预、过度投资等问题，再加上地方政府间的诸侯式竞争，各地方经济发展自成体系，导致严重的资源浪费和低水平重复建设，形成了大规模的产能过剩（江飞涛，2010；王立国、张日旭，2010；付保宗，2011；陈胜勇、孙仕祺，2013）。此外，在我国特殊的财税体制下，营业税、增值税对财政收入的贡献大于企业所得税，导致地方政府更多地关注企业经营与否和产值情况，只要保证企业持续经营就可以提供稳定的财政收入，这进一步助推了地方政府扩大投资、阻止企业退出的行为，加剧了产能过剩程度（王立国、高越青，2014；桑瑜，2015）。陈烨等（2010）、门闯和孙晓骅（2016）进一步指出，2009 年以来生产型增值税转为消费型增值税的"营改增"改革实际上是对资本要素的减税改革，降低了资本使用成本，企业的理性选择就是增加资本投入量，进一步激发了整个社会的资本扩张热情。

在政绩考核体制方面，我国当前以经济增长为主要考核指标的政绩考核体制和官员晋升体制激发了地方政府干预经济发展的热情。周黎安（2004，2007）指出，由于我国中央政府拥有对官员的任免权，地方政府之间职能同构，都对经济发展有一定的干预能力，使得以经济发展为考核指标成为以经济建设为中心背景下政绩考核的最佳选择，但晋升机会总是有限的，官员晋升考核具有零和博弈的晋升锦标赛特征，一人晋升就意味着降低了其他人的晋升机会，而且官员晋升意味着利益的扩大化，受到晋升竞争的激励，地方政府间的经济竞争也出现了扭曲，地方政府往往为了追求经济总量增长，忽视社会成本和经济发展效益，竭尽全力争取投资、金融资源和中央政府的优惠补贴，谋求投资的快速增长（魏后凯，2001；郭庆旺、贾俊雪，2006；江飞涛、曹建海，2009；王立国、高越青，2014）。刘航和孙早（2014）从当前城镇化发展角度指出，由于城镇化作为政府提升政绩的重要工具，地方政府过度干预经济导致城镇化过快推进从而与产业发展规律脱节，形成了产能过剩。王文举和范合君（2008）、陈胜勇和孙仕祺（2013）、张莹和王磊（2015）还指出，在 GDP 增长为主的晋升锦标赛体系下，各地方自成体系，地方政府的经济干预行为趋同，各地政府通过模仿战略最大化自身利益，导致地区间产业分工失调，各地的产业投资一哄而上，产业同构现象严重，进一步加剧了过度投资、低水平重复建设和产能过剩。皮建才等

（2015）进一步认为，在辖区 GDP 导向下，地区产能过剩程度会随着地方政府对经济增长总量重视程度的增加而增加。与此同时，由于我国的中央政府和地方政府实际上形成了一种信息不对称的委托—代理关系，地方政府处于信息优势方，往往会为了自身利益而缺乏有效执行中央宏观调控政策的积极性，甚至会通过打擦边球、利用政策漏洞等方式违规操作，而由于中央政府处于信息劣势方，同时有效的监督机制缺失、法制不健全、司法独立性差，无法对地方政府的不规范行为进行有效约束，进一步加剧了重复建设和产能过剩（杨培鸿，2006）。纪志宏（2015）就指出，在各地产业结构严重趋同的情况下，地方政府通过行政或政策规制手段实行地方保护，导致市场分割，使产能过剩越发严重。

（2）经济体制缺陷。目前我国的市场经济体制尚不健全，存在着众多缺陷，为政府不正当干预经济提供了便利，从而导致了产能过剩现象的发生。陈胜勇和孙仕祺（2013）认为中国全能型政府权力太大，掌握着较多的资源，干预经济的能力太强。耿强等（2011）、王立国和周雨（2013）、冯俏彬和贾康（2014）指出，在当前的经济转型时期，我国经济体制缺陷突出表现为要素市场的市场化进程缓慢、要素市场化程度较低，政府掌握着要素资源的管理权、定价权和配置权，为了发展地方经济、增加税收、扩大就业、获取晋升机会，地方政府往往通过干预要素定价机制和要素配置的方式，压低要素价格或者直接按比例分配要素资源，阻碍了正常价格信号的传递，使得企业投资依靠政府价格信号而不是市场价格信号进行，导致了大规模的重复建设和过度投资现象，通过恢复正确的价格信号和价格形成机制，使企业面临真实成本，有利于化解产能过剩。李江涛（2006）、陈明森（2006）指出，我国的投融资体系尚不完善，企业投融资行为大多依靠政府的力量，比如地方政府通过国有企业进行直接投资，限制本地企业的跨区域投资行为，还会为本地企业最大限度地争取贷款，地方经济发展主要依赖于政府大规模的资本投入，但却由于其缺乏系统性的自我约束机制，不需要承担投资成本和风险，强化了地方政府盲目扩大投资的冲动。江飞涛等（2012）、张日旭（2013）、干春晖等（2015）还指出，由于资本市场发育不健全，以商业银行信贷为主的间接融资成为企业主要的融资渠道，在地方政府掌握着大部分干预金融资源配置权利的情况下，地方政府为了发展地方经济会为企业谋取低成本的金融资源，银行预算软约束也为政府干预金融资源配置提供了便利，使得企业的投资风险和成本外部化，促使企业过度投资，导致了严重的产能过剩。曹建海（2004）、米黎钟和曹建海（2006）、江飞涛（2008）、黄健柏等（2015）认为，我国的土地产权模糊，政府实际上是土地资源的实际管理者和拥有者，地方政府在政治经济利益驱动下，会通过提供低价其至零价的土地资源吸引企业在本地投资，土地本身的经济价值和巨大的资本价值形成了对企业的隐性补贴，刺激了企业的投资扩张，形成了大规模的过剩产能。韩国高等（2011）、李晓华（2012）、冯俏彬和贾康（2014）还指出，资源富裕地区的地方政府会通过为企业配套资源开发权利吸引企业投资，地方政府还会为企业提供水价和电价补贴政策，对高污染、高耗能企业具有高容忍度，纵容企业污染环境，强化了企业投资扩张行为，导致了严重的产能过剩，同时形成了大规模的落后产能。

　　我国经济体制缺陷还表现在国有企业改革滞后方面。在我国财政分权体制改革后，由于地方政府失去了来自中央的直接财政收入来源，面临着财权事权不匹配、财政收支矛盾的不断激化，为了发展地方经济、扩大财政收入、增加就业，地方政府纷纷采用行政手段管理经济发展，担任企业管理者的角色，形成了地方政府"法团化"趋势（江飞涛等，2012），地方政府除了通过各种投融资平台直接进行投资，还主要通过成立、经营国有企业干预经济，由于国有企业隶属于政府管辖，企业行为主要听命于政府，政府的政治经济利益与企业业绩挂钩，同时企业缺乏有效的内部约束机制，往往导致过度投资（江飞涛、曹建海，2009）。很多研究表明国有企业过度投资是导致产能过剩的主要原因之一（王立国、农媛媛，2014）。国有企业的过度投资主要源于三个方面：首先，国有企业产权不明晰，公司组织具有双重性，管理者由政府任命，企业经营受到政府行政命令的约束，企业内部又受到党代会、工会和职工大会的监督约束，导致国有企业经营机制不灵活，在面临政府和市场的激励和约束不一致时，国有企业由于其产权特殊性会首先遵从政府利益最大化的激励和约束，导致低效率过度投资行为（张洪辉、王宗军，2010；贺京同、何蕾，2016），同时唐雪松等（2007）还指出国有企业存在严重的委托代理问题，所有权和代理权的分离促使代理经理人会为了个人利益过度投资，彰显业绩，获取政治晋升机会。其次，国有企业与政府之间具有紧密的政企关联，政府对国有企业有求必应的"父爱主义"

倾向使国有企业能够优先获得大量优惠性资源，国有企业预算软约束为其投资扩张提供了充足的资源支持，国有企业的过度投资动机和能力都较强（王立国、鞠蕾，2012；干春晖等，2015），李以学（2003）还指出，国有企业投资不必承担相应的风险，内部成本和风险严重外部化，企业投资风险意识淡薄，加剧了国有企业的过度投资行为。最后，由于担负着经济发展、解决就业、维护社会稳定等政治经济任务，国有企业多数集中在关系国计民生的重要行业，国有企业亏损甚至面临破产倒闭时，地方政府会继续提供政策和资源以维持其生存，商业银行为了避免大规模的不良贷款也会继续提供信贷支持，再加上较高的沉没成本和资产专用性等限制，国有企业的市场退出壁垒较高，低效率的国有企业无法有效退出市场，形成了大量的"僵尸企业"（鞠蕾等，2016）。

（3）产业政策不合理。我国目前的市场经济运行受到大量不完善的产业政策的影响，无法有效发挥市场配置资源的基础性作用，为产能过剩推波助澜。从政府补贴角度看，冯俏彬和贾康（2014）认为地方政府为重点产业提供各种形式的财政补贴和税收优惠，降低了企业的投资成本预期，形成了低于市场正常价格的政府价格信号，激发了企业政策套利和过度投资的动机，导致产能过剩；程俊杰（2015c）的研究也发现，降低税收、政府补贴的产业政策会显著提高产能过剩程度，而且这种影响在小企业、国有企业和低技术水平企业更为明显；黄先海等（2015）认为当行业中竞争程度处于较高水平时，继续提供补贴会降低企业对行业竞争的敏感性，导致企业为补贴而生产的行为和产能过剩。从产业政策效果的角度看，江飞涛和李晓萍（2010）认为中国实行的直接干预市场、限制竞争、政府选择代替市场机制的产业政策存在根本性缺陷，具有较强的计划经济色彩和管制特征，不利于产能过剩的化解；杨振（2013）、吴春雅和吴照云（2015）认为产业政策对企业进入退出行为的扭曲激励导致了某些行业的产能过剩反复出现；张晖（2013）、王辉和张月友（2015）也认为各地方政府纷纷将新能源产业列入地方产业发展目录，并提供优惠政策吸引投资，导致了新能源产业的过度投资、重复建设和产能过剩现象；桑瑜（2015）进一步指出我国的产业政策往往助推了产能过剩的形成，而意图化解产能过剩的产业抑制政策却没有显著效果；张杰（2015）认为不合理的产业政策调控诱发了传统产业和新兴产业的产能过剩；程俊杰（2016）指出，政府重点发展某些行业的产业指导政策刺激了企业的过度集中进入，在化解产能过剩时，产业政策形成的退出壁垒又阻止了企业的有效退出，使得产能过剩"久治不愈"。刘阳阳和冯明（2016）的实证研究发现，金融危机过后的非均衡经济刺激计划加剧了部分行业的政策和信贷倾斜程度，提高了原本就存在过剩的行业的产能过剩程度。罗美娟和郭平（2016）的研究发现，政府政策的不确定性会加大市场的信息不对称程度和市场风险，加剧了国有和私营二元经济体制的扭曲程度，显著降低了企业的产能利用率。

2.2.3　产能过剩的测度方法

对产能过剩的测度主要是通过测算产能利用率以反映生产能力的利用程度和产能过剩程度。产能利用率是指实际产出和产能产出的比率，是目前国际上通用的衡量产能过剩程度的核心指标，可以直接衡量产能过剩情况。产能利用率的度量方法总体上可以分为定性方法和定量方法两种。定性方法主要通过利用专业知识对行业经营状况、行业特征、从业情况、开工情况、专家意见等信息进行加工、整理从而获得产能利用率，这种方法主要依赖于企业信息的获得程度，主观性较强，存在较大误差；定量方法则是通过收集企业或行业数据，通过统计方法估算产能产出，然后计算实际产出与产能产出的比值得到产能利用率，定量方法随着数据统计工作不断完善、数据质量不断提高而被广泛应用，而且定量方法得到的结果准确性较高，具有一定的客观性。目前测算产能利用率的定量方法主要有以下几种。

1. 峰值法

峰值法是由克莱恩（Klein，1960）提出的较早用于测算产能利用率的方法，该方法假设在技术水平和资本给定的情况下，企业或行业在一段时间内的最大产出即为峰值，峰值处表示产能完全利用，即产能利用率为100%，两期峰值之间的产能利用率差异只由技术变化引起，产能产出随着两期峰值拟合的关于技术变化的线性函数趋势变化，产能利用率即为观测到的实际产出与估计出的产能产出的比值，该方法对数据要求低，比较适用于使用较少数据运用数学方法估算产能利用率，科克利和斯奎尔斯（Kirkley and Squires，1999）证明了峰值法的数学基础和适用性，认为这种方法是利用宏观数据计算产能利用率的有效方法，其他一些学者（Klein，1960；Klein and Summers，1966；Ballard and Roberts，1977；Ballard and Blomo，1978；Hsu，2003；沈利生，1999；何彬，2008）都对峰值法进行了应用和拓展。然而，峰值法存在着很多缺陷：第一，峰值法假设产能产出只受到技术变化的影响，而不考虑资本设备变化和其他结构性变化的影响，产能变化单纯解释为产能利用率的变化；第二，峰值法假设峰值处的产能得到充分利用，但实际上可能是该处的产能利用率稍高于其他位置，无法确定峰值处的产能是否得到充分利用，而且也不能判断出峰值处的产能利用率是否是真正的工程意义上的或者经济意义上的产能利用率；第三，现实中存在即使产量达到峰值时产能也没有充分利用的"弱峰值"问题，如果把此时的产能利用率设定为100%，会高估产能利用率（Phillips，1963；Leeuw，1968；董敏杰等，2015）；第四，峰值法的结果取决于峰值的选取，对于峰值的设定存在一定的主观性，缺乏经济理论支撑，对产能利用率的估算方法过于粗糙（沈坤荣等，2012）。

2. 生产函数法

克莱恩和普利斯顿（Klein and Preston，1967）认为利用实际观测到的投入和产出数据，通过设定具体的生产函数形式可以估计出相关系数，从而得到一种或多种要素投入情况下的潜在产出，将潜在产出作为产能产出，通过计算实际产出与潜在产出的比值得到产能利用率。基于实际测算中生产函数设定方式的不同和考虑的要素投入种类的差异，又可以分为单要素生产函数法和多要素生产函数法。单要素生产函数法的应用文献大多只考虑了资本投入的影响，如杨光和马晓莹（2010）、王维国和袁捷敏（2012）利用 AK 函数法，将产能产出看作物质资本存量的函数从而计算产能利用率。龚刚和杨琳（2002）、何彬（2008）和韩国高（2012）假设一定时期内的企业用电量和资本服务使用量成一定比例，先通过生产函数估计出比例数值，进而计算得到资本服务使用量，从而得到资本设备利用率和产能利用率。这种只考虑资本要素投入的方法忽视了生产过程中不同要素间的替代弹性。多要素生产函数法全面考虑了参与生产过程的要素投入，可以解释投入要素和产出之间的技术关系，通过分解可以得到各种要素和技术对产出的贡献，有利于指导经济结构调整。多要素生产函数测度产能利用率主要采用的是边界生产函数方法，首先通过最小二乘法估算出柯布—道格拉斯形式的平均生产函数，继而将产出实际观测值和平均生产函数产出估计值之差的最大值加到平均生产函数的常数项上，得到边界生产函数，由此可以估算处于生产边界上的潜在产出，进而得到产能利用率（沈坤荣等，2012；王辉、张月友，2015）。但生产函数法也面临着几个方面的不足：一是生产函数设定具有主观性；二是企业正常生产过程中常常使用多种生产要素，需要对要素种类进行区分；三是企业的产出除了受到要素投入的影响外，还受到其他因素的影响，比如技术效率、技术进步等，生产函数法无法将其与随机干扰项区分。

除了上述通过设定生产函数计算潜在产出从而得到产能利用率的方法外，还可以通过统计方法计算实际产出的趋势和周期成分，从而估计潜在产出和产能利用率，如 HP 滤波法、BK 滤波法、卡尔曼滤波法等。另外，还有将产出的趋势和周期分析与经济理论相结合的方法，如结构向量自回归方法，可以将实际产出分解成趋势成分和周期成分，趋势成分来源于供给冲击，周期成分来源于需求冲击，产能利用率主要取决于需求冲击，德吉亚德斯和索菲迪斯（Dergiades and Tsoulfidis，2007）对这一方法进行了应用。基于以上的论述，本书将采用统计或计量方法先计算潜在产出作为产能产出从而得到产能利用率的方法统称为广义的生产函数法。

3. 成本函数法

利用最小成本函数法测度产能利用率最早由卡塞尔斯（Cassels，1937）提出，克莱恩（Klein，1960）和希克曼（Hickman，1964）进行了深入研究，经过其他一些学者（Berndt and Morrison，1981；Morrison，1985a，1985b；Berndt and Hesse，1986；Segerson and Squires，1990）发展和完善，最终形成了现在应用比较广泛的从经济理论出发测度产能利用率的方法。该方法主要根据伯恩特和莫里森（Berndt and Morrison，1981）关于规模报酬不变时厂商短期平均成本函数最低点处的产出即为产能产出的论断，将产能产出看作是使得资本存量达到最优水平的产出水平，假设资本为准固定要素投入，在厂商追求利润最大化的前提假设下，设定一个包含资本、劳动、中间投入、要素投入价格、技术进步和产出量影响的可变成本函数，进而可以得到企业的短期总成本函数和最小化短期总成本函数，通过计算最小化短期总成本函数的最优化问题可以得到企业的产能产出和产能利用率。最小成本函数方法是在追求利润最大化和成本最小化的企业最优化行为基础上进行的，具有一定的经济理论基础，同时还可以反映要素价格变化和市场需求变化的影响，得到真实的产能产出，因此得到了广泛的认可和应用，部分学者（Nelson，1989；Segerson and Squires，1990；Garofalo and Malhotra，1997；孙巍等，2009；韩国高等，2011；刘航和孙早，2014；周瑞辉和廖涵，2015；王自锋和白玥明，2015）对成本函数法进行了应用。然而，利用成本函数法估算产能利用率的要求比较严格、限制较多，使得从成本角度测度产能过剩较为困难，德姆塞茨（Demsetz，1959）甚至认为该方法存在着较大缺陷：首先，成本函数的估算对数据质量要求严格，需要大量优质的要素投入量、要素价格、产出水平和成本数据等信息，而现实中要素价格信息获得性较差，存在着部分企业和行业成本信息核算困难、数据可获得性低的问题（杨振兵、张诚，2015；曲玥，2015）；其次，缺乏明确规范的成本函数设定形式，不同企业和不同行业之间存在着无法被观测到的显著的异质性，人为主观设定的成本函数形式容易受到误差项的较大影响，使得函数中解释变量系数的显著性难以得到保证；最后，在竞争性市场环境下企业和行业的生产和成本对要素价格变化是富有弹性的、敏感的，而成本函数方法这一要求在我国要素市场不完善的背景下难以得到满足，因此成本函数方法在我国的经济研究应用中还存在着适用性的问题。

4. 协整法

谢赫和穆杜德（Shaikh and Moudud，2004）提出了测算产能利用率的协整方法，该方法避免了具体函数形式设定的主观性和随意性，认为产出和固定资本存量之间如果存在协整关系，即存在着产出随资本存量变化而变化的长期趋势，产出的实际观测值在趋势线附近上下波动，这种由固定资本存量决定的长期趋势定义为产能产出，产能产出和固定资本存量之间存在着稳定的长期关系。在理想的市场环境下，固定资本存量既定情况下的长期产出水平应该是平均成本最低点处的最优产出水平。协整方法测度的产能产出近似于采用成本函数法测度的只采用固定资本存量作为固定要素投入的产能产出，程俊杰（2015a，2015b，2015c）和何蕾（2015）运用协整方法测度我国的产能利用率情况。但是，协整方法的实质相当于单要素投入的生产函数方法，只考虑固定要素投入和产出的关系，无法反映劳动、能源等可变要素投入的影响。

5. 生产前沿面法

生产前沿面方法主要是基于约翰森（Johansen，1968）关于产能的论述，认为产能产出是可变投入不受限制的情况下，企业充分利用固定要素投入在单位时间内的最大生产能力。随后法尔等（Fare et al.，1984，1989，1994）和科克利等（Kirkley et al.，2002）放松了关于可变要素投入不受限制、无穷大和潜在产出最大的假设，将投入产出的技术关系限定在可观测到的数据，产能表示为在给定固定要素投入条件下，充分利用所观测到的可变投入所能达到的最大产出。由于生产前沿面方法测度的是投入产出的技术关系，衡量固定资本充分利用时所能达到的理想状态下的生产能力，因此可以将生产前沿面方法得到产能称之为狭义的技术意义上的产能。根据前沿面的构造方法不同可以分为非参数估计方法和参数估计方法，这两种估计方法都是利用投入和产出数据构造企业生产的理论边界，边界上的产出是在要素投入既定条件下的最大产出，即产能产出，实际产出和产能产出的比值即为产能利用率，生产前沿面方法将产能过剩解释为企业生产没有达到完全有效率。

（1）非参数估计方法。非参数估计方法不必设定具体的函数形式和分布假设，避免了生产函数设定的主观性和随意性，不需要行为假设，减少了条件限制和因为函数形式设定不当对实证结果的负面影响，不需要估计参数，也不考虑生产要素价格的影响，单纯利用企业或行业的投入产出数据找到位于生产前沿面上的相对有效投入产出点，结果具有较强的客观性和稳健性，其中数据包络分析方法（DEA）应用最为普遍。法尔等（Fare et al.，1984）首次提出可以利用 DEA 方法测度技术意义上的产能和产能利用率，法尔等（Fare et al.，1989，1994，2000）对该方法进行了完善并将其扩展到多产出情况。随后，一些学者（Kirkley et al.，2002；Dupont et al.，2002；Vestergaard et al.，2003；Lindebo et al.，2007；Bye et al.，2006；Karagiannis，2015）分别对此方法进行了应用和扩展，科利等（Coelli et al.，2002）、帕斯科和亭格利（Pascoe and Tingley，2006）还将价格信息引入模型，计算了利润最大化假设下企业的产能利用率。国内学者也进行了大量的实证应用，主要有孙巍等（2008）、何彬（2008）、夏茂森等（2013）、杨振兵和张诚（2015a）、董敏杰等（2015）。然而，数据包络分析方法也存在着诸多缺陷：首先，它没有考虑随机测量误差的影响，把实际产出与产能产出间的偏差都解释为技术无效率，而且 DEA 方法没有考虑外在环境差异对不同观测单元无效率项的影响，进一步加剧了结果的偏差；其次，该方法忽视了数据的随机变化，得到的生产前沿面是固定的，而且没有考虑要素之间的替代弹性，容易高估产能利用率；最后，该方法单纯考虑数据到数据的关系，无法证明生产前沿面上的相对有效点就是真实的产能充分利用点，缺乏一定的经济理论基础。

（2）参数估计方法。参数估计方法主要采用的是生产函数法的估计思想，通过设定一定形式的生产函数，运用适当的估计方法得到企业的生产前沿面，估算企业的最大可能产出。参数估计方法中应用最广泛的是随机前沿分析方法（SFA），随机前沿分析方法假定企业在生产过程中会存在各种各样的生产无效率，从而使企业的生产不能达到最优水平，为了测算最优的产能产出，必须先设定生产函数构造生产前沿面，位于生产前沿面上的企业在要素投入给定情况下可以得到最大可能产出，位于生产前沿内部的企业则存在一定程度的生产无效率，因此通过估计生产前沿就可以得到企业的实际产出与最大可能产出的相对效率，即产能利用率。随机前沿面分析方法由于可以设定具体形式的生产函数，充分考虑了不同要素之间的替代弹性，反映了要素投入和产出之间的技术关系，而且用于测度最大可能产出的生产前沿是随机的，与现实生产情况更加相符。此外，该方法估计得到的是具有统计特征的各变量系数，可以通过考察生产函数中各系数的显著性、拟合度和对生产函数设定形式进行统计检验判断各个参数和函数设定形式的合理性，科克利等（Kirkley et al.，2002）、曲玥（2014，2015）、谢洪军等（2015）、杨振兵（2015）、杨振兵和张诚（2015a，2015b）分别采用随机前沿面方法对产能利用率进行了测度。随机前沿面分析方法的最大缺点在于对于多产出情况下的生产前沿面估计和处理比较复杂。

2.3　要素价格扭曲与产能过剩的理论综述

　　近年来，产能过剩矛盾日益突出，对我国经济的健康、快速、持续发展产生了越发严重的负面影响，严重阻碍了经济发展质量和发展效率的提升，为此，国内学术界纷纷从不同角度研究和探讨了我国产能过剩的形成原因。而生产要素作为社会生产的基础，要素价格在引导资源配置方面有重要作用，要素价格扭曲会降低资源配置效率，对经济运行产生诸多不利影响。但目前对于要素价格扭曲与产能过剩关系问题的实证研究十分匮乏，江飞涛和曹建海（2009）、耿强等（2011）、江飞涛等（2012）从理论层面分析了要素价格扭曲对产能过剩的影响，他们指出，要素市场化改革滞后和地方政府在财政分权体制和政绩考核体制下的不正当干预行为，共同导致了我国生产要素资源的价格扭曲，政府为企业提供价格扭曲的低成本要素资源实际上会对企业产生投资补贴效应、投资成本和投资风险外部化效应，从而强化了企业的过度投资动机和能力，导致了产能过剩。王立国和鞠蕾（2012）认为地方政府在政治晋升激励和财政收支失衡矛盾的压力下，通过压低资本、土地、环境等要素资源的价格降低了企业投资成本、形成了政策性补贴，对企业形成了过度投资的扭曲激励，造成了产能过剩。黄健柏等（2015）从土地价格扭曲会导致企业过度投资的角度分析了产能过剩的形成原因，认为工业用地价格扭曲相当于政府为企业提供了高额的投资补贴，很大程度上降低了企业的投资成本和投资风险，而且这种投资补贴甚至能够形成超额利润，从而使得过度投资成为企业的理性选择，最终导致了大规模产能过剩，实证检验结果也证实了要素价格扭曲对企业过度投资的显著推动作用。顾智鹏等（2016）也从土地价格扭曲视角出发研究了产能过剩的形成机理，研究认为土地作为工业生产的主要投入要素之一，我国的工业用地主要通过协议出让的方式配置，工业用地价格远低于市场化方式形成的土地价格，工业用地价格扭曲使企业投资成本大幅度降低，推动了企业的过度投资行为，导致了产能过剩，同时实证检验结果也表明土地价格扭曲对产能过剩有显著的正向影响。然而，实际上，我国不仅存在土地价格扭曲问题，资本、劳动、水电矿等资源型要素和环境等要素都存在不同程度的价格扭曲，鞠蕾等（2016）从供给侧出发研究了要素市场扭曲对产能过剩的影响机制，认为要素市场扭曲使企业的生产成本和风险外部化由整个社会承担，甚至可以获得隐性的超额利润补贴，对企业形成了过度投资的扭曲激励，从而在整个经济社会范围内形成了大规模的重复建设和产能过剩，与此同时，要素市场扭曲还形成了对企业退出的扭曲激励，加剧了产能过剩严重程度，研究的实证检验也证实了资本要素价格扭曲会显著导致产能过剩的结论，但劳动要素价格扭曲对产能过剩不存在显著的推动作用。

已有文献关于分类型要素价格扭曲对产能过剩影响的研究主要从以下几个方面进行了论述：

（1）资本价格扭曲与产能过剩。中国工商银行课题组（1998）指出，资本价格扭曲情况下，地方政府掌握着大量的低成本金融资源，地方政府既可以通过国有企业直接扩大投资，又可以提供优惠性的金融资源进行大规模的招商引资，而且由于其缺乏系统性的自我约束机制，不需要承担投资风险和债务责任，使得地方政府在政治经济利益激励下过度利用价格扭曲的资本要素刺激投资扩张，导致产能过剩。

由于金融市场改革滞后，股票、债权等直接融资渠道狭窄、限制较多，直接融资规模仍然较小，以商业银行信贷为主的间接融资成为企业主要的融资渠道，在国有银行体制改革后，央行主要通过地方分支机构进行存款再分配，地方分行和国有商业银行掌握着一定的配置金融资源的权利，在中央政府放弃一部分金融资源配置权的同时地方政府承接了大部分干预金融资源配置的权利（江飞涛等，2012），例如地方政府掌握着地区性城商行的控制权，国有银行分支机构也与地方政府关系紧密，地方政府还掌握着政策性银行的低成本金融资源（张日旭，2013），而由于银行并不为存款安全负责，也不必承担贷款风险，银行预算约束实际上是软的，而且中央政府的多次救助行为和各种政策保护也默认了这种预算软约束，这为政府扭曲资本价格推动企业投资扩张提供了便利。地方政府通过干预商业银行的信贷配置扭曲资本要素价格，帮助本地企业掠取大量的低成本资本要素资源，对本地经济增长、就业和财政收入贡献较大的企业出现债务危机时，地方政府甚至默许企业拖欠贷款、逃废债等行为，还会帮助企业获取展期贷款，鼓励企业通过这些方式获取更多的金融资源（江飞涛，2008）。同时，地方政府会通过提供丰厚的土地资源、矿产资源开采权等配套条件获取银行对本地企业的信贷支持，甚至以政府信用或财政收入作为隐性担保帮助企业融资（李军杰，2005；江飞涛、曹建海，2009；付保宗，2011）。另外，地方政府还会通过批准企业债、促进企业上市等方式进一步掠取低成本的金融资源（冯俏彬、贾康，2014）。地方政府为企业提供价格扭曲的资本要素导致企业的预算约束软化，使企业的投资风险和投资成本外部化由整个社会承担，实质上形成了隐性投资补贴和超额利润，激发了企业的投资扩张热情，强化了企业过度投资行为，导致了严重的产能过剩（李扬，2005；干春晖等，2015）。与此同时，在企业亏损或面临破产倒闭时，地方政府为了维护自身的政治经济利益，会为企业提供直接的财政补贴，甚至干预银行为其提供低成本贷款，债权银行出于呆坏账、不良资产的考虑，也会为企业继续提供信贷支持，资本价格扭曲使得低效企业无法有效退出，形成了大量的"僵尸"企业，加剧了市场中的产能过剩（王立国、高越青，2014；张栋等，2016）。

（2）劳动价格扭曲与产能过剩。产能过剩是指在技术水平既定的条件下，市场中的生产能力超过市场的需求，导致供给过剩，有效需求不足的现象（胡荣涛，2016），因此在 19 世纪初期到 20 世纪中后期，发达国家出现的产能过剩大多被归因于消费不足导致。目前，我国劳动力价格处于较低水平，长期偏离劳动边际产出，一方面由于收入分配机制不合理，国民收入向企业和政府倾斜，居民收入集中在高收入群体，同时在我国城乡二元经济体制下，城乡居民收入差距不断拉大，抑制了社会消费需求（袁江、张成思，2009；张曙光、程炼，2010）；另一方面受到长期以来消费观念和消费预期的影响，同时考虑到教育、医疗和社会保障体系尚未完善，相关公共品的供给与居民愿望相差较大，大部分人选择进行预防性储蓄，导致了我国的储蓄率过高，大幅度挤占了用于消费的收入，较高的储蓄率同时又为企业投资扩张进一步提供了大量的低成本资金，助推了我国长期依靠投资拉动经济增长的发展模式形成，产能不断扩张，但投资增长带动的是中间需求，并不能够促进消费需求的增加，投资扩张反而在一定程度上挤压了原本就处于较低水平消费的增长，加剧了投资消费结构失衡，抑制了居民消费需求提升，导致国内消费严重不足（李江涛，2006；梁金修，2006；闻潜，2006；周瑞辉、廖涵，2014）。而消费需求最终决定着市场需求容量，较低的消费水平会直接减少最终产品的需求，同时还通过关联作用间接减少了工业中间产品的市场需求，最终降低了国内工业品的市场需求水平，在国内产能不断扩张的情况下，有效需求不足导致大规模的产能无法消化，加剧了产能过剩（付保宗，2011）。

与此同时，经济的不断发展也带动了我国居民生活水平的快速提升，消费者的消费需求不断升级，对工业品加工的高度化、精细化要求更加严格，而在投资扩张拉动经济增长的发展模式下，企业的自主创新动力和创新能力不足，模仿式的技术追赶导致产业结构调整和产品结构升级缓慢，工业行业普遍存在生产技术水平落后、产品质量参差不齐、产品差异化程度低等问题，工业品加工主要处于产业链中低端，而高附加值的高端产品缺失、加工业高端化无法实现，这导致产品供给结构与市场消费结构脱节，技术水平低、处于产业链低端的传统产业供给过剩，而需求弹性高、技术含量高的产品却供给不足，市场有效需求不足，形成了低水平产能过剩和高端产能不足的结构性产能过剩（沈坤荣等，2012；胡荣涛，2016）。陈娟等（2008）也认为消费总量偏低、消费结构升级是导致我国长期性产能过剩的重要原因。

（3）土地价格扭曲与产能过剩。当前我国的土地制度仍然存在着严重的缺陷，土地产权不明晰，地方政府是土地资源的实际管理者和拥有者，政府为了经济总量、税收和就业等利益，会以较低价格甚至零地价的方式招商引资或提供给本地投资企业，这实际上是对企业的投资补贴，企业以低于市场价格的方式获得土地，降低了企业获取土地使用权的投资成本，企业可以将土地作为抵押获取银行的低息信贷资源，降低企业自有资金投资率，在项目运营过程中或结束后，还可以高于获取成本的市场价格转让，获得土地的转让收入，巨额的中间差价形成了对企业的补贴，而且投资规模越大补贴收益越高，这些都会吸引企业为获取巨额投资补贴而过度投资，土地价格扭曲降低了企业的投资成本，提高了企业的预期收益，对企业投资行为形成了扭曲激励，导致了大规模的低水平重复建设、过度投资和产能过剩（曹建海，2004；米黎钟、曹建海，2006；江飞涛等，2012；冯俏彬、贾康，2014；黄健柏等，2015）。李军杰（2005）也认为通过掠取产权模糊的公共资源可以为政府提供对投资进行补贴的能力。李扬（2005）认为企业获得了土地资源就相当于同时获得了金融资源，因为企业可以将土地作为抵押获取银行贷

52

款。耿强等（2011）也指出政府低价甚至零价供地导致的土地价格扭曲对企业形成了实质性补贴，会扭曲企业的投资行为，导致过度投资。

（4）能源、环境价格扭曲与产能过剩。付保宗（2011）、国家行政学院经济学教研部课题组（2014）、皮建才等（2015）认为我国资源型要素长期以来依靠行政性定价，缺乏完善的市场价格形成机制，无法反映其真实价值，自然资源和初级产品的要素价格扭曲实质上是为企业提供了大量的政策性补贴，使企业内部成本外部化，诱发了企业的过度投资热情，导致了产能过剩。在激烈的政治经济竞争过程中，为了扩大本地的招商引资规模，在一些资源富裕地区，地方政府经常采取以资源换投资的方式吸引企业投资，为企业配备一定数量的矿产资源开发权利，矿产资源开发权既可以为企业带来高额利润，甚至超过企业项目投资的收益，企业还能够利用矿产资源开采权获取银行信贷支持，促使企业过度投资；对于重化工业来说，生产过程中需要消耗大量的水、电、煤、油等能源，而资本密集型的重化工业具有经济体量大、高投入、高产出的特征，对拉动地区经济增长、促进就业、增加财政收入和提高官员政绩有重要作用，地方政府为了吸引重化工业投资，还会为企业提供较低的水价和电价补贴政策，协助工业企业获取低于市场价格的煤、油等能源，大大降低了企业生产成本；地方政府为了追求经济增长往往采取宽松的环保政策，默许高污染、高耗能企业的资源浪费行为和环境污染行为，对环境违法行为的法律责任要求较低，处罚力度较轻，长期漠视居民的环境合法权益，使污染企业的生产成本严重外部化，无法反映企业生产的真实环境成本，助推了低端产能的过度扩张（鞠蕾等，2016），李晓华（2012）也认为，水、电、矿产资源和环境资源的价格扭曲导致了大规模的落后产能。

整体来看，要素价格扭曲会抑制消费、刺激投资扩张，导致我国内需不足，经济增长依赖投资扩张拉动，从而形成了我国目前高投资、低消费的现状，引发了大规模的过剩产能（冼国明、石庆芳，2013；陈彦斌等，2015；王宁、史晋川，2015a），而且要素价格扭曲催生了大量的落后产能，使落后产能仍然有利可图，同时导致企业缺乏创新动力，抑制了企业创新能力提升，严重阻碍了产业结构的优化、升级，提高了产能过剩化解难度，进一步加剧了产能过剩严重程度（徐长生、刘望辉，2008；王希，2012；踪家峰、周亮，2013）。

第 3 章　中国工业产能过剩的演进、测度与评价

改革开放以来，随着社会主义市场经济体制的建立和完善，我国的市场化程度和广度不断增强，20 世纪 90 年代开始逐渐扭转了计划经济时期的短缺经济态势，逐步由卖方市场转变为买方市场，然而由于市场经济体制处于逐步完善的过程中，在此期间的经济发展方式不规范，产业粗放式发展现象严重，逐渐出现市场供给过剩、需求相对不足等问题。一般来说，生产能力大于需求即产能过剩是市场经济中的正常现象，是经济波动中产品供求关系的特殊表现，合理区间范围内的产能过剩甚至有利于促进市场竞争、提高技术和管理创新水平、增进消费者福利，但是当产能过剩超过一定程度时，便会导致市场恶性竞争、企业经营状况恶化、失业、金融风险加大和资源浪费等问题，严重影响国民经济的高效、持续、健康和协调发展。当前，在我国市场经济渐进式改革背景下，经济运行不仅受到市场化因素的影响，还会受到现阶段制度体制和政策性干预等非市场化因素影响，我国的产能过剩表现出周期性产能过剩和结构性、体制性等非周期性产能过剩并存的特征，因此对我国工业产能过剩状况的判断要在结合市场经济一般规律的前提下，充分考虑现实国情和经济发展阶段性特征。本章在系统梳理中国几次大规模产能过剩形成和演进的基础上，通过构建综合性产能过剩判断指标体系，对中国工业行业具体的产能过剩情况进行了深入分析，为我国工业产能过剩的整体判断和治理提供了理论和实证依据。

3.1　中国工业产能过剩的形成和演进

改革开放前，由于现实国情和国际形势的需要，我国推行重工业优

先发展的战略，并在此基础上建立了一系列的资源配置计划体制以确保资源优先流向重工业领域，实现了重工业的快速增长，以较快的速度建立起了比较完整的中国工业体系，使我国摆脱了新中国成立之初的落后处境，然而这种发展战略却也限制和阻碍了经济的全面、健康发展，比如工业技术水平低下，农业、轻工业和服务业发展受到严重制约，人民生活水平长期得不到改善、基本物质消费需求得不到满足等，供给短缺现象严重，实质上抑制了国民经济发展。因此，在十一届三中全会后，为了纠正扭曲的经济发展体制，解决经济结构失衡问题，我国做出了实行改革开放的重要决策，建立社会主义市场经济体制，调整经济发展结构，促进消费导向型工业和消费品工业发展，推动工业全面发展，使得我国逐渐由短缺经济转变为过剩经济，产能过剩现象由此开始进入政府和学术界的视野。从经济周期变化来看，每一次大规模的产能过剩在一定程度上都代表着一个高经济增长周期的结束，而且在高经济增长周期过程中都存在一个拉动经济增长的主导产业，改革开放初期的主导产业是轻纺工业和消费导向型工业，20世纪90年代的主导产业是电气工业，21世纪以来的主导产业是重化工业。产能过剩作为经济系统潜在风险的表现形式，大规模的经济主导产业产能过剩意味着经济系统危机的发生，经济运行进入低速调整期。根据卢锋（2011）的研究，我国改革开放以来先后经历过三次大规模的产能过剩，发生年份分别为1998～2001年、2003～2006年和2008年至今，与之相对应的是电气工业和重化工业等主导产业的大规模产能过剩，同时考虑到改革开放初期的轻工业产能过剩，因此，本节对我国工业产能过剩形成和演进的梳理主要从四个时期进行。

3.1.1　产能过剩问题初现：改革开放初期

改革开放初始，政府相继出台多项政策措施调整产业发展结构，纠正改革开放前扭曲的产业发展模式。通过压缩重工业投资规模和清理在建项目规模，严格审查重工业企业经营条件，对能耗高、污染重、效益差的企业进行关停并转，全面控制重工业发展速度；出台一系列重工业结构调整政策，调整重工业发展方向，构建和发展有利于促进农业、轻工业、消费导向型工业和服务业发展的重工业体系；注重市场需求导向，优先发展轻工业，为轻工业和消费导向型工业发展提供扶持和优惠政策，推动了轻工业的快速发展，使轻工业产品和消费品的供给能力迅速提升，提高了居民消费水平从而使得消费能力得以释放，进一步促进了轻工业的快速发展；与此同时，在宽松的宏观政策环境背景下，随着各项资源配置制度和企业经营体制的不断完善，我国多种所有制经济都得到了充分发展，形成了以市场化为导向的工业化发展模式，使得我国迅速告别了消费品短缺时代。然而，随着轻工业的高速发展，轻工业发展所需生产要素逐渐走向大部分由市场配置的局面，这导致轻工业产品成本普遍升高，与此同时，轻工业优先发展政策的实施使得居民消费水平得到提高，释放了巨大的消费需求，促使轻工业在短期内有了爆发式的发展，再加上市场力量引导和中央政策扶持的双重作用，地方政府和企业扩大轻工业投资规模的热情高涨，大大减弱了产能规制政策的实施效果，轻工业生产能力不断地急剧扩张，重复建设现象严重，部分商品逐渐由卖方市场转变为买方市场，市场竞争不断强化、市场集中度下降、产品价格下滑，再加上消费水平和消费能力的提升使得消费者的消费需求层次提高，消费者更加严格地选择商品，这些使得轻工业行业盈利水平、设备利用率和有效开工率下降，纺织、家用电器等部分轻工业行业出现全面亏损，产能过剩现象开始频繁出现。据 1995 年国家统计局数据显示，70 多种工业品产能利用率测算中，有 15 种产品的产能利用率较低，其中 11 种属于轻工业，在产能利用率较高的产品中只有一种产品属于轻工业，以家电、纺织为代表的部分轻工业行业产能利用率保持在较低水平。到 1996 年，全国主要工业品大约有 40% 以上的生产能力闲置，1997 年下半年主要消费品供大于求的局面进一步恶化[1]。然而，值得注意的是，本次产能过剩具有明显的结构性产能过剩特征，主要表现为消费品和轻工业行业产能过剩，重工业行业并未出现生产能力过剩，同时市场上供给超过需求的大多属于技术水平不高的低端产品，而技术含量高的高端产品没有出现过剩。

3.1.2　第一轮产能过剩：1998～2001 年

在 1992 年党的十四大明确提出建立社会主义市场经济体制目标之

---

① 许召元. 我国两轮大范围产能过剩现象及其比较 [J]. 中国国情国力, 2016 (3).

后，经济社会改革进程的加快使得我国经济进入了新一轮的高速增长时期，国民经济过热现象进一步加剧。1993 年开始，中国经济增长速度明显加快，出现显著的经济过热和通货膨胀现象，尽管适度紧缩的货币财政政策和扩大内需的政策方针使得我国经济在 1996 年顺利软着陆，但随着市场经济体制和市场经济法律法规体系的不断完善，政府管理机构和职能进行改革，推动全社会工业企业建立和完善现代企业制度，这些经济社会改革措施促进了多种所有制经济的发展，尤其是推动了非国有经济的迅速壮大，使得竞争成为市场经济发展的主题，极大促进了工业和整个国民经济的高速增长，市场经济激励机制和约束机制逐渐发挥更加全面的经济发展引导作用，企业生产开始逐渐转向以市场需求为导向。20 世纪 90 年代中期以后，买方市场基本形成，我国较大数量的工业品生产能力出现过剩，产品供给超过市场需求，由短缺经济时代进入过剩经济时代，工业产品库存压力逐年增大，大多数工业部门都面临着产能过剩的约束，工业企业产能利用率呈下降趋势。根据第三次全国工业普查公报统计，1995 年对 900 多种主要工业产品生产能力的普查，有一半左右产品的产能利用率低于 60%，企业亏损总额增加 1158.1 亿元，销售利润率比 1985 年下降 8.8%[①]。

　　1998 年，在亚洲金融危机影响下，我国宏观经济严重衰退，经济增长率下降，在总需求不足的经济环境及其他结构性因素影响下，除能源、原材料供给短缺外，主要工业行业普遍存在产能过剩的问题，产品供需矛盾日益严重，工业品价格持续走低。据统计，1997～1999 年的工业生产者出厂价格指数连续三年低于 100，工业成本费用利润率最低降到 3% 以下（周劲、付保宗，2011）。与此同时，国内经济发展也暴露出诸多问题，在能源、原材料和交通运输等基础性行业的国有比重过高，国有企业改革滞后，行业竞争不充分，技术创新激励较弱、技术进步缓慢、生产率低下，国有企业亏损严重、盈利能力差；随着居民收入水平的提高，消费者的消费需求层次不断提升，对工业品加工的高度化、精细化要求更加严格，而受限于当时的产业发展模式，工业行业普遍存在生产技术水平落后、产品质量参差不齐、多样化水平不足等问题，工业品加工处于产业链中低端，而高附加值的高端产品缺失、加工

---

　　① 中华人民共和国统计局、第三次全国工业普查办公室关于第三次全国工业普查主要数据的公报。

业高端化无法实现，导致市场有效需求不足，落后产能过剩；经济建设过程中的盲目投资、低水平重复建设和资源浪费现象严重，导致国民经济运行质量和效益普遍不高，全国各地产业结构趋同，产业集中度较低，行业竞争不断强化，工业企业盈利能力趋于下降、亏损逐渐增加，大部分工业行业开工率不足、产能利用率低下。在此背景下，《1999年国务院政府工作报告》指出我国的经济结构矛盾突出，多年的盲目投资和大量的低水平重复建设导致多数工业行业产能过剩现象严重，并提出停止审批和金融支持工业基础建设投资项目、继续压缩产能过剩行业生产能力、淘汰落后产能、鼓励兼并重组以建立具有竞争能力的大型企业、提高产能过剩行业市场集中度、鼓励市场竞争等全面治理产能过剩的政策措施。尽管此次大规模产能过剩发生在经济周期性波动时期，属于周期性产能过剩，但也暴露出诸多经济发展结构性问题，表明我国也同时存在着结构性产能过剩问题，周期性产能过剩和结构性产能过剩相互交织使得我国工业产能过剩的治理困难重重。

3.1.3　第二轮产能过剩：2003～2006年

我国2003～2006年的第二次大规模产能过剩主要起因于政府主导的新一轮固定投资高速增长，尤其是重化工业投资的高速增长，内外需的强劲增长也加速了投资的快速增长，因此，抑制投资过快增长成为该时期治理产能过剩的主题。一方面，从国际经济环境来看，我国于2001年12月正式加入WTO，大大加快了我国的对外开放进程，对我国的产业经济发展产生了至关重要的影响，推动我国加速融入经济全球化，促进了具有比较优势的传统工业和纺织业、轻工业等劳动密集型产业的产品出口。关税的降低也提高了我国工业下游产业在国际市场上的竞争力，出口的迅速增长消化了之前积累的大量过剩产能，在增加收入的同时也刺激了国内投资的高速增长。同时大量国际资本看好中国汽车、钢铁、房地产等重化工业，外商投资的进入进一步推动了国内投资的快速增长。另一方面，从国内经济环境来看，随着放权让利改革的深化和财政分权体制的确立，地方政府的经济自主性和独立性提高，政治晋升体制和"分灶吃饭"的财政分权体制使得地方政府及官员的各种利益与地方经济发展息息相关（耿强等，2011），再加上在渐进式改革过程中，除关键能源、原料类产品以外的工业产品已经形成由市场定价，但要素市场化进程却相对滞后，土地产权模糊、金融融资体系软预算约束、环境产权和资源类产权模糊，这些为地方政府不当干预微观经济发展提供了条件。政府实际控制着土地、能源、环境、劳动等关键性生产要素的定价权和配置权，同时又掌控着产业发展规划、产业目录等产业发展指导性政策和文件的制定权，各级地方政府为了提升地方经济发展水平、扩大地方政府利益、凸显地方官员政绩，往往通过提供各种政策性补贴和低价要素使用权间接补贴等方式选择相关产业优先发展，导致部分行业资源过度配置和盲目过度投资。重化工业具有高投入、高产出的特征，对拉动地区经济增长、促进就业和增加财政收入有重要意义，吸引重化工业投资还能凸显地方官员的政绩，有利于职位晋升，因此各级地方政府及相关部门领导都有强烈的动机利用掌握的要素资源和政策性资源引导投资重化工业（张日旭，2013）。汽车和房地产需求的升级也为重化工业的迅速发展发挥了重要推动作用，政府干预下重工业的投资扩张是我国自 2003 年固定资产投入高速增长、经济出现局部过热的重要原因。而且，由于地方保护主义、市场分割和诸侯式竞争模式的影响，我国的投融资体制不健全，投融资渠道狭窄，地方政府往往将企业投资限制在本地，导致全国性的重复建设、产业同构现象严重。

与此同时，市场经济体制的完善促进了多种所有制经济的发展，由于对钢铁、汽车、房地产等重工业行业有良好的前景预期，多种经济成分集中投资助推了重化工业和全社会投资的增长。尽管宏观调控部门采取了紧缩银根和地根的调控政策，使得投资增长速度有所降低，但仍处于高位运行状态，固定资产投资增长率从 2003 年的 30.5% 降到 2005 年的 25.7% 又上升到 2006 年的 30%（周炼石，2007），其中重化工业投资占全部工业投资的 70% 以上，重化工业比重也由 21 世纪初的 60% 上升到 2006 年的 70%，投资的高速增长形成了巨大的生产能力，直接造成了市场供给严重超过市场需求，导致企业产能利用率下降、开工率不足，市场竞争的强化也导致工业产品价格趋于下降，企业产品积压严重、盈利水平降低、出现亏损等，市场中产能过剩现象频繁发生。2006 年《国务院关于加快推进产能过剩行业结构调整的通知》指出，部分行业盲目投资、低水平重复建设已经成为阻碍经济发展的突出问题，钢铁、电解铝、电石、铁合金、焦炭、汽车等行业产能已经出现明显过剩；水泥、煤炭、电力、纺织等行业也存在着潜在的产能过剩问题①。此次产能过剩发生在经济繁荣时期，并没有和经济周期性波动保持一致，具有显著的非周期性产能过剩的特征，除了具有显著的体制性产能过剩特征外，还体现出明显的结构性产能过剩特征，比如粗放型的产业发展模式导致我国工业行业自主创新能力较差，产业结构调整不能跟上市场消费结构变化的步伐，使得我国供需结构严重脱节，形成了低端过剩和高端不足甚至依赖进口的局面，工业产品只能依靠低廉的成本价格优势参与竞争。

3.1.4　第三轮产能过剩：2008 年至今

2008 年下半年由美国"次贷危机"引发的金融危机和随之而来的 2010 年欧洲主权债务危机导致全球性金融市场运转困难，金融市场秩序混乱，国际经济运行反复波动、不确定性增加、增速明显放缓，国内经济也进入经济周期性低谷阶段。国际经济危机带来的国际需求萎缩和国内供需严重失衡诱发了我国新一轮的大规模产能过剩，新时期的产能过剩体现出周期性产能过剩和结构性、体制性等非周期性产能过剩相互交织的特点，我国的产能过剩逐渐由阶段性产能过剩转变为长期性产能过剩，由低端局部性产能过剩转变为高端全局性产能过剩（李晓华，2013）。

2008 年的金融危机导致全球性金融市场秩序混乱，金融机构丧失融资能力，国际热钱涌向大宗商品期货市场，推动了原材料和初级加工品的价格上涨，导致我国工业生产成本不断攀升，对我国长期以来依靠成本优势发展的中低端产品加工业形成了巨大冲击，再加上经济危机导致的国际市场需求萎缩，长期依赖出口的经济发展遭受重挫，出口对 GDP 的贡献率由 2007 年的 19.7% 降到 2008 年的 8.9%，出口对 GDP 的拉动从 2007 年的 2.6% 下降到 2008 年的 0.8%，出口增长率从危机前的 30% 左右下降到 2008 年的 7.3%，甚至 2009 年出现 −18.3% 的负增长，大量出口企业的库存增加、利润率下降。与此同时，2003～2006 年高速增长的固定资产投资使得我国经济于 2007 年开始进入高通胀时期，

---

① 参见 2006 年 3 月 12 日发布的《国务院关于加快推进产能过剩行业结构调整的通知》。

2007 年的通胀率上升到 4.8%，2008 年以来月度最高 CPI 达到 8.7%，而受经济危机的影响我国当期的经济增长速度迅速下滑，由 2003～2007 年的年均增长 11% 下降到 2008 年的 9%，2008 年第四季度经济增长率仅为 6.8%，消费实际增长率下降 0.2%，投资增长率下降 7%，出口增长率下降 10.9%①，经济危机前高速增长的投资形成了大规模的过剩产能，市场供需失衡严重。

　　为应对国际经济危机对我国经济的负面影响，促进经济复苏，2008 年 6 月开始中国政府实行了包括 "4 万亿投资计划"、调整振兴产业规划、推进自主创新、发展战略性新兴产业和宽松的财政货币政策等一系列刺激经济回暖、扩大内需的措施，促使我国经济于 2009 年开始恢复增长，2009 年和 2010 年经济增长率分别为 9.2% 和 10.6%，然而经济刺激计划在推动经济恢复发展动力的同时，也给钢铁、汽车、水泥、房地产等行业带来了巨大的市场需求，带动了传统工业行业新一轮的盲目过度投资和低水平重复建设，导致投资过快增长、重化工业产能急剧扩张，产能过剩程度进一步加重，而且由于政府调整产业发展结构的需要，光伏、风电、新能源等新兴产业得到了大量的政策和金融支持，全国各地大搞新兴产业建设，例如在 "十二五" 规划期间，有 30 个省份将新材料和生物制药作为地方重点发展新兴行业，28 个省份投资发展新能源行业，25 个省份将信息技术产业和节能环保产业纳入产业发展规划，24 个省份发展了现代装备制造业（顾智鹏等，2016），然而由于缺乏核心技术，当前的新兴产业建设多数都停留在进入门槛不高的产业链中下游低水平加工业，新兴产业爆发式的发展也逐渐显露出低水平重复建设、产能利用不足等产能过剩特征。2010 年欧债危机的发生以及之后几年的反复发作，使得国际经济形势进一步恶化，外需进一步收缩，在国际经济形势影响下国内经济增长速度下滑，2012～2015 年 GDP 平均增长率仅为 7% 左右，经济增长速度下滑进一步导致国内需求下降。持续性的外需乏力、国内有效需求不足的状况，再加上此时受益于国家经济刺激计划形成的大量产能陆续建成，产能释放压力激增，根据工业和信息化部的统计，到 2012 年，产能过剩行业已经由钢铁、水泥、平板玻璃、电解铝、船舶等传统行业扩大到光伏、多晶硅、风电、新能

---

　　①　王建. 关注增长与通胀格局的转变点 [J]. 宏观经济管理，2008（8）：11－13.

源等新兴行业，据一些数据显示，2014 年前三季度我国工业产能利用率78.7%，是 2009 年以来的最低点，19 个制造业产能利用率低于 79%，7个产业在 70% 以下[①]，风电制造业闲置产能甚至超过 40%，2014 年底粗钢、水泥、电解铝、平板玻璃和船舶的产能利用率分别为 74.6%、71.3%、73.1%、68.3% 和 70%，受产能过剩的影响，规模以上工业企业库存同比增长 15.1%，工业生产者出厂价格同比下降 1.8%，企业经营状况不容乐观。此次大规模的产能过剩起因于由经济危机引发的经济周期性波动，但也暴露出诸多国内经济发展结构性问题和经济社会体制问题，产能过剩已经成为阻碍我国经济稳定、健康、协调发展的突出问题，治理产能过剩成为当前以及未来很长一段时间经济转型升级和调整优化产业结构的重要任务。

3.2　产能过剩的判断指标体系

准确识别产能过剩是有效治理产能过剩的重要前提。准确判断和评价工业行业的产能过剩需要从两个方面进行：一是直接测度工业行业生产能力利用程度，即测算产能利用率，根据产能利用率对产能过剩程度进行直接的判断；二是根据工业行业存在产能过剩时会产生的经济、社会和环境影响效应进行判断，系统评价产能过剩情况（周劲、付保宗，2011；冯梅、陈鹏，2013）。

3.2.1　产能过剩程度指标：产能利用率

产能利用率是指实际产出和产能产出的比率，表示生产能力利用程度，是目前国际上反映产能利用情况、测度产能过剩程度最直接、最常用的指标。一般来说，在生产运营过程中，企业不可能对已有产能实现充分完全的利用，适度的生产能力剩余属于正常现象，然而，较高程度的产能过剩却会导致产品积压、价格下降、企业利润下滑、设备大量闲置、市场过度竞争等不良后果，因此对企业生产能力的利用状况即产能

---

① 我国产能利用率为 78.7% 产能过剩问题仍突出 ［EB/OL］. http://finance.people.com.cn/n/2014/1118/c1004 – 26044220. html.

利用率进行监测是十分必要的。由于市场经济中的产品供给大多数都以市场需求为导向，产能利用率指标对市场需求变动的敏感程度较高，因此，关于产能利用率测度所需的数据及测算结果的披露应具有连续性，以便能够真实有效地反映产能利用率和市场需求的变化情况。在此方面，美国、日本等发达国家从 20 世纪 70 年就开始对工业行业进行产能利用情况的统计监测和数据公布，并将产能利用率作为工业行业产能监测、指导工业发展的重要指标。实践证明，对产能利用率的统计监测和分析，有利于政府及时掌握工业行业的运行态势，了解宏观经济发展情况，有助于政府宏观调控政策和经济发展指导政策的科学、合理制定，同时也能够为微观企业提供行业运行和市场供求的信息，对企业进行准确的市场决策提供了巨大帮助。而当前我国还没有建立起完整、系统的产能利用率的相关数据整理、统计监测和信息公布体系，对工业行业产能利用情况的判断和评价主要来源于其他相关的替代指标，不利于对经济运行状况进行准确的判断和调控。同时也应该注意到，由于不同的工业行业具有差异化的行业特征，因此，不同行业产能利用率的合理范围也存在着较大的差异，通过产能利用率指标判断产能过剩程度的方法不能一概而论，一般来说，根据欧美等发达国家的经验，产能利用率的合理区间应处于 79% ~ 83%，如果低于 79%，说明企业开工不足、产能利用程度低，存在着产能过剩的风险，如果高于 90% 则说明企业产能不足，出现生产瓶颈，存在生产设备超负荷运转情况（韩国高等，2011）。产能利用率低于合理区间只是产能过剩的具体表现之一，产能利用率只能作为考察产能过剩情况的必要条件，对产能过剩的判断还需要结合产能过剩发生时带来的经济、社会、环境等影响效应进行全面、系统的分析。

3.2.2　产能过剩的经济社会效应判断指标

在我国政治、经济、社会体制尚不完善的情况下，产能过剩在带来诸多经济影响的同时，也会产生众多的社会、环境问题，因此应科学构建能够反映工业产能过剩的指标体系，对产能过剩情况进行全面、系统的分析。根据韩国高和王立国（2012）的建议，选取的指标首先应能综合反映工业行业的生产运行状况；其次，根据产能利用情况与经济社会发展的内在联系，选取具有科学内涵、能客观反映产能过剩情况的指标；最后，应该选择可获得、可比较、可操作性较强的连续性指标，以此为标准构建系统的产能过剩评价指标体系。

1. 产能过剩的经济效应判断指标

在市场经济条件下，产能过剩的经济影响效应会通过工业行业、企业的经济状况指标体现出来，比如产品价格、库存变动、行业经济效益水平、固定资产投资状况和行业亏损情况等。第一，工业生产者出厂价格指数可以在一定程度上很好地反映市场供求情况，通过产能过剩的内涵可以知道，市场供给超过市场需求形成产品过剩是产能过剩的直接表现，供给大于需求便会直接导致工业品价格下降，继而使得行业产能利用水平下降，减少产品供给、稳定价格，而当价格上涨时，产能利用率随之提高、供给增加，产能利用率达到一定程度后，供给的大量增加又使得价格下降，从而产能利用率下降。一般来说，除垄断行业或政府干预的特殊行业会导致价格与产能利用水平关联弱以外，工业行业的产品价格水平都会和产能利用率呈现交替上涨或下降的特性，当然产品价格的影响因素很多，运用价格指标考察产能过剩情况时，应注意参考正常条件下的指标合理区间。第二，产能过剩带来的产品过剩还会导致行业和企业的产品大量积压、库存增加，因此可以通过工业行业库存变化判断产能过剩情况。第三，大量研究表明，过度投资是导致产能过剩的直接原因（韩国高等，2011；王立国、鞠蕾，2012），固定资产投资规模与行业或企业的生产能力直接相关，因此固定资产投资的快速增长意味着行业发生产能过剩的风险增大。第四，通过分析行业经济效益指标来判断产能过剩情况，行业的经济效益水平包括销售利润率、资金利润率、成本费用利润率、流动资产周转次数、亏损状况、产品销售率和利润总额等。销售利润率反映企业单位销售收入获得的利润水平，资金利润率表明单位资金获得的利润水平，成本费用利润率体现了经营耗费带来的经营成果，值越大表明利润越高、经济效益越好；较快的流动资产周转次数意味着流动资产利用率较高，相当于资产的增加，增强了行业盈利能力；行业亏损状况大多采用亏损面作为考察指标，表示亏损企业所占比重大小；产品销售率可以很好地体现产品满足社会需求的程度，一定程度上反映市场供求信息；利润总额则直接反映了一定时期内的经营成果。当发生产能过剩时，会导致产品价格下降、行业经济效益下降，成本费用利润率、产销率和利润都会降低，行业资金周转速度减慢，整体盈利能力减弱，亏损面增加，因此当行业经济效益水平下降、亏损增加时，行业存在产能过剩的可能性增加。然而，值得注意的是，产能过剩产生的经济效应不能单纯从各项指标的数值大小上做判断，行业经济运行的各项指标还受到如经济周期、行业异质性、经济发展阶段性特征等的影响，因此还应该结合经济周期性波动情况、行业特征、市场环境、发展阶段、制度环境和政策环境等方面进行分析。

2. 产能过剩的社会效应判断指标

为了能够全面地判断工业行业的产能过剩情况，还应该选取一些体现产能过剩造成的社会影响的指标。第一，工业行业产能过剩会带来大量的社会问题，产品价格下降、市场恶性竞争导致的行业经济效益下滑会使得大量企业开工不足甚至亏损倒闭，失业人数增加，职工工资水平下降；第二，低水平重复建设和过度投资在导致产能过剩的同时，也致使整个社会资源浪费现象严重，因此可以通过考察行业的闲置资产和生产设备开工情况来反映资源浪费程度（周劲、付保宗，2011）；第三，我国目前大规模的投资资本来源于银行信贷，产能过剩发生时导致的企业盈利水平下降、经济效益下滑、亏损增加等会促使金融风险增大，银行的呆账坏账增加；第四，渐进式改革进程中，要素市场化步伐缓慢，要素市场化定价机制尚未形成，权力过大的全能型政府控制着要素资源的定价权，政府为了发展经济和彰显政绩，往往通过压低要素成本价格的方式扶持具有潜在产能过剩风险行业的发展，必然会改变产品的成本结构，导致这些行业的盈利水平上升从而改变市场供求情况，增加产能过剩的风险；第五，环境的模糊产权和完善的环保制度的缺失使得企业的内部成本外部化，再加上地方政府为了经济发展纵容企业污染环境，助推了重化工业等高耗能、高污染行业的投资增长，而外部环境成本的内部化会提高生产成本和产品价格，一定程度上影响市场供需状况，因此在判断环境影响较大行业的产能过剩情况时，需要选取环境效应指标考察其对环境的影响，当一个行业对环境的负向影响较大时，表明该行业可能存在落后产能和潜在的产能过剩。

综上所述，工业行业产能过剩会直接表现出产能利用水平的下降，给工业行业的经营带来各种负面影响，同时也会导致众多社会问题，因此，构建全面的、科学的、系统的产能过剩判断、评价体系是十分必要的。在对产能过剩情况进行评价时，除了应该详尽、系统地分析经济社会影响效应外，还需要结合不同行业的行业特征、经济发展阶段、市场环境和体制机制等方面的情况进行综合分析，才能更好地掌握经济运行中的产能过剩情况，以便有效预防和解决产能过剩问题。根据前文的论述，本章构建的产能过剩评价体系如表3－1所示，分为直接评价指标和间接评价指标。

表3－1　　　　　　　　产能过剩的综合评价指标体系

指标类型		具体评价指标	评价内容
直接评价指标		产能利用率	生产能力利用水平
间接评价指标	经济效应指标	工业生产者出厂价格指数	工业行业市场价格水平
		库存变动率	工业行业存货变化情况
		固定资产投资增速	固定资产投资规模变动情况
		销售利润率	工业行业盈利能力和盈利水平
		资金利润率	
		成本费用利润率	
		流动资产周转率	
		产品销售率	
		利润总额	
		亏损面	工业行业亏损状况
	社会效应指标	失业人数	工业行业就业情况
		职工平均工资	
		闲置资产	工业行业资源浪费情况
		生产设备开工率	
		银行不良资产	金融市场风险情况
		要素价格水平	工业行业生产成本
		污染物排放水平	工业行业的环境污染情况

资料来源：笔者整理。

66

3.3 中国工业产能过剩的测度

3.3.1 模型构建、变量选取及数据处理

1. 模型设定

根据第 2 章的论述，产能可以分为工程意义上的产能、技术意义上的产能和经济意义上的产能。在企业实际运行过程中，资本必须通过购买生产设备转化为生产能力，不同生产设备的生产能力是有显著差异的，传统研究中会假设企业购买生产能力最大化的生产设备，在这种情况下的工程意义上的产能和基于生产前沿面方法的狭义技术意义上的产能是相同的，但实际上，由于存在各种现实约束，企业往往没有做出购买生产能力最大的生产设备的理性选择，这就导致了生产中技术无效率的存在，也就是此时企业存在落后产能，由于生产中存在资源浪费情况，两种意义上的产能不再相等，如果此时仍然采用工程意义的产能测度产能利用率，则会出现明显的高估，考虑到我国市场经济体制尚未完善、落后产能普遍存在的现实情况，工程意义上的产能对企业生产技术有效的前提假设是不合适的（董敏杰等，2015）。同时，由于中国经济发展过程中存在众多非市场因素的影响，要素市场化进程滞后、国有经济比重过高、政府政策干预等现象普遍存在，经济意义上的产能所要求的企业追求利润最大化和成本最小化的前提假设可能不完全适用，而且成本函数法也存在诸如数据要求严格、无法获取准确的要素价格信息、函数设定主观性强和适用性等问题。因此，考虑到企业生产中技术非效率、落后产能和非市场因素的普遍存在，采用生产前沿面方法得到技术意义上的产能，进而测算出产能利用率可能更适用于中国的经济发展情况，既反映了产能利用情况，又涵盖了落后产能的内涵。

为了较好地规避要素价格和生产成本等测算造成的偏差，本章采用生产前沿面方法测度产能利用率。一方面，非参数估计方法中的数据包络分析忽略了随机误差和数据随机性的影响，无法考虑要素替代弹性，

容易对产能利用率造成高估；另一方面，参数估计方法中的随机前沿面分析可以避免数据包络分析的上述缺陷，充分考虑了生产要素之间的替代弹性，能够反映企业生产供给面的特征，随机前沿面方法将非投入的外在环境影响因素以随机扰动项表示，模型测度的生产前沿面的随机特征较符合现实情况，而且将随机误差项和技术非效率项分离，可以更全面反映不同因素对产能产出的影响，同时随机前沿面分析属于经济计量方法，可以通过假设检验验证各参数和模型设定的合理性进行判断。因此，本章采用随机前沿分析方法对中国工业行业产能利用率进行测度，同时采用数据包络分析方法进行对比分析。

根据法尔等（Fare et al.，1984）提出的方法，将生产效率损失的根源归于生产能力没有得到充分利用，可以采用技术效率水平衡量产能利用率，表示实际产出与前沿面上最优产出即产能产出的偏离。因此，本章参考科克利等（Kirkley et al.，2002）、杨振兵（2015）和程俊杰（2015b）计算产能利用率的做法，采用随机前沿分析方法测算中国工业行业产能利用率，随机前沿模型的一般形式为：

$$y_{i,t} = f(x_{i,t}, \ \beta) \exp(v_{i,t} - u_{i,t}) \tag{3-1}$$

式中，i 表示第 i 个行业；t 表示时期，是衡量技术进步的时间趋势变量；$y_{i,t}$ 表示 i 行业在 t 时期的实际产出；$x_{i,t}$ 是要素投入向量；$f(x_{i,t}, \ \beta)$ 表示生产函数前沿面，为待估函数，位于生产前沿面上的前沿产出即为产能产出；随机扰动项由两部分组成：$v_{i,t}$ 是一般意义上的随机误差项，服从正态分布 $N(0, \ \sigma_v^2)$ 且独立于 $u_{i,t}$，用于表示统计误差和无法控制的随机因素带来的随机变化影响；$u_{i,t}$ 为非负随机变量，服从半正态分布，用以衡量生产过程中的技术无效率；模型计算得到的技术效率 $TE_{i,t} = \exp(-u_{i,t})$ 表示实际产出偏离产能产出的程度。

在具体生产函数设定方面，由于超越对数生产函数能够反映要素间的替代效应和交叉影响，加入了时间变化的影响，可以反映不同投入要素技术进步的差异情况，也能够体现出技术进步与要素对技术效率的交互作用，同时放宽了中性技术进步的严格假设，有利于揭示更多的经济特征，而且超越对数形式的生产函数较为灵活，可以有效避免函数形式误设导致的偏差（杨莉莉等，2014；杨振兵，2015）。除资本和劳动以外，考虑到中间投入作为工业行业生产不可或缺的重要生产要素，本章测度产能利用率的具体函数形式设定如下：

$$\ln Y_{i,t} = \beta_0 + \beta_1 \ln K_{i,t} + \beta_2 \ln L_{i,t} + \beta_3 \ln M_{i,t} + \beta_4 t + \frac{1}{2}\beta_5 (\ln K_{i,t})^2$$

$$+ \frac{1}{2}\beta_6 (\ln L_{i,t})^2 + \frac{1}{2}\beta_7 (\ln M_{i,t})^2 + \frac{1}{2}\beta_8 t^2 + \frac{1}{2}\beta_9 \ln K_{i,t}$$

$$\times \ln L_{i,t} + \frac{1}{2}\beta_{10} \ln K_{i,t} \times \ln M_{i,t} + \frac{1}{2}\beta_{11} \ln L_{i,t} \times \ln M_{i,t} + \beta_{12} t$$

$$\times \ln K_{i,t} + \beta_{13} t \times \ln L_{i,t} + \beta_{14} t \times \ln M_{i,t} + v_{i,t} - u_{i,t} \qquad (3-2)$$

式中，i 表示第 i 个行业；t 表示时期，衡量技术进步的时间趋势；$Y_{i,t}$ 表示 i 行业在 t 时期的实际产出；$K_{i,t}$、$L_{i,t}$ 和 $M_{i,t}$ 分别代表工业行业的资本投入、劳动投入和中间投入；$v_{i,t}$ 是受不可控因素影响的随机误差项，$v_{i,t} \sim iidN(0, \sigma_v^2)$；$u_{i,t}$ 是技术非效率项，根据巴特斯和科利（Battese and Coelli，1992），假设效率随时间变动，所有经济单位的技术效率具有相同的临时变化形式，利用面板数据测算出每个经济单位在每个时间上的技术效率值，$u_{i,t} = u_i \exp[-\eta(t-T)]$，且 $u_i \sim N^+(u, \sigma_u^2)$；$\eta$ 为待估参数，表示技术非效率项随时间变化的趋势，$\eta > 0$ 时，技术无效项以递增的速度递减，$\eta < 0$ 时，技术无效项以递增的速度递增，$\eta = 0$ 时说明技术无效项不随时间变化；同时令 $\gamma = \sigma_u^2/(\sigma_u^2 + \sigma_v^2)$，表示随机扰动项中技术非效率项所占的比重，$\gamma$ 的取值介于 0 与 1 之间，其估计结果用于检验随机前沿生产函数形式的适用性，γ 接近 1 表示误差主要源自无效率因素 $u_{i,t}$，即实际产出和产能产出的差距主要是因为产能利用率不足，存在技术无效率，γ 接近 0 则意味着方程的误差主要来源于随机因素 $v_{i,t}$ 引起，技术非效率因素的影响较为微弱甚至可以排除。由于该模型违反了最小二乘法的经典假设，通过采用极大似然法进行参数估计，可以得到无偏、一致、有效的估计值（Kirkley et al.，2002；杨振兵、张诚，2015a）。基于此，产能利用率可以通过下式计算得到：

$$CU_{i,t} = \frac{E[f(x_{i,t}, \beta) \exp(v_{i,t} - u_{i,t})]}{E[f(x_{i,t}, \beta) \exp(v_{i,t}) | u_{i,t} = 0]} = \exp(-u_{i,t}) \qquad (3-3)$$

无论是 SFA 方法还是 DEA 方法所测算的都是决策单位相对于前沿面的相对效率，因此测算结果对样本的取值期间和范围非常敏感，这使得关于产能利用率的不同研究结果之间的可比性较弱，但如果是基于同一样本的不同研究方法的测算结果则具有较好的可比性，而且参数法和非参数法基于不同的理论，两种方法各有长短（李宏舟、邹涛，2012），通过比较分析两种方法的计算结果，可以验证实证研究的客观性，如果计算结果有较高的一致性，则认为该测算结果具有较高的可信度，较好地反映了客观事实。因此，本章根据法尔等（Fare et al.，1989）、科克利等（Kirkley et al.，2002）和韦斯特加德等（Vestergaard et al.，2003）的做法，构造了测算产能利用率的数据包络分析模型：

$$\max_{\theta,\lambda} \theta$$

$$s.\,t. \quad \theta Y_{im} \leqslant \sum \lambda_i Y_{im},\ m = 1,\ 2,\ \cdots,\ M$$

$$\sum \lambda_i X_{in} \leqslant X_{in},\ n = 1,\ 2,\ \cdots,\ N$$

$$\lambda_i \geqslant 0,\ i = 1,\ 2,\ \cdots,\ I \qquad (3-4)$$

式中，i 表示第 i 个行业；观测单元使用 n 种要素生产 m 种产出；Y 为产出向量；X 为投入向量；θ 表示在当前技术水平下，在不增加投入的条件下，如果生产达到技术有效状态时产出可以扩张的最大比例；λ 为待估计的线性组合系数。

2. 变量定义及数据说明

根据卢锋（2011）的划分，我国第一次大规模的产能过剩发生在 1998 年亚洲金融危机之后，而最近一次大规模产能过剩一直延续至今，考虑到相关统计年鉴从 1998 年开始调整统计口径为规模以上工业企业，因此为了避免统计口径不一致问题，本章的样本时期范围为 1998 ~ 2014 年。由于工业行业统计口径调整的原因，部分行业统计数据无法良好衔接，因此根据最新的国民经济行业分类标准（GB/T 4754 - 2011），本章对工业行业统计数据进行了重新整理，剔除"开采辅助活动""其他采矿业""木材及竹材采运业""工艺品及其他制造业""废弃资源和废弃材料回收加工业""金属制品、机械和设备修理业"六个数据连贯性较差的行业。同时为了统一样本期间部分行业的数据统计标准，本章将 2012 年之后的橡胶和塑料制品业按一定比例拆分为橡胶制品业和塑料制品业，将 2012 年之后的汽车制造业和铁路、船舶、航空航天和其他运输设备制造业合并为交通运输设备制造业。通过数据整理，最终得到中国 36 个工业行业的面板数据，模型所需数据主要来源于《中国工业经济统计年鉴》《中国统计年鉴》《2004 年中国经济普查年鉴》和中经网数据库等。

实际产出（Y）：由于考虑到工业行业中间投入的重要性，模型中加入了从外部购入、当期投入、一次性消耗的中间投入变量，因此本章采用包含中间投入的工业总产值作为实际产出指标，并以 1998 年为基期的分行业工业生产者出厂价格指数进行平减。由于相关统计年鉴自 2011 年不再公布分行业工业总产值数据，2012 年工业总产值利用销售产值和产销率数据计算得到，同时考虑到 2013 年和 2014 年各省统计数据缺失严重、数据质量参差不齐，通过加总各省数据的方法存在严重的数据偏差，因此本章参考王兵等（2013）、杨振兵和张诚（2015a，2015b）等现有研究的做法，采用国家统计局公布的历年年末工业分大类行业增加值增长速度表示工业增长速度，结合前一年的总产值数据估算得到 2013 年和 2014 年的工业总产值数据。

　　资本投入（K）：本章采用固定资本存量来衡量资本投入。固定资本存量大多采用永续盘存法计算得到（陈诗一，2011），但是由于该方法的计算结果很大程度上受到对基期资本存量、投资额和折旧率等因素的假设和处理方法的影响，不同估算方法得到的结果存在较大差异，再加上我国转型时期非市场化因素可能导致投资和折旧出现非常规波动，也考虑到我国统计数据信息不完善等的影响，永续盘存法在实际应用过程中存在各种困难（程俊杰，2015b）。为了减少数据估计环节带来的偏差，限于数据可得性和完整性，本章借鉴庞瑞芝和李鹏（2011）、吴延兵和米增渝（2011）和韩国高等（2011）等研究的做法，采用规模以上工业行业固定资产净值作为固定资本存量的替代指标，2011～2014 年的固定资产净值数据通过固定资产原价与当年累计折旧相减得到，采用固定资产投资价格指数折算成 1998 年不变价。

　　劳动投入（L）：由于我国存在大量非正式职工的就业现象，从业人员数可以较好地反映一段时期内工业行业全部劳动力资源的利用情况（韩国高等，2011），因此本章采用工业行业全部从业人员年平均人数衡量劳动投入情况，其中 1998 年和 2012 年统计数据缺失，采用相邻年份的平均值替代。

　　中间投入（M）：由于中间投入数据无法直接获取，本章根据工业增加值的生产法计算方法推算得到，中间投入 = 工业总产值 – 工业增加值 + 应交增值税，并采用工业生产者购进价格指数折算成 1998 年不变价格。本章数据的描述性统计如表 3 – 2 所示。

表 3 - 2　　　1998 ~ 2014 年中国 36 个工业行业的数据描述性统计

项目	观测数	单位	均值	标准差	最大值	最小值
工业总产值	612	亿元	10829. 24	17521. 84	163665. 6	103. 25
资本投入	612	亿元	3114. 36	5146. 49	48891. 91	97. 06
劳动投入	612	万人	206. 82	174. 48	906. 59	14. 54
中间投入	612	亿元	6360. 16	8322. 73	45699. 83	94. 58

资料来源：笔者整理。

3.3.2　模型估计结果及假设检验

根据前文的模型设定，采用中国 1998 ~ 2014 年工业行业的面板数据对超越对数形式的随机前沿生产函数进行了估计，估计结果如表 3 - 3 所示。

表 3 - 3　　　　　　　　　随机前沿生产函数估计结果

变量	系数	变量	系数
截距项	0. 7179 * (− 0. 3687)	0. 5 （lnK_lnL）	− 0. 1137 (− 0. 0721)
lnK	− 0. 1182 (− 0. 1316)	0. 5 （lnK_lnM）	− 0. 1468 ** (− 0. 0576)
lnL	0. 4854 *** (− 0. 1584)	0. 5 （lnL_lnM）	− 0. 3031 *** (− 0. 067)
lnM	0. 7927 *** (− 0. 1456)	0. 5 （lnK_t）	− 0. 0125 *** (− 0. 0042)
t	0. 1213 *** (− 0. 0209)	0. 5 （lnL_t）	0. 0387 *** (− 0. 0051)
0. 5lnK_sq	0. 1428 *** (− 0. 0381)	0. 5 （lnM_t）	− 0. 0217 *** (− 0. 005)
0. 5lnL_sq	0. 211 *** (− 0. 052)	σ^2	0. 1805 *** (− 0. 0877)
0. 5lnM_sq	0. 1795 *** (− 0. 04064)	γ	0. 9475 *** (− 0. 0047)

变量	系数	变量	系数
0. 5t_sq	0. 0049 *** （ - 0. 001 ）	η	- 0. 0697 *** （ - 0. 0039 ）
对数似然函数值	446. 35	LR	847. 51 ***

注：括号内为系数标准误；* 、** 和 *** 分别表示 10% 、5% 和 1% 的显著性水平，采用双尾检验。

资料来源：笔者整理。

根据模型估计结果可知，大多数变量的系数都在 1% 的显著性水平上显著，模型的对数似然函数值为 446. 35，具有较强的统计显著性。γ值为 0. 9457，在 1% 的显著性水平上显著，表明模型误差项具有明显的复合结构，组合误差项的变异主要来源于技术无效率项，存在显著的无效率因素影响工业行业的产能利用率，同时用于检验 γ 是否为 0 的 LR统计量在 1% 的显著性水平上显著，表明所设模型与实际相符，生产中存在技术无效率，而且 LR 检验也显著地拒绝了 OLS 估计的零假设，模型适宜采用极大似然法估计。为了进一步验证随机前沿模型设定的合理性，本章对模型的生产函数形式进行广义似然比假设检验，设定广义似然比 λ，$\lambda = -2[L(H_0) - L(H_1)]$，$L(H_0)$、$L(H_1)$ 分别是零假设 H_0模型和备择假设 H_1 模型的对数似然函数值，检验统计量 λ 服从自由度为受约束变量数目的混合卡方分布。如果 λ 统计量超过单边广义似然比检验的临界值，则零假设不成立，反之接受零假设。假设检验主要有：

（1）随机前沿模型生产函数设定形式合理性的检验。即检验生产函数采用柯布—道格拉斯形式的生产函数还是超越对数形式的生产函数，为此，检验零假设 H_0：$\beta_5 = \beta_6 = \beta_7 = \beta_8 = \beta_9 = \beta_{10} = \beta_{11} = \beta_{12} = \beta_{13} = \beta_{14} = 0$。

（2）随机前沿生产函数中是否存在技术进步因素的检验。即检验随机前沿生产函数中不存在技术进步的零假设 H_0：$\beta_4 = \beta_8 = \beta_{12} = \beta_{13} = \beta_{14} = 0$。

（3）随机前沿生产函数中技术进步是否中性的检验。即生产函数中存在的技术进步是否独立于生产要素的检验，因此，检验零假设 H_0：$\beta_{12} = \beta_{13} = \beta_{14} = 0$。

（4）技术无效率时变性质检验。即检验技术无效率项是否随着时间的变化而变化，接受零假设时为非时变的，零假设为 $H_0：\eta = 0$。

检验结果如表 3 - 4 所示，随机前沿生产函数不适宜采用柯布—道格拉斯生产函数形式，而且存在非中性的技术进步，技术无效率项会随着时间的变化而变化，技术无效率项是时变的，通过模型检验验证了本章随机前沿模型设定的合理性。

表 3 - 4 随机前沿模型假设检验结果

零假设：H_0	对数似然值 $L（H_0）$	检验统计量 λ	5%临界值	检验结论
$H_0：\beta_5 = \beta_6 = \beta_7 = \cdots = \beta_{14} = 0$	385.74	121.22	18.31	拒绝
$H_0：\beta_4 = \beta_8 = \beta_{12} = \beta_{13} = \beta_{14} = 0$	229.86	432.98	11.07	拒绝
$H_0：\beta_{12} = \beta_{13} = \beta_{14} = 0$	408.69	75.32	7.81	拒绝
$H_0：\eta = 0$	315.01	262.28	3.84	拒绝

资料来源：笔者整理。

3.3.3 产能利用率测度结果

根据随机前沿生产函数可以计算得到各工业行业的产能产出，进而得到各工业行业的产能利用率，由于工业行业之间存在明显的异质性，因此本章根据国家统计局对轻重工业的划分办法，将 36 个工业行业分成重工业和轻工业两组，中国工业行业的产能利用率情况如表 3 - 5 所示[①]。

表 3 - 5 1998 ~ 2014 年中国工业行业产能利用率

重工业									
行业	1998 年	2000 年	2002 年	2004 年	2006 年	2008 年	2010 年	2012 年	2014 年	均值
H1	0.536	0.488	0.439	0.388	0.337	0.286	0.237	0.191	0.149	0.339
H2	0.559	0.513	0.464	0.414	0.362	0.311	0.262	0.214	0.170	0.363
H3	0.607	0.563	0.517	0.468	0.418	0.367	0.316	0.266	0.218	0.415
H4	0.591	0.546	0.499	0.450	0.399	0.348	0.297	0.248	0.201	0.398

① 限于篇幅，本章只列出了部分年份的工业行业产能利用率结果，如有需要可向作者索取。

重工业									
行业	1998 年	2000 年	2002 年	2004 年	2006 年	2008 年	2010 年	2012 年	2014 年	均值
H5	0.659	0.619	0.576	0.531	0.483	0.433	0.382	0.331	0.281	0.477
H18	0.520	0.471	0.421	0.370	0.319	0.269	0.221	0.176	0.136	0.323
H19	0.768	0.738	0.705	0.669	0.630	0.588	0.544	0.496	0.447	0.621
H22	0.735	0.702	0.666	0.627	0.585	0.540	0.492	0.443	0.392	0.576
H23	0.714	0.679	0.641	0.600	0.556	0.509	0.460	0.410	0.359	0.548
H24	0.753	0.722	0.688	0.650	0.610	0.567	0.520	0.472	0.422	0.601
H25	0.776	0.747	0.715	0.680	0.642	0.600	0.556	0.510	0.461	0.632
H26	0.677	0.639	0.597	0.553	0.506	0.457	0.407	0.355	0.304	0.500
H27	0.742	0.709	0.674	0.635	0.594	0.549	0.502	0.453	0.402	0.585
H28	0.774	0.744	0.712	0.677	0.639	0.597	0.553	0.506	0.457	0.629
H29	0.760	0.730	0.696	0.659	0.620	0.577	0.531	0.483	0.434	0.610
H30	0.868	0.849	0.829	0.806	0.781	0.752	0.721	0.686	0.649	0.771
H31	0.799	0.772	0.743	0.711	0.675	0.637	0.595	0.551	0.504	0.665
H32	0.987	0.985	0.983	0.980	0.977	0.974	0.970	0.966	0.961	0.976
H33	0.756	0.725	0.692	0.654	0.614	0.571	0.525	0.477	0.427	0.605
H34	0.758	0.728	0.694	0.657	0.617	0.574	0.528	0.480	0.430	0.607
H35	0.658	0.618	0.575	0.529	0.481	0.431	0.380	0.329	0.279	0.476
轻工业									
行业	1998 年	2000 年	2002 年	2004 年	2006 年	2008 年	2010 年	2012 年	2014 年	均值
H6	0.727	0.693	0.656	0.616	0.573	0.527	0.479	0.429	0.378	0.565
H7	0.749	0.717	0.682	0.644	0.603	0.560	0.513	0.464	0.414	0.594
H8	0.781	0.752	0.721	0.686	0.649	0.608	0.565	0.518	0.470	0.639
H9	0.988	0.986	0.984	0.981	0.978	0.975	0.972	0.968	0.963	0.977
H10	0.724	0.689	0.652	0.612	0.568	0.522	0.474	0.424	0.373	0.560
H11	0.642	0.601	0.557	0.510	0.462	0.411	0.360	0.309	0.259	0.457
H12	0.611	0.568	0.522	0.473	0.423	0.372	0.321	0.271	0.223	0.420
H13	0.704	0.668	0.629	0.587	0.542	0.495	0.445	0.395	0.343	0.534
H14	0.669	0.630	0.588	0.544	0.496	0.447	0.396	0.345	0.294	0.490

续表

轻工业									
行业	1998 年	2000 年	2002 年	2004 年	2006 年	2008 年	2010 年	2012 年	2014 年	均值
H15	0.782	0.753	0.722	0.688	0.650	0.610	0.566	0.520	0.472	0.640
H16	0.745	0.713	0.678	0.640	0.599	0.554	0.508	0.459	0.408	0.589
H17	0.638	0.597	0.552	0.506	0.456	0.406	0.355	0.304	0.254	0.452
H20	0.828	0.804	0.779	0.750	0.719	0.684	0.646	0.605	0.562	0.709
H21	0.729	0.695	0.658	0.618	0.575	0.530	0.482	0.432	0.381	0.567
H36	0.508	0.459	0.408	0.357	0.306	0.257	0.209	0.166	0.127	0.311

注：H1 为煤炭开采和洗选业，H2 为石油和天然气开采业，H3 为黑色金属矿采选业，H4 为有色金属矿采选业，H5 为非金属矿采选业，H6 为农副食品加工业，H7 为食品制造业，H8 为酒、饮料和精制茶制造业，H9 为烟草制品业，H10 为纺织业，H11 为纺织服装、鞋、帽制造业，H12 为皮革、毛皮、羽毛及其制品和制鞋业，H13 为木材加工及木、竹、藤、棕、草制品业，H14 为家具制造业，H15 为造纸和纸制品业，H16 为印刷和记录媒介复制业，H17 为文教、工美、体育和娱乐用品制造业，H18 为石油加工、炼焦及核燃料加工业，H19 为化学原料和化学制品制造业，H20 为医药制造业，H21 为化学纤维制造业，H22 为橡胶制品业，H23 为塑料制品业，H24 为非金属矿物制品业，H25 为黑色金属冶炼和压延加工业，H26 为有色金属冶炼和压延加工业，H27 为金属制品业，H28 为通用设备制造业，H29 为专用设备制造业，H30 交通运输设备制造业，H31 为电器机械和器材制造业，H32 为计算机、通信和其他电子设备制造业，H33 为仪器仪表制造业，H34 为电力、热力的生产和供应业，H35 为燃气生产和供应业，H36 为水的生产和供应业。

资料来源：笔者整理。

3.4　中国工业产能过剩的综合评价

3.4.1　基于产能利用率的分析

根据表 3 - 5 的中国工业行业产能利用率测算结果，从整体来看，1998 ~ 2014 年中国工业行业的平均产能利用率为 56.2%，整体水平偏低，除烟草制品业及计算机、通信和其他电子设备制造业的产能利用率超过 90% 外，大多数行业的产能利用率在 60% 左右，重工业行业的平均产能利用率为 55.8%，稍低于轻工业的平均产能利用率（56.7%），然而根据产能利用率排名情况发现，在产能利用率最低的 15 个行业中，轻工业占了 1/3，说明当前轻工业的产能过剩情况也不容忽视。从具体行业来看，制造业的产能利用率最高，采矿业和公共事业的产能利用率较低，这一结果与董敏杰等（2015）较为一致。采矿业 5 个分行业的年均产能利用率均低于工业行业平均水平，位于倒数 11 个行业之中；公共事业行业中的水的生产和供应业的平均产能利用率为 31%，位列倒数第一，燃气生产和供应业位列倒数第十，电力、热力的生产和供应业产能利用率高于工业行业平均水平。采矿业的产能利用率较低主要原因如下：一方面地区资源禀赋存在差异，开采消耗的成本不同，整体来看资源开采效率低；另一方面，采矿业技术水平长期以来和前沿技术有着显著差异，开采过程中浪费严重，技术效率水平低，存在落后产能，而且资源储量有限，行业的资产设备专用型较强，资源枯竭后设备闲置率较高。对于公共事业行业来说，其经营目标并不是利润最大化，而主要是满足公众生活需求，一般来说设备生产能力远高于日常生活需求水平以预防特殊情况发生，而且公共事业多为垄断行业，要素投入量较大，而生产效率较低，产能利用率不高。

根据科克利等（Kirkley et al., 2002）提出的衡量产能过剩程度的产能过剩指数指标，产能过剩指数 = 1/产能利用率 - 1，本章计算了中国工业行业的产能过剩指数，其中产能过剩指数大于 1 的行业有 13 个，过剩指数大于 1 表明潜在生产能力超出实际生产的一倍以上，这些行业除了包括采矿业五个行业以外，还包括水的生产和供应业，石油加工、炼焦及核燃料加工业，皮革、毛皮、羽毛及其制品和制鞋业，文教、工美、体育和娱乐用品制造业，纺织服装、鞋、帽制造业，燃气生产和供应业，家具制造业和有色金属冶炼和压延加工业，与杨振兵、张诚（2015a，2015b）的研究结果一致，而与韩国高等（2011）的研究有所差别，主要是研究方法的差异导致结果可比性不强。通过观察图 3 - 1 可以发现，中国工业行业产能过剩情况逐年加重，尤其从 2008 年金融危机和经济刺激计划实行后，投资急速扩张，国内外市场需求萎缩，中国工业行业产能过剩程度加速上升，产能过剩程度以年均 12.08% 的速度提高（2008 年以前为 9%）。采矿业和公共事业的产能过剩程度较高，制造业整体过剩程度相对较低。

由于随机前沿分析方法在整个样本期间只有一个前沿面，并且考虑了环境差异的影响，因此计算结果会显得平缓，带有显著的趋势性，而数据包络分析方法在每个年度都有一个前沿面，同时将实际产出和产能产出的差距都解释为企业的无效率生产，估计结果相比随机前沿分析方法要大，波动趋势更显著，因此，一方面为了验证估计结果的合理性，另一方面可以进行更细致的产能利用情况分析，本章同时利用 DEA 方法进行了产能利用率的测度①。DEA 模型得到的中国工业行业平均产能利用率为 64.3%，稍高于 SFA 模型结果，各行业平均产能利用率均大于 SFA 模型结果，而且通过图 3 - 2 可以发现，DEA 模型所得分大类工业行业产能利用率波动更加显著，从整体来看，中国工业行业的产能利用率大致呈逐年下降趋势，相对采矿业和公共事业来说，制造业产能利用率较高，与 SFA 模型结果一致。

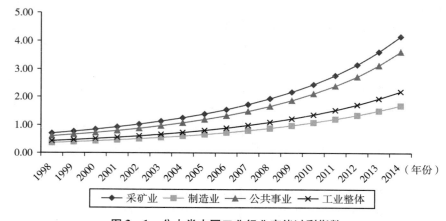

图 3 - 1　分大类中国工业行业产能过剩指数

资料来源：笔者绘制。

图 3 - 2 中还表现出 SFA 模型结果并未显示出的产能利用率变化特征。1998 年金融危机虽然导致了大规模的产能过剩，使我国经济严重衰退，但也对我国的市场化改革和政府职能转变产生了倒逼作用，政府直接干预不断减少，综合运用经济、法律、行政等间接引导性干预增多，采取的治理重复建设、压缩部分过剩行业产能、调整产业结构、优化产业布局和严格审批新增产能的措施使我国经济顺利实现软着陆，而且多种组合治理政策的实施促使市场经济体制越发健全，市场的经济调节作用越来越显著，产能过剩同时也推动了工业行业发展质量提升，从

---

①　由于篇幅限制，具体结果并未列出，如有需要可向作者索取。

而使中国工业行业出现了短暂的产能利用率上升期。而 2003～2006 年的新一轮投资热潮也使得国内各行业的生产能力大幅扩张，尽管国内各行业需求旺盛，但在粗放型的经济发展模式下，重复建设和资源浪费现象严重，投资急速扩张形成的生产能力远远超过市场需求，大量生产能力闲置，中国工业行业产能利用率一路下滑，一直持续至今。2008 年受到全球金融危机的影响，中国工业行业面临着有效需求不足、生产能力大幅过剩的局面，为了化解产能过剩、刺激经济复苏，政府出台了一揽子经济刺激计划，这一举措虽然在短期拉动了内需增长，促进了产能的释放，一定程度上缓解了产能过剩，在图中表现为采矿业、制造业和工业整体的产能利用率在 2009 年都有不同程度的上升，公共事业由于其公共品属性对政策的敏感度不高并未受较大影响，但经济刺激计划也推动了钢铁、水泥、房地产等传统行业以及新兴产业新一轮的投资热潮和产能扩张，低水平重复建设现象严重，产能过剩情况持续性恶化。

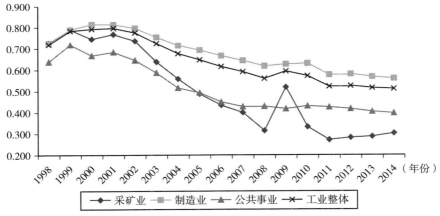

图 3－2　DEA 模型分大类中国工业行业产能利用率

资料来源：笔者绘制。

　　经过计算，SFA 模型和 DEA 模型估计的各行业产能利用率 Pearson 相关系数为 70.7%，表明两个模型所得结果具有较强的一致性。通过对 DEA 模型结果进行排名发现，产能利用率最低的十个行业中包括采矿业四个行业和公共事业两个行业，还包括当前普遍认为产能过剩较严重的几个行业，分别是有色金属冶炼和压延加工业（倒数第五）、化学纤维制造业（倒数第八）、化学原料和化学制品制造业（倒数第九）和黑色金属冶炼和压延加工业（倒数第十），产能利用率倒数十五个行业中还包括电力、热力的生产和供应业，石油加工、炼焦及核燃料加工业，非金属矿采选业，非金属矿物制品业，造纸和纸制品业，这一结果与韩国高等（2011）和董敏杰等（2015）的结果较为一致。同时 DEA 估计结果还表明，轻工业产能利用率（68.6%）普遍高于重工业（60.8%），轻工业行业占产能利用率前十名工业行业的 60%，产能利用率排名倒数十五个行业中重工业行业占 13 个，仅造纸和纸制品业以及化学纤维制造业为轻工业，而 SFA 模型产能利用率排名结果中倒数十五个行业中除了采矿业、公共事业行业、塑料制品业、有色金属冶炼和压延加工业、石油加工、炼焦及核燃料加工业外，大多为轻工业，包括皮革、毛皮、羽毛及其制品和制鞋业，文教、工美、体育和娱乐用品制造业，纺织服装、鞋、帽制造业，家具制造业和木材加工及木、竹、藤、棕、草制品业，两个模型对于哪些行业产能过剩较为严重的结论存在一定的差异。然而产能利用率只是判断工业行业生产能力利用水平的指标，不能单纯将产能利用率低看作判断产能过剩的标准，还需要结合行业运营的其他综合指标进行判断，因此，为了综合评价中国工业行业的产能过剩情况，本章将运用前文构建的产能过剩综合指标体系对当前中国工业行业的产能过剩情况进行深入分析，并对两个模型中产能利用率较低行业的具体产能过剩情况进行重点分析。

3.4.2　基于综合性指标体系的分析

根据前文构建的产能过剩综合判断体系，限于数据的完整性和可得性，本章选取部分衡量产能过剩的经济社会效益指标，综合考察中国工业行业的产能过剩情况。

1. 中国工业行业产品价格趋势分析

通过图 3-3，从工业整体的工业品出厂价格指数变动趋势可以看出，在 2008 年以前，我国工业品价格呈波动式上升趋势，尤其是 1998 年金融危机过后经济复苏和 2002 年开始的投资热潮都带动了工业产品价格的快速上涨，但过度投资、重复建设带来的大规模产能的建成使得市场上的供给很快便超过需求，2004~2007 年中国工业行业的工业品

价格持续下滑，这也验证了本章模型所得的产能利用率在 2003～2007
年持续下降的结论，表明尽管危机过后的大规模需求拉动了经济的复苏
和快速增长，但由于粗放型的经济发展方式，盲目过度投资、低水平重
复建设、产业同构等现象严重，市场过度竞争、产品价格持续下降，低
效、无序地投资形成的大规模产能导致了 2003～2006 年新一轮的产能
过剩。随后的 2008 年金融危机进一步暴露出我国经济发展中供需结构
严重失衡的产能过剩矛盾，工业品价格急剧下降，政府为稳定经济增
长、促进经济复苏采取的经济刺激计划在 2009 年也开始发挥作用，带
动了大规模的市场需求，一定程度上释放了产能压力，产品价格上升，
然而不完善的产业政策在拉动内需的同时也带来了新一轮更严重的过度
投资和重复建设现象，形成了巨大的过剩产能，再加上持续性的金融危
机和欧债危机影响下外需疲软，2011 年开始我国工业品价格再次出现
了持续性、长期性的下滑，产能过剩越发严重，成为当前阻碍中国经济
健康、稳定、持续发展的主要问题，这同时也验证了 SFA 模型测度结
果显示出的中国工业行业产能过剩指数自 2008 年以后加速上升的结论。
从整体上看，中国工业产品的价格变化趋势与产能利用率变化趋势一
致，也与卢锋（2011）关于我国几次大规模产能过剩的论断大体一致。
另外，从图中也可以发现采矿业由于属于原料型基础工业，需求价格弹
性较高，受经济发展周期性因素的影响程度较大，公共事业由于其公共

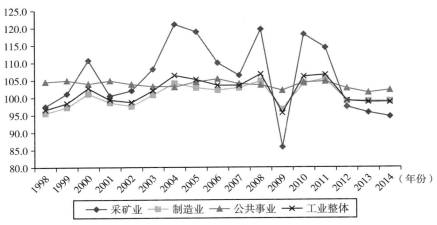

图 3 - 3　分大类中国工业生产者出厂价格指数变动趋势

资料来源：笔者绘制。

品特性和垄断特性对市场供求变化不敏感，受影响最弱，制造业价格变化趋势与工业整体大体一致。

2. 中国工业行业库存变动趋势分析

企业维持一定规模的库存是为了应对特殊情况和服从市场竞争的需要，而规模过大的、不合理的库存增长则意味着企业的产品销售情况不容乐观，可能存在市场供需失衡、产能过剩的风险。从图3-4中可以看出，采矿业和公共事业在2003年之前的库存增长较平缓，2003~2007年库存增加速度提高，2007年至今产品库存有明显的增长趋势，增长速度提升较显著，制造业在2002年开始的投资过热以后便出现库存高速增长现象。2008年的金融危机导致国内外市场需求紧缩，制造业、采矿业和公共事业的库存都有大幅度的提高，制造业比上一年增加了18%，采矿业增加了41%，公共事业增加了53%。2008年末经济刺激政策的施行虽然没有直接减少工业各行业的库存总量，但工业行业库存增长率有明显的大幅度下降，工业整体库存增长速度比上一年下降了约15个百分点。然而，经济刺激计划也使得2009年和2010年出现了大规模新建产能，产能过剩进一步加剧，工业各行业于2010年开始了漫长的去库存之路，由于政府对治理产能过剩的高度重视，以及调结构、去产能的经济改革的有序进行，产能过剩的治理卓有成效，近几年工业行业库存增长率呈逐年下降趋势，工业整体的库存增长率由2010年的23%下降到2014年的5.6%。

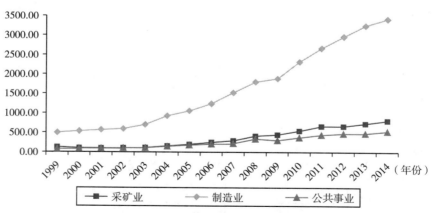

图3-4 分大类中国工业行业库存变动趋势

资料来源：笔者绘制。

从具体几个产能利用率较低行业的库存变动率来看，工业行业整体的平均库存增长率为 14%，其中轻工业中的木材加工及木、竹、藤、棕、草制品业（15%），家具制造业（18%），文教、工美、体育和娱乐用品制造业（32%）超过均值水平，重化工业中库存增长率较高的是有色金属冶炼和压延加工业（19.22%），石油加工、炼焦及核燃料加工业（18%），塑料制品业（16%），黑色金属冶炼和压延加工业（15.5%），电力、热力的生产和供应业（15.3%）以及化学原料和化学制品制造业（14.4%），包括水泥和平板玻璃两个产能过剩重点行业的非金属矿物制品业库存增长率为 12.6%，造纸和纸制品业为 11%。其他年均库存增长率超过 10% 的行业还有纺织服装、鞋、帽制造业（12.6%）、化学纤维制造业（12%）以及皮革、毛皮、羽毛及其制品和制鞋业（10.7%）。因此，从库存增长率变动的情况来看，中国工业行业当前的产能过剩是以重化工业为主，部分轻工业也可能存在严重的过剩问题。

3. 中国工业行业经济效益分析

产销率是工业销售产值与总产值的比值，数值越大表明产品符合市场需求，产销率下降也在一定程度上表明工业行业盈利水平的下滑。通过图 3－5 中国工业行业产销率的变化趋势可以得知，中国工业行业在 1998 年前后、2005 年前后和 2008 年前后都存在不同程度的产品滞销、产销率下降情况。采矿业和公共事业产销率的波动较大，制造业相对平缓，尤其在 2003～2007 年的产销率基本保持在 97.8% 左右，三个大类工业行业的产品销售都明显受到经济周期的影响，以制造业为例，在 1999～2002 年的产销率呈下降趋势，2003～2006 年基本稳定，但也受到 2005 年大范围产能过剩的影响开始出现产销率下降趋势，2007～2008 年出现产销率负增长，2009 年受到经济刺激计划的影响反弹，又于 2010 年因为过度盲目投资形成大规模过剩产能而开始持续下降，工业整体与制造业的变化趋势基本一致。从图中还可以看出，由于粗放型经济发展方式带来的环境污染、资源浪费、生态破坏等负面影响越来越大，再加上金融危机导致内外需急剧收缩，采矿业的产销率在 2008 年出现了大幅度的下降，随后受益于扩大内需政策得以缓解，但好景不长，又开始了漫长的下滑期。

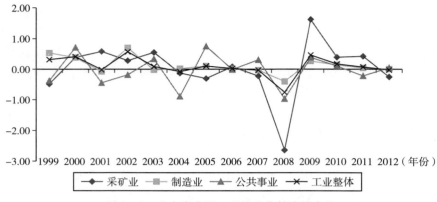

图 3-5 分大类中国工业行业产销率的变化

资料来源：笔者绘制。

通过图 3-6 重工业和轻工业的产销率对比可以发现，重工业产销率高于制造业整体平均水平，这恰好符合我国近些年优先发展重化工业的产业发展战略，由于大规模的产能投资，重工业行业间的需求旺盛，保证了产销率的上升，而受限于我国居民消费习惯的影响，居民消费水平低、储蓄高，再加上收入分配体制不健全、收入差距逐渐拉大等，主要用于满足居民生活需求的轻工业品的产销率却低于制造业整体平均水平，这也表明了我国工业行业产能过剩除了源于重工业过度投资外，另一个重要原因就是社会有效需求不足，尤其居民消费需求不足。另外，从图中 2002～2007 年的轻重工业产销率趋势曲线可以看出，2002 年开始的投资过热主要集中在重工业领域，国内巨大的市场需求和政府的推动使得重工业产销率维持在高水平，一直到发生金融危机才暴露出严重的产能过剩问题，重工业产销率出现大幅度下降，2008 年重工业产销率下降幅度约为轻工业的 1.6 倍，随后由于"一揽子"经济刺激计划的促进作用，重工业和轻工业的产销率都有所提升，而且轻工业的提升幅度较大，但是经济刺激计划形成的大规模产能的建成也使得重工业的产能过剩矛盾再次激化，重工业产销率增长速度自 2010 年开始持续性下降，2012 年出现负增长，而轻工业的产销率受益于提振居民消费、扩大内需的政策表现出低速上升趋势，这在一定程度上表明我国重工业的产能过剩相对更严重。

成本费用利润率衡量了行业的盈利水平，从图 3-7 中国制造业的成本费用利润率变动趋势可以看出，制造业的盈利水平在 2008 年以前整体呈上升趋势，虽然经历了金融危机和两次产能过剩，但并未对其盈利水平有较大影响，反而促进了工业行业产品质量提高，增强了其盈利能力，2008 年的经济危机使制造业的成本费用利润率有所下降，但随后的经济刺激计划又促使制造业盈利水平大幅度反弹，然而由于产能过剩矛盾进一步加剧，普遍存在工业产品价格下降、库存增加和产品滞销现象，制造业的盈利水平于 2010 年开始了持续性的下降，成本费用利润率年均下降 4.5% 。从轻重工业的成本费用利润率变动情况看，轻工业盈利水平比重工业高，轻工业在 2002～2004 年的产能过剩调整中受影响较大，2004 年盈利水平大幅度下降，而重工业此时迎头赶上，盈利水平与轻工业持平，但经过重新整合、优化后的轻工业盈利水平在随后几年里迅速提升，与重工业的盈利水平拉开了较大差距，而且金融危机后重工业的产能过剩程度相对轻工业更严重，重工业在 2010 年后盈利水平的下降幅度也远超轻工业，轻工业盈利水平最高时比重工业高 4% 。采矿业的盈利水平在工业行业中是最高的，成本费用利润率最高达 33% ，但从行业的实际运营情况来看，采矿业的盈利水平波动较大，而且受经济周期和产业政策等影响较多①。公共事业行业由于其公共品供给的行业特性，盈利水平是最低，样本期间呈现波动式上升趋势。

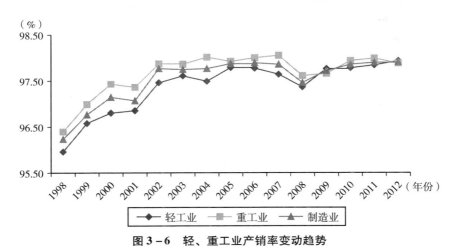

图 3－6　轻、重工业产销率变动趋势

资料来源：笔者绘制。

---

① 由于其盈利水平远超其他大类行业，会导致其他行业的变动趋势不明显，并未在图中列出。

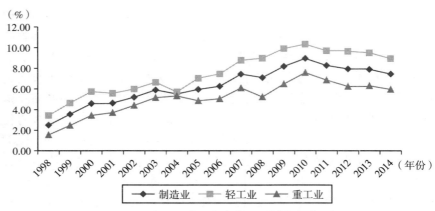

图 3 - 7   中国制造业成本费用利润率变动趋势

资料来源：笔者绘制。

流动资产周转率体现了行业流动资金的利用程度，衡量行业的盈利能力，资金周转越快，盈利能力越强。从图 3 - 8 可以明显看出，中国工业行业的盈利能力大体呈逐年增强的趋势，这说明我国工业行业的竞争力在不断增强，工业发展水平、发展质量得到了提高。图中显示，中国工业行业在 2008 年之前盈利能力一直处于上升趋势，这说明虽然经历了金融危机和两轮产能过剩的冲击，但产能过剩的倒逼机制也促使中国工业行业的产品种类、技术、质量得到了显著提升，反而提高了中国工业行业的盈利能力，然而长期粗放型经济发展方式积累的经济发展矛盾在 2008 年的金融危机冲击下凸显，虽然之后的经济刺激计划有效刺激了市场需求，缓解了工业行业盈利能力下滑的趋势，但仍旧是杯水车薪，而且又带来了新一轮的全局性、持续性的产能过剩，我国经济在 2011 年正式进入低速增长时期，低端产品过剩、高端产品缺乏，产品竞争力不强，国内外有效需求不足，导致工业行业的盈利能力持续降低。同时从图中可以发现，我国工业发展中的重工业比重过高，重工业的盈利能力变动趋势基本和制造业、工业整体重合，由于产能严重过剩，重工业的盈利能力在 2008 年后下降较多，直接拉低了我国工业整体的盈利能力，而相对来说轻工业无论从盈利能力还是从实际盈利水平上来说都高于重工业。公共事业的盈利能力最低也验证了其公共品供给的行业特性，与其较低的盈利水平相对应。

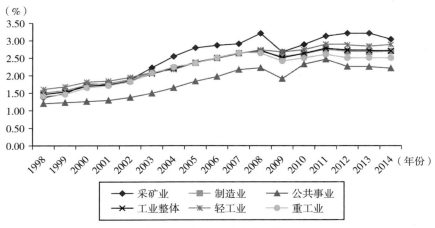

图 3 - 8 中国工业行业流动资产周转率变动趋势

资料来源: 笔者绘制。

　　亏损面是直接反映工业行业亏损情况的指标, 通过计算行业中亏损企业数与企业总数的比值得到。图 3 - 9 显示, 公共事业、制造业的亏损面在 1998～2014 年基本处于逐年下降的趋势, 只有采矿业在继 2008 年的亏损面上涨之后, 受益于 2009 年经济刺激计划, 采矿业的亏损面开始下降, 但又于 2011 年开始逐年上升。三个大类行业都在 2003 年经济过热时期由于过度投资、重复建设、市场竞争加剧等原因有显著的亏损面上升趋势, 之后一方面受到去产能、去库存、调结构的政策影响, 另一方面也受益于国内外巨大的市场需求, 亏损面开始逐渐下降。相对于采矿业来说, 制造业和公共事业在 2008 年金融危机后的亏损面上升程度较弱, 并在经济刺激计划后继续下降趋势, 然而从 2011 年开始, 由于受到经济低速增长、大范围产能过剩、产业结构调整转型升级和外需萎缩的影响, 制造业和公共事业的盈利能力和盈利水平都有不同程度的下降, 导致这两个行业止亏速度趋于平缓。从轻工业和重工业的对比中可以发现, 改革开放以来优先发展轻工业和消费品工业的发展战略推动了轻工业的迅速发展, 并在 20 世纪 90 年代开始出现产品过剩的情况, 虽然社会主义市场经济体制确立后, 受到财税改革、分灶吃饭以及产业发展政策的影响, 各地工业发展重心有所转移, 轻工业的过剩情况还是持续到了 21 世纪之后, 表现为 2004 年以前的轻工业亏损面超过重工业, 而随着重工业的比重越来越高, 产能规模不断增加, 供大于求的产能过剩现象凸显并日益严峻，重工业在 2004～2014 年的亏损面一直大于轻工业，这也说明我国 2004 年以前的产能过剩行业大部分属于轻工业，而 2004 年以后重工业的产能过剩是我国面临的主要问题。同时也可以看出，在 2003 年投资过热和 2008 年金融危机时的重工业亏损面上升幅度超过轻工业，经济刺激计划的后遗症也同时在两个行业 2011 年的亏损面上升趋势中表现出来，而且轻工业和重工业的止损速度在 2012 年后趋于停滞，此时重工业亏损面高于轻工业 4%。

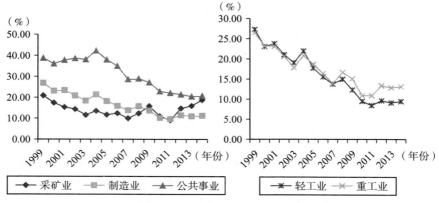

图 3－9　中国工业行业亏损面变动趋势

资料来源：笔者绘制。

从具体几个产能利用率较低行业的经济效益指标来看，造纸和纸制品业，化学纤维制造业，有色金属冶炼和压延加工业，石油加工、炼焦及核燃料加工业，黑色金属冶炼和压延加工业，化学原料和化学制品制造业和非金属矿物制品业的产销率变动趋势与制造业整体大体一致，并且受到 2008 年金融危机和经济刺激计划较大程度的影响，近几年产销率都有不同程度的下降，电力、热力的生产和供应业由于其行业特性，产销率基本维持在 99% 以上，变动较平缓，其他几个行业的变动趋势符合正常产销率变动范围。从盈利情况看，皮革、毛皮、羽毛及其制品和制鞋业，造纸和纸制品业，化学纤维制造业，有色金属冶炼和压延加工业，石油加工、炼焦及核燃料加工业，黑色金属冶炼和压延加工业，化学原料和化学制品制造业及非金属矿物制品业的成本费用利润率在 2010～2014 年有较大幅度的下降，纺织业，化学纤维制造业，有色金属冶炼和压延加工业，石油加工、炼焦及核燃料加工业，黑色金属冶炼和压延加工业，化学原料和化学制品制造业和非金属矿物制品业甚至在2012 年和 2014 年出现行业利润负增长，而且属于重工业的行业盈利水平下降幅度超过轻工业行业，电力、热力的生产和供应业的变动趋势与公共事业整体一致，在近几年盈利水平反而有所提升。从盈利能力方面看，有色金属冶炼和压延加工业、黑色金属冶炼和压延加工业和化学原料和化学制品制造业在 2007 年以前基本处于上升趋势，与制造业整体一致，在经历了 2008 年金融危机时的下降后又于 2009～2011 年得益于经济刺激计划而开始回升，之后便处于平稳水平，无明显波动趋势，石油加工、炼焦及核燃料加工业自 2008 年开始表现出波动式下降趋势，而造纸和纸制品业，化学纤维制造业，皮革、毛皮、羽毛及其制品和制鞋业，电力、热力的生产和供应业和非金属矿物制品业在 2011 年后的盈利能力一直处于小幅下降趋势，其他由两个模型结果所得到的产能利用率较低的行业的盈利能力在 2008 年以前上升速度较快，2008 年后处于波动式上升状态。从亏损情况来看，造纸和纸制品业，化学纤维制造业，黑色金属冶炼和压延加工业，有色金属冶炼和压延加工业和石油加工、炼焦及核燃料加工业的亏损面在 2011 年后出现了波动式上升情况，行业内企业亏损严重，表明行业产能过剩严重，化学原料和化学制品制造业、塑料制品业和非金属矿物制品业在经历了经济刺激计划导致的亏损面短暂反弹后在 2012～2014 年基本处于平稳状态，其他几个轻工业行业亏损面在 2012 年后开始下降，这进一步说明我国重工业的产能过剩比轻工业严重，也意味着我国的产能过剩治理措施正在发挥积极作用。

3.4.3　中国工业产能过剩整体评价

通过综合分析中国工业行业的产能利用率和行业具体运营指标情况可以发现，中国工业行业整体上经历了 1998～2002 年、2003～2006 年和 2008 年至今三次大规模产能过剩，尤其以第三次产能过剩最为严重，影响最为广泛，产能过剩程度最高，从局部性、短期性的产能过剩发展为全局性、长期性的产能过剩，重工业行业产能过剩为主，部分轻工业行业也存在较严重的产能过剩，采矿业和公共事业的产能过剩也不容忽视，产能过剩成为当前我国经济发展需要解决的主要根源性问题，是阻碍我国经济持续、健康、稳定发展的主要障碍。中国工业行业在 1998 ~ 2014 年绝大多数行业都存在着产能利用率不高、资源浪费、设备闲置的问题，工业行业产能利用程度普遍较低。然而，公共事业行业中水的生产和供应业、燃气的生产和供应业由于其公共品供给行业性质和自然垄断性质，主要满足公众基本生活需要，其经营指标波动会受到经济发展周期和市场环境的影响存在一定程度的产能过剩，但不属于常规意义上的产能过剩。对于电力、热力的生产和供应业来说，根据统计数据中主要工业品产量与主要产品生产能力的比值计算得到生产能力利用率，电力行业的产能利用率不足 50%（2011 年为 45.46%，2012 年为 45.82%，2013 年为 45.64%，2014 年为 43.62%），产能利用严重不足。

采矿业属于为工业生产提供原材料和动力的基础性行业，采矿业各项经营指标容易受到生产加工行业的影响，制造业市场供需变化会更显著地反映在采矿业的供需变化情况中，因此更容易受到经济周期和产能过剩的影响，从而表现出更显著的设备闲置、开工不足、行业亏损和供给过剩现象，采矿业的盈利能力和盈利水平的下降幅度远超过制造业，采矿业的亏损面在 2008 年金融危机爆发后也一直高于制造业，2014 年采矿业的亏损面超过制造业 7 个百分点。而且，由于采矿业盈利能力和盈利水平都较高，吸引了地方政府和私人的大量投资，低水平重复建设现象严重，形成了国有企业为主、小矿井众多的局面，供给严重超过需求，过剩产能规模较大，而且采矿业生产设备技术水平低，技术进步缓慢，采矿业企业技术效率不高，产品质量不高，竞争力较弱，在国际市场需求萎缩的情况下，采矿业的结构性产能过剩严重。同时，由于长期粗放型经济发展带来的环境污染问题越发严重、雾霾天气越来越多、生态环境破坏严重等问题，迫切需要转型经济发展方式，经济结构调整压力也使得采矿业的产能过剩矛盾进一步凸显。

制造业中的造纸和纸制品业，化学纤维制造业，石油加工、炼焦及核燃料加工业，化学原料和化学制品制造业，非金属矿物制品业，黑色金属冶炼和压延加工业，有色金属冶炼和压延加工业属于严重产能过剩行业。皮革、毛皮、羽毛及其制品和制鞋业，纺织业和纺织服装、鞋、帽制造业由于其产销率近四年呈波动式上升趋势，而其盈利水平却存在不同程度的下降，这表明行业内可能存在过多的企业，市场集中度较低，企业间竞争激烈，导致利润水平下降，说明这些行业存在一定程度的产能过剩。木材加工及木、竹、藤、棕、草制品业，家具制造业、文教、工美、体育和娱乐用品制造业和塑料制品业尽管根据模型所得的产能利用率较低，但其他经济效益指标的波动都在正常范围内，表明这些行业可能存在较低程度的产能过剩。

现阶段的产能过剩主要是以重化工业为主，部分新兴产业的产能过剩问题也逐渐凸显并日趋严重，其次是部分轻工业行业。国家发展和改革委员会统计数据表明，产能过剩较严重的行业有，电解铝、电石、焦炭、水泥、平板玻璃、钢铁、风电设备、光伏和船舶，行业产能利用率低于75%；2013年，粗钢、水泥、电解铝和平板玻璃的产能利用率分别为74.9%、75.7%、73.5%和73.5%，2014年进一步下降，分别为74.6%、71.3%、73.1%和68.3%[①]，其中最为严重的钢铁行业在2012年全面亏损，2013~2015年的利润总额持续下降，销售利润率基本为零。此外，石化行业的产能过剩也不容乐观，根据有关数据统计，中国石化行业60%~70%的产品存在过剩，过剩程度在30%~50%不等，如炼油行业为71.6，电石行业产能利用率自2008年开始持续下降，2014年仅为60.91%，部分化工产品存在严重的产能过剩，二甲苯、甲醇、PVC树脂、PTA等行业产能利用率分别为70%、58%、68%和61%[②]，然而石油和化工行业与煤炭和钢铁的全面性过剩有所不同，主要是中低端产业过剩、高端产业不足的结构性产能过剩。光伏行业由于其"两头在外"的行业发展模式导致其阶段性产能过剩严重，2013年产能利用率不到60%，根据天则经济研究所报告结果，太阳能电池的过剩高达95%，然而近几年随着国际光伏市场的快速发展，我国光伏产业开始回暖，产能利用率有所提升，2015年部分细分行业达到77%，但产能利用率的分化趋势明显。风电行业在经历了初期的快速发展后，也于2011年出现装机年均增长率负增长，40%的产能闲置，2011~2014年的平均产能利用率不足70%。除了传统的重化工业和部分新兴产业出现严重的产能过剩外，由于受到持续性的欧债危机影响，国际经济恢复缓慢，外需不足，轻工业中的纺织业和纺织服装、鞋、帽制造业也于2011年下半年出现了明显的开工率不足现象，纺织业和服装鞋帽业由

---

① 纪志宏. 我国产能过剩风险及治理 [J]. 新金融评论, 2015 (1): 1-24.
② 2015年我国石化行业发展概况 [EB/OL]. 中国产业信息网, 2015-11.

于国内外棉花成本价格差异拉大，成本上涨，产品价格下降，棉纺、化学纤维主要集中在低端产品的生产，缺乏高端产品，我国纺织和服装鞋帽出现库存增加、大面积的亏损和停产现象，2013 年中国纺织工业联合会副会长兼秘书长高勇表示，"如果产能得以释放，按照中国当前纺织业的产能来看，未来 5~7 年内不再需要新建产能"，据此可知纺织业和服装鞋帽业的产能过剩问题也不容忽视。本章所得结论与工信部、国家发改委所指出的目前产能过剩行业基本一致。

3.5 本章小结

在当前渐进式改革进程中，产业发展不仅受到经济发展周期等市场性因素的影响，还会受到诸如要素价格扭曲、政策性干预和现行制度等非市场性因素的影响，我国工业行业的产能过剩既有周期性特征，又有结构性特征和体制性特征，对我国工业行业产能过剩状况的认识不单单要考虑经济发展周期性波动情况，更要充分考虑产能过剩发生的经济发展阶段特征、异质性的行业特征以及我国的特殊国情。

本章通过系统地梳理中国工业行业产能过剩的初现和几次大规模产能过剩情况，对产能过剩的发生原因、表现特征和过剩程度进行了分析，对中国工业行业的产能过剩有了更加深入的了解，同时根据产能过剩时的行业运营指标变动状况，构建了全方位的、综合性的产能过剩判断指标体系，包括产能利用率、经济效益评价指标体系和社会效益评价指标体系。同时通过构建产能利用率测度的生产前沿面分析模型，测算了中国工业行业 1998~2014 年的产能利用率，利用随机前沿面分析和数据包络分析两种方法进行相互验证，分析了中国工业行业产能利用率的变动趋势，得到我国工业行业存在严重产能过剩的结论，由 SFA 方法测度的样本期间中国工业行业整体产能利用率仅为 56.2%，DEA 方法测度的中国工业行业整体产能利用率为 64.3%，其中制造业产能利用率相对较高，采矿业和公共事业相对来说产能利用率较低，而且重工业的产能过剩情况比轻工业更严重，但在产能利用水平最低的 15 个行业中，轻工业仍然占 1/3，说明当前轻工业的产能过剩情况也不容忽视，与此同时还根据各行业的产能利用率结果初步认定了产能利用率较低、可能存在较高程度产能过剩的一些行业。最后通过构建的产能过剩判断指标体系对工业行业整体和这些特定行业的运营指标变动情况进行了系统的分析，证实了我国工业行业自 1998 年以后发生过三次大规模的产能过剩，其中 2008 年至今的产能过剩影响最为广泛、程度最深，目前我国工业行业的产能过剩主要以部分重工业行业为代表的重化工业全局性产能过剩为主，光伏、风电、新能源等新兴产业也出现了较高程度的产能过剩，造纸和纸制品业，化学纤维制造业，纺织业，纺织服装、鞋、帽制造业和皮革、毛皮、羽毛及其制品和制鞋业等部分轻工业也存在不同程度的产能过剩，由于国内外需求紧缩，2011 年以来我国绝大多数工业行业都面临着艰巨的去库存、止亏损、淘汰落后产能、调结构、稳增长的任务，当前我国的产能过剩已从局部行业过剩、短期性的过剩转变成为全局性的、长期性的过剩，大规模的产能过剩导致资源浪费严重，资源配置效率较低，产业结构调整缓慢、滞后，是当前阻碍经济发展的主要障碍，化解产能过剩矛盾成为当前和未来一段时期内的推进产业结构调整、转变经济发展方式的重点任务。

第4章　要素价格扭曲对产能过剩影响的理论分析与实证检验

　　生产要素是进行物质资料生产所必需的经济资源，是企业生产投入的基础。根据新古典经济理论，生产要素主要通过商品的形式进入市场流通和配置，在完全竞争市场中，要素价格由生产要素的市场供求情况决定，企业会根据要素边际产出价值等于边际成本的原则决定要素投入量，在这种情况下，要素价格可以反映生产要素的相对稀缺程度、动态变化和真实成本价值，能够引导资源合理、有效配置，实现市场供需均衡的帕累托最优，而在不完善的市场经济环境下，要素价格会受到市场分割、垄断势力、个体歧视和政府干预等因素的影响而不能准确反映生产要素的相对富裕程度，要素实际价格偏离了要素的边际产出价值，形成要素价格扭曲。要素价格的扭曲必然会误导企业要素投入决策和进入退出决策，进而对产业结构、市场供求状况产生不利影响，导致市场供需失衡，而产能过剩本质上即是市场供求结构性失衡的具体表现，因此，要素价格扭曲对我国工业产能过剩的形成有重要影响。为了理顺要素价格扭曲与产能过剩的关系问题，本章通过理论分析认为，要素价格扭曲会对企业市场决策行为形成扭曲的激励，导致企业过度投资、过度进入和退出障碍，从而导致了大规模的产能过剩，并在此基础上通过实证检验为要素价格扭曲导致产能过剩的研究结论提供了经验证据支持。

4.1　要素市场价格扭曲的表现形式

4.1.1　资本市场价格扭曲

改革开放以前，为了优先发展重工业，政府人为地压低资本价格、扭曲资本市场体制，导致中国资本市场严重扭曲；改革开放以后，转型时期的渐进式改革方式导致市场化改革不对称，要素市场的市场化进程滞后，尤其是金融市场化改革滞后，资本项目管制严重，资本要素价格和配置受到政府干预的影响，资本市场存在着扭曲现象，据黄益平和陶坤玉（2011）的估算，我国资本价格扭曲形成的生产者补贴占整体补贴的40%，资本价格扭曲在要素市场扭曲中尤为严重。现阶段，资本价格扭曲主要表现为金融抑制和人民币币值的低估，其中金融抑制又主要表现为利率市场化程度不高、政府干预银行信贷决策、银行信贷歧视和投融资体制不健全。

1. 利率市场化程度不高

一般来说，资本要素的价格就是利率，通常采用一年期的贷款利率作为资本要素的价格。在完善的资本市场中，资本的价格即利率由市场供求决定，即利率市场化。然而，我国的利率市场化进程缓慢且市场化程度不高，改革开放以前利率被人为压低以支持重工业发展，改革开放以后，我国的存贷款基准利率由央行决定，商业银行可以根据实际情况在基准利率一定幅度内上下浮动，利率具有一定的弹性，但仍然受到政府管制，利率市场化没有实质性的突破，黄益平（2013）的研究指出，当前中国的金融市场化进程相对缓慢，但总体的金融扭曲程度在不断下降，金融自由化改革大概走了50%多一点的路程。政府对利率实行管制有以下作用：一方面，央行控制着存、贷款利率上下限，可以维持一定的存贷利差，既能够使商业银行获利，支持商业银行继续进行改革，又会因为资本使用成本较低，吸引企业大量使用资本，扩大投资，拉动经济发展；另一方面，低利率政策有利于阻止热钱的流入，可以避免大规模的投机性资本流入中国。然而，这种压低利率来维持经济稳定和发展的做法，实际上相当于对居民储蓄进行征税，损害了居民的福利。同时，由于利率不由市场供求决定，而是作为一项服务于发展需要的政策性工具，利率作为资本价格的信号作用无法发挥，不能反映资本要素的相对稀缺程度，无法发挥调节国民经济发展的作用。直到 2013 年 7 月，中国人民银行全面放开金融机构贷款利率管制，2015 年相继放开了一年期以上定期存款利率浮动上限和商业银行及农村合作金融机构的存款利率浮动上限，中国的利率市场化进程前进了一大步。

2. 银行信贷歧视

由于我国的资本市场建设起步较晚，资本市场融资体制不健全，金融创新缓慢，金融产品和服务滞后于经济发展需要，以商业银行信贷为主的间接融资成为企业主要的融资渠道，股票和债券等直接融资规模较小。然而，当前我国的商业银行信贷歧视问题严重：首先，由于央行主要通过地方分支机构进行存款再分配，地方分行和国有商业银行掌握着一定的配置金融资源的权利，在中央政府放弃一部分金融资源配置权的同时，地方政府承接了大部分干预金融资源配置的权利，而且地方分行和地方商业银行往往与地方政府关系密切，在银行预算软约束体制下，地方政府为了发展地方经济、扶持重点企业、招商引资等目的，会很大程度地干预银行信贷决策，由于国有企业主要负责人一般由政府任命，与地方政府关系密切，金融资源更多地流入了本地的国有企业，再加上长期以来政府对国有企业的"父爱主义"倾向（科尔奈，1986），国有经济比非国有经济更容易获得信贷支持，银行信贷存在明显的所有制歧视问题。其次，由于中小型企业的发展前景不明朗，成本高、风险高、收益低，中小企业的风险承担能力较弱，缺乏足够的资产担保，再加上中小企业信用体系不完善、信用评级较低、信用公开程度低，商业银行更倾向于为大中型企业提供信贷支持，银行信贷存在规模歧视（刘西顺，2006）。根据卢峰和姚洋（2004）的研究，中小企业的贷款利率比官方利率高 10% ~ 50%；最后，银行信贷存在明显的行业歧视，由于受到地方政府干预和银行自身利润的影响，银行更倾向于为盈利能力强、吸收就业能力强、发展速度快、利于拉动地方经济增长的行业提供信贷支持。

3. 投融资体制不健全

自"分灶吃饭"的财税分权改革以来，地方经济分割现象越发严重，资本在地区间的流动也受到影响。主要表现为：第一，为了发展地方经济、解决就业、增加财政收入、获得政治晋升机会，地方政府往往会将优质企业的投资限制在本地，企业跨区域间的投资行为受政府干预较多；第二，地方政府为了发展地方经济有强烈的动机为本地企业最大限度地争取贷款，这使得区域间融资规模较小，资本要素的流动和再配置违背了效率原则，具有显著的地方条块分割特征；第三，我国资本市场体制和监管体制不健全，直接融资规模较小，金融产品和服务创新滞后，导致占企业数量绝大多数的中小企业融资渠道狭窄，融资困难。我国不健全的投融资体制使得资本要素不能自由流动，企业获取资本要素的成本存在很大差异，导致资本要素价格存在不同程度的扭曲。

4.1.2　劳动市场价格扭曲

国内学者对劳动市场价格扭曲的研究表明，一方面，改革开放以前，我国有选择地在部分地区优先发展资本密集型重工业的战略选择，抑制了整个社会的劳动需求，从而导致社会平均的劳动均衡价格下降（林毅夫、刘培林，2003；陈斌开、林毅夫，2013）；另一方面，在重工业优先发展战略衍生的城市倾向政策和城乡二元经济体制下，户籍制度、城市居民利益诉求、就业准入歧视、就业政策、公共服务歧视、社会保障制度不健全和社会福利歧视等因素的存在，导致我国劳动力市场分割严重，阻碍了劳动力在城乡间、区域间、行业间自由流动，城乡间、区域间、行业间的工资水平存在差异，造成了劳动力价格扭曲（孙宁华等，2009）。我国劳动力市场价格扭曲主要表现为劳动力绝对收入水平增长速度滞后于经济增长速度；城乡劳动市场分割、城市内部劳动市场分离、区域间市场分割和各种形式的就业歧视，导致城乡间、行业间、地区间和所有制间的劳动力相对收入水平存在显著差异。

1. 城乡劳动力价格扭曲

大量的经验研究表明，城乡收入差距是我国收入分配不平等的主要根源（林毅夫、刘明兴，2003），尤其是 20 世纪 90 年代以来，中国的城乡收入差距在不断扩大（陈斌开等，2010）。城乡劳动力价格扭曲主要表现在以下几个方面：第一，在城乡二元经济体制下，在 1982 年以前，我国实行严格的城乡户籍制度，禁止农村劳动力进入城市，城乡间劳动力无法自由流动，城乡劳动力价格扭曲严重，1982 年以后，限制农村劳动力自由流动的户籍制度障碍在一定程度上有所放松，劳动力流动相对容易，缓解了城乡劳动力市场价格扭曲状况（冼国明、徐清，2013），但户籍制度的存在仍然使得劳动力市场分割严重，农村劳动力向城市流动还存在着很多制度性障碍，如农村劳动力跨区域流动需要得到迁出、迁入的地方政府批准，农村劳动力进入城市需要获得城市暂住人口证明等，而且劳动就业制度也对农村劳动力有排他性，比如地方政府为了保证城市居民的就业率出台政策限制农村剩余劳动力流动，实行就业歧视政策，采取奖惩措施鼓励雇佣本地城市劳动力，这些制度性障碍使得城乡间仍然存在严重的劳动力价格扭曲。第二，由于城乡间产业发展侧重点不同，生产方式、产业结构、技术选择、人力资本水平等方面存在差异，城乡经济发展阶段不一致，城市劳动生产率普遍较高，从而城市劳动力收入水平普遍高于农村劳动力（孙宁华等，2009），而且随着工业化和城镇化的推进，城乡收入差距有扩大的趋势，与此同时，在城市内部，大规模农村劳动力流入城市，供给严重超过需求，进入了劳动力无限供给时代，农村劳动力工资处于较低水平，导致城市内部的城市劳动力和农村劳动力的收入差距也不断扩大。第三，劳动力市场分割导致的教育、医疗、住房、养老保险等社会保障和社会福利制度存在严重的歧视现象，提高了进城务工的农村劳动力的生活成本，城市居民享受的社会福利相当于隐性收入，城乡居民的实际报酬存在明显的差异。根据国家统计局数据计算可以得到，我国城乡收入差距自 1990 年以来整体呈逐年上升趋势，1990 年城乡收入差距为 2.2 倍，2007 年和 2009 年最高为 3.33 倍，2009 年之后的城乡收入差距开始下降，2012 年为 3.1 倍。

2. 行业间、地区间和不同所有制的劳动力价格扭曲

首先，我国劳动力市场存在同工不同酬的行业间劳动力价格扭曲现象，而且呈扩大趋势，我国行业间收入差距从 1990 年的 0.067 上升到

2008 年的 0.181，上升了近 2 倍（武鹏，2011）。行业间劳动价格扭曲主要表现为竞争行业的工资水平较低，行政垄断、自然垄断和市场垄断性较强的行业的工资水平较高，据相关研究估算，垄断行业平均工资比全国平均水平高 30%，比非垄断行业高 2 倍（王必锋，2013；聂海峰、岳希明，2016），2003~2010 年，垄断行业中最低平均工资是竞争行业中最高平均工资的 1.54 倍，而垄断行业最高工资水平是竞争行业最低工资水平的 5.5 倍（余东华、牟晓倩，2013），我国行业间劳动价格扭曲现象严重。其次，由于物质资本、人力资本、自然资源、政府政策、工业化水平和城镇化水平的差异，我国地区间居民收入差距自 1985 年以后呈阶梯状上升趋势，2008 年中、西部人均 GDP 只占东部的 45% 和 41%，2010 年后收入差距有缩小的趋势，西部地区居民收入差距大于东部和中部地区（张文武、梁琦，2011；高连水，2011），经济发达省份与经济落后省份的收入差距也呈扩大趋势，2008 年中国人均收入最高五个省份的人均收入是人均收入最低五个省份的 3.24 倍（林江、张佐敏，2013）。最后，劳动力工资存在着所有制差异，外资单位工资水平最高，2014 年外资单位工资水平为全国平均工资的 1.4 倍，其次是城镇国有单位工资水平是全国平均水平的 1.25 倍，城镇集体单位的工资水平最低，低于全国平均水平，不同所有制经济存在显著的收入差距。

3. 劳动力市场价格扭曲的其他表现

随着放权让利改革和财政分权体制的施行，在普遍存在市场分割的情况下，为了在区域间竞争中取得领先地位，发展地方经济，地方政府会采取地方保护的形式保护本地企业，长期漠视企业侵犯农民工和普通打工者权益的行为，默许企业利用其在劳动力要素市场的强势地位支付低于市场水平的工资（张杰等，2011a，2011b；冼国明、徐清，2013），使得我国劳动力价格长期低于市场正常水平。劳动价格扭曲还受到劳动供给方和需求方谈判能力的影响，而我国人口基数大，劳动力供给充足，一方面劳动市场呈现出民工荒和用工潮并存的现象，表明我国存在结构性失业，一定程度上扩大了城乡居民收入差距，另一方面我国工会力量薄弱，企业在工资谈判中占据优势地位，劳动供给方在劳资纠纷中处于弱势地位，无法获得工会支持，导致我国劳动力价格被低估，劳动价格存在扭曲。与此同时，我国劳动力供给结构与产业结构之间存在失衡现象，劳动力供给者在不同行业的议价能力存在差异，这也使得我国劳动价格低估现象在不同行业具有结构性的差异。

4.1.3 土地市场价格扭曲

土地资源既是经济活动的载体，又是重要的生产要素，尤其是在我国人口众多的基本国情下，土地资源相对稀缺。改革开放以前，我国实行行政划拨的土地配置制度，禁止土地转让；改革开放以后，随着市场经济体制的确立和完善，我国逐渐建立起以出让、转让等市场化手段配置土地的制度。然而，当前我国的土地制度仍然存在着严重的缺陷，比如农村土地产权模糊、地方政府拥有土地资源管理权、土地流转及其监管制度不健全等，在财政收支矛盾不断激化和激烈的官员晋升竞争的压力下，地方政府为了增加财政收入、扩大招商引资规模、发展地方经济、获取政治晋升机会，一方面通过实行土地财政，压低土地征收价格，获取高额土地出让金，据估算，1999~2014年，政府土地出让收入从1999年的640亿元增长到2014年的4.3万亿元，年均增长率高达32.4%，土地出让收入占到了地方政府财政收入的56.5%（顾志鹏等，2016）；另一方面，压低工业用地价格吸引企业扩大投资。这些共同作用导致了土地的价格扭曲。

1. 土地管理体制不健全

由于我国实行的是城乡土地所有权二元分割体制，土地产权关系模糊，集体土地和国有土地、建设用地和农业用地分属不同的管理体制，土地管理体制不健全。首先，农村土地归集体所有，但由于"集体"和"集体所有"的产权概念没有得到明确界定，农村土地产权模糊，个人只享有土地的使用权，农村土地使用权的初次分配和再分配由地方基层组织决定，土地使用权无法流转和交易，农村土地产权关系模糊使得政府征地的随意性较高，甚至可能在土地使用者不知情的情况下直接进行土地征用和交易。其次，城市土地归国家所有，名义上由国土资源部和地方政府共同管理，然而由于中央政府赋予土地资源主管机构的权利不明确，实际上形成了一种中央政府和地方政府之间信息不对称的委托—代理关系，中央政府只通过土地利用规划、建设用地指标控制、土地审批制度和其他土地政策对地方进行约束，地方政府掌握着土地资源的实际管理权，而且土地转让收入及其他相关税费收入都被纳入了地方政府预算外收入，地方政府有较强的动机扭曲土地价格以提高财政收入。最后，在现行制度下，所有的建设用地必须使用国有土地，农村土地转为非农用地必须获得地方政府批准，由地方政府进行征收才能转化为国有土地，因此，地方政府实际上成为土地一级市场的垄断供给方，导致了土地价格扭曲。

2. 土地流转、征用导致价格扭曲

在市场完全情况下，土地价格由土地肥沃程度、土地区位和土地用途等土地性质决定，还受到土地市场供求情况、经济发展水平等因素的影响，不同性质的土地存在着级差地租。然而在我国不完善的市场经济体制下，地方政府掌握着土地资源的实际管理权，土地流转、征用的法律法规不健全，缺乏完善的土地产权交易市场，导致土地流转、征用过程中形成了土地价格扭曲现象。一方面，受限于农民自身的知识水平和不对称的市场信息，农村土地流转多限于熟人、亲戚之间，再加上无法掌握准确的土地市场行情信息，缺乏对土地价值合理的评估，土地流转价格较低，而且很多地方政府为了获取高额土地出让金增加财政收入，存在着大量政府压低土地流转价格的不规范行为，导致土地流转价格低于市场供求决定的价格水平，造成了土地流转过程中的价格扭曲；另一方面，由于地方政府垄断着土地的征用权和土地一级市场，农村土地的征收没有实现公平补偿，地方政府对农村土地的征收只按照土地原有用途的价值进行补偿，而没有考虑市场供求、土地性质和经济发展等因素，地方政府往往凭借其强势地位以较低价格征收土地，监督约束机制的不完善也使得地方政府的土地征收行为具有很大的随意性，农地征收存在严重的价格扭曲。

3. 土地定价扭曲

根据土地的用途可以将我国建设用地分为工业用地、商业服务和住宅用地、公益性和特殊用地，由于地方发展经济的需要，各地方政府倾向于根据土地用途采取不同出让方式的差异化定价策略，主要以协议出让、招拍挂出让和划拨的形式进行供应（江飞涛等，2012）。工业用地

方面，在投资驱动型经济发展模式下，第二产业的快速发展成为各级地方政府推动经济增长、解决就业、增加财政收入的主要任务，在资本要素相对稀缺的情况下，由于地区间面临着激烈的官员晋升竞争，处于土地资源垄断地位的地方政府往往通过非市场化协议出让的方式供给工业用地，压低土地供应价格，提供大量低价甚至零价的土地用于招商引资（曹建海，2004），这种定价方式没有引入竞争机制，导致工业用地价格远低于市场价格，工业用地价格扭曲现象严重。在商业服务和住宅用地的供给方面，政府主要采用招标、拍卖、挂牌的方式供应土地，因此商业服务和住宅用地的市场化程度较高，土地价格基本反映土地的市场供求情况，然而我国大部分城市用地来源于政府征收的农业用地，在征收过程中存在大量政府压低土地价格的现象，这导致政府在通过市场化手段提供商业服务和住宅用地时获得了大规模的级差地租，巨额的土地出让金收入成为地方政府预算外收入的主要来源，这使得各级地方政府有强烈的动机压低农地征收价格、抬高商业服务和住宅用地价格，导致农地征收价格扭曲，同时也助推了商业服务和住宅用地的价格虚高。

4.1.4 资源型要素和环境要素的价格扭曲

1. 能源价格扭曲

能源价格扭曲主要表现为：一方面，以煤炭、石油、天然气为代表的主要能源没有实现市场定价，能源价格长期由政府管制，实行政府定价或政府指导价，能源价格只反映资源开采成本，没有考虑开采过程中造成的环境污染和生态破坏等外部性成本，而且我国征收的资源税相对较低，现行的能源价格无法反映市场供求关系和能源的稀缺程度，能源价格长期偏低。另一方面，不同能源的市场化程度存在差异，导致能源间的比价不合理。国际通用的煤炭、石油、天然气比价大致为 1：1.5：1.35，而我国的能源比价则是 1：4：3，煤炭价格偏低，我国天然气与原油的比价为 0.4：1，而国际比价则为 1.05：1，我国的天然气价格偏低。从具体几种基础能源来看，煤炭资源的市场化程度较高，但其价格形成过程中也并未考虑环境和生态等外部成本，而且电煤价格并没有实现市场定价，考虑到发电成本和工业用电成本等，我国实行煤电联动政策，电力企业自行消化一部分由市场定价的电煤，另外一定比例的电煤价格通过政府相关部门主导的电煤供求双方签订煤炭购销合同协商形成；在电价方面，我国不同用途的电力价格不同，农业用电、工业用电和居民用电存在价格歧视，而且出于各级地方政府优先发展工业的需要，为了降低工业成本，工业用电价格明显偏低于市场价格；在石油价格方面，我国自 1998 年开始实现了国内原油价格与国际市场接轨，但成品油价格仍然由国家发改委制定指导价格；在天然气价格方面，我国实行"计划内天然气价格"和"自销天然气价格"的双轨制指导价体制，天然气价格并未实现由市场定价。我国能源市场存在不同程度的价格扭曲现象。

2. 水资源价格扭曲

在人口众多、水资源总量不足、水资源时空分布不均的基本国情下，我国的水资源短缺现象十分严峻，年均缺水量 536 亿平方米，是世界上 13 个人均水资源缺乏国家之一（王必锋，2013）。然而，面对着严峻的水资源短缺形势，我国的水资源定价方式不合理，供水价格主要由政府制定，水资源价格整体偏低，而且水资源费的征收标准尤其是地下水的征收标准较低，水资源费在水价中仅占较小的比例，导致水资源价格存在着严重的扭曲现象，无法反映水资源的市场价值和相对稀缺程度。为了合理配置水资源，体现水资源的市场供需情况，我国实行分行业的差异化定价政策，但这些水价政策大多流于形式，没有得到很好的执行，仍然存在大量高耗水行业以较低用水成本运行的现象。

3. 环境资源价格扭曲

由于环境产权具有公共品的特征，产权界定相对困难，很多环境资源的产权模糊，缺乏对环境产权的明确界定，环境要素的相关权利和义务无法落实到具体的市场主体上，即使存在产权但产权的实施成本较高，从而导致环境要素市场无法形成市场化运行机制，也不能进行有效的监管，而且虽然我国环境保护力度逐渐加强，环境保护法律法规逐步完善，但相对来说目前仍然缺乏系统完善的环保法律法规体系、产权优化制度和法律法规执行监督体制，对环境违法行为的法律责任要求不严，处罚力度较轻。在长期的粗放式经济发展方式下，我国的生态破坏和环境污染情况日益严重，企业产品价格没有反映环境成本，甚至处于信息优势地位的地方政府为了追求经济增长往往采取宽松的环保政策、允许企业污染环境。由于我国司法系统独立性差，居民的环境合法权益长期漠视，环境污染受害群众无法通过法律途径维护自身权益，企业的环境成本外部化严重，导致我国的环境价格扭曲。根据《中国环境经济核算研究报告2010（公众版）》，2010年我国的生态环境退化成本高达1.5万亿元，占国民生产总值的3.5%，其中环境退化成本占国民生产总值的2.51%，比2004年增长了近1.15倍，虚拟治理成本在2004～2010年增长了94.5%，生态破坏损失（森林、湿地、草地、矿产开采）占国民生产总值的1.01%，东部地区的环境退化成本占较大的比例，而西部地区的生态破坏损失较高①。

4.2　要素价格扭曲导致产能过剩的理论分析：企业决策的激励扭曲

4.2.1　产能过剩的直接诱因：过度投资、过度进入与退出障碍

1. 企业过度投资与产能过剩

导致产能过剩的原因有很多，包括经济周期性波动、企业策略性行为、市场失灵、体制扭曲、经济结构失衡等方面，但归结起来，企业过度投资是这些深层原因表现出来的导致产能过剩的最直接因素，企业的过度投资是形成产能过剩的微观基础，过度投资导致产能过剩已得到了学术界的一致认可（韩国高等，2011；王立国、鞠蕾，2012；黄健柏等，2015）。冯俏彬和贾康（2014）进一步认为产能过剩的本质实际上是企业投资过度。

（1）过度投资导致产能过剩的体制背景。过度投资导致的产能过剩有着其深刻的体制背景。一方面，我国的财政分权体制改革虽然赋予

---

① 王尔德. 2010年中国生态环境成本达1.5万亿 ［N］. 21世纪经济报道，2013 – 01 – 15.

了地方政府独立的经济利益和经济地位，将地方经济利益与地方经济发展挂钩，充分调动了地方政府发展经济的积极性，但与此同时，财政分权改革将财权不断上收、事权不断下放，使地方政府面临着财权事权不匹配、财政收支矛盾不断激化的问题；另一方面，在以经济建设为中心的背景下，我国实行以经济增长为主要考核指标的政绩考核体制和官员晋升体制，但这种锦标赛式的晋升机制具有零和博弈的特征，一人晋升就意味着降低了其他人的晋升机会，而且官员晋升意味着利益的扩大化，地方政府间面临着激烈的政治晋升竞争（周黎安，2004，2007）。我国特殊的制度安排将地方政府的政治经济利益与地区经济增长挂钩，受到晋升竞争激励的影响，地方政府间的经济竞争也出现了扭曲，地方政府往往盲目追求经济总量的快速增长，而投资扩张作为短期内实现经济增长的有效手段，各地方政府间纷纷利用掌握的行政权力通过地方保护、市场分割、提供各种优惠政策和补贴的方式展开了激烈的招商引资竞争，谋求投资的快速增长，忽视整体的经济社会效益。这种"诸侯割据"的竞次式竞争使得各地政府不甘人后，政府干预行为趋同，导致各地方经济发展自成体系，地区间产业分工失调，各地的产业投资一哄而上，产业同构现象严重，导致大规模的过度投资和低水平重复建设，形成了宏观层面的产能过剩（李江涛，2006；王立国、鞠蕾，2012）。与此同时，由于我国仍属于发展中国家，为了快速提升经济发展水平，形成了粗放型的投资拉动经济增长模式，地方政府和企业都把扩大投资作为推动经济发展的首选，存在严重的"投资饥渴症"，这促使我国的投资增长过快、投资规模偏大，一方面抑制了国内消费需求的提升，导致国内供需严重失调，另一方面企业缺乏创新动力，企业的创新能力差，进一步使经济增长更加依赖于投资，从而形成了产能过剩（张前程、杨光，2015；胡荣涛，2016）。

（2）过度投资导致产能过剩的微观基础。在我国市场经济体制尚不完善的背景下，普遍存在市场信息不对称、不完全的现象，企业无法观测到准确的市场信息，在面临不确定的市场需求变动的情况下，企业会存在系统的认知偏差，这种预期偏差会导致事后投资过高从而形成产能过剩（张新海、王楠，2009；卢锋，2011），例如，当经济处于上升时期，企业普遍对未来市场情况有良好的预期，会出现大规模集中投资现象，导致个别行业过度投资，形成过剩产能。林毅夫（2007）、林毅夫等（2010）还指出，我国尚处于发展中阶段，位于世界产业链的内部，出于对发达国家成功经验的认知，企业往往会在全社会范围内形成对技术成熟、产品市场完善、处于世界产业链内部的发展前景良好产业的投资共识，但是由于企业是在不完全投资信息情况下做出的决策，对行业中未来企业数量和供给总量无法充分了解，不能对未来的市场变化进行准确的判断，最终导致某些行业出现投资"潮涌现象"，形成了产能过剩。同时，为了应对市场变动的不确定性，企业会为了避免生产要素的调整成本而保持过剩产能（Fair，1969）；在不确定信息情况下，企业会维持一定程度的闲置产能作为一种可置信的进入壁垒阻止潜在进入企业的进入行为（Wenders，1971；Spence，1977），企业还会通过维持过剩的产能表现自身的实力，作为对合作企业的承诺策略，增强企业间的合作（植草益，2000）。这些微观企业过度投资行为会导致宏观层面的产能过剩。

我国企业扭曲的投资行为是导致产能过剩的微观基础。国有企业是产能过剩的"重灾区"。第一，国有企业性质使其具有产能扩张的内部激励，国有企业的多重委托代理关系使得其产权不明晰，同时又缺乏完善的内部投资约束机制，国有企业的管理者会存在为了自身利益而产生过度投资的道德风险，国有企业管理者同时也受政绩考核晋升体制的制约，这进一步强化了国有企业的过度投资风险（贺京同、何蕾，2016）；第二，国有企业由于其产权不明晰，企业的投资决策和运营会受到地方政府、经营管理者、外部市场因素的共同制约，表现出严重的扎堆投资、过度扩张、忽视风险的现象，导致个别行业过度投资、重复建设、产能过剩（王立国、农媛媛，2014）；第三，国有企业还承担着解决就业、增加税收、维护社会稳定等多重政治、社会任务，使得国有企业只有通过不断扩张规模才能完成既定的多重目标；第四，国有企业与政府之间具有天然的政治联系，内部成本和风险外部化严重，尤其是基于所有制的信贷扭曲则为国有企业的过度扩张提供了外部刺激，政府的经济刺激政策也进一步激励了国有企业的过度投资行为，加剧了产能过剩（马如静等，2007；李鑫，2008）。修宗峰和黄健柏（2013）对制造业上市公司过度投资和产能过剩关系的实证研究发现，国有企业的过度投资会明显导致企业产能利用率下降。

与此同时，在政府不科学、不合理的产业发展政策引导下的民营企业过度投资也在产能过剩的形成过程中起到了不容忽视的作用。周炼石（2007）指出，随着市场化改革的深入，市场经济体制不断完善，我国的非公有制经济得到了充分的发展，以民营资本为主的多种非公有制资本大规模涌入市场，大量进入以前国有经济垄断的高利润的钢铁、水泥、电解铝等行业，民营资本和外商资本的固定资产投资规模迅速增加，2003 年甚至达到了 70%，地方政府的推动更加剧了这种由于信息不对称导致的投资潮涌现象，从而导致了整个社会的过度投资，导致和加剧了产能过剩。而且由于我国全能型地方政府权力过大，在经济建设中发挥着主导作用，政府在宏观上充当着资源配置者的角色，这种非市场化的配置方式会造成企业间竞争的不公平，尤其是国有企业和民营企业间的资源可获得难度和获得的资源数量之间存在巨大差异，民营企业为了获得更多的资源和政策支持，会通过各种方式与地方政府建立政治联系：一方面，有政治关系的企业能够以较低的成本获得企业发展所需的要素资源，放松了民营企业的融资约束，企业管理者更容易产生过度投资的行为（梁莱歆、冯延超，2010；蔡卫星等，2011）；另一方面，这种政治关联使民营企业间接承担了地方政府发展经济、扩大就业、增加税收、维护社会稳定等多重任务，使民营企业经营目标偏离企业价值最大化，诱导民营企业进行过度投资，形成了大规模的过剩产能（王立国、鞠蕾，2012；赵岩、陈金龙，2014）。

2. 企业过度进入、退出障碍导致产能过剩

现代经济学的产业组织理论认为，企业进入退出是决定市场企业数量、规模经济、竞争情况和产能利用等市场结构和市场绩效的关键性因素，高效率企业进入、低效率企业退出是社会资源优化配置的表现。在完善的市场经济体制下，市场中不存在阻止企业进入和退出的障碍，企业可以自由进入、退出市场，因此，即使发生产能过剩，也能通过市场供求的调节效应和市场竞争机制，实现企业的优胜劣汰，恢复市场供求平衡，但在现实经济中，企业进入退出面临着多种障碍，从而使得市场失灵，造成企业的过度进入和退出不畅，导致产能过剩。

首先，市场信息不完全会导致企业过度进入，引发产能过剩。第一，在市场信息不完全的情况下，为了减少投资风险，企业会受到市场中其他企业的行为影响，导致盲目的跟随行为，尤其是中小型企业会跟

随大型企业的投资行为，这种"羊群效应"会造成大量企业集中进入某些行业，导致宏观层面的产能过度扩张；第二，在市场需求旺盛的情况下，整个社会形成对未来市场情况的良好预期，导致潜在进入企业大规模进入市场，但由于企业掌握的市场信息是不对称的，潜在进入企业的集中进入行为会导致事后的某些行业产能过剩；第三，由于我国目前处于世界产业链内部，企业容易对发展前景良好行业形成共识，导致企业的集中进入，但由于企业是在不完全信息情况下做出的决策，对行业中未来企业数量和供给总量无法充分了解，从而不能对未来的市场变化进行准确的判断，这种个体理性但集体非理性的大规模投资涌入会导致投资完成后产能过剩。

其次，在低进入壁垒、高退出壁垒的市场中，企业会过度进入但却无法有效退出，造成过度竞争，形成产能过剩。在产业组织理论的发展过程中，以贝恩（Bain，1956）为代表的哈佛学派就提出市场结构是决定市场绩效的主要影响因素，而市场集中度、产品差异性、进入退出壁垒等是决定市场结构最主要的因素，其中进入退出壁垒是影响市场中企业数量和规模分布的关键性因素。现代产业组织理论将进入和退出壁垒分成四种情况：高进入高退出、高进入低退出、低进入高退出和低进入低退出。从促进市场竞争的角度来看，最理想的状态就是高进入壁垒、低退出壁垒，可以保证行业内存活的是高效率企业，低效率企业可以随时退出市场，而较低的进入壁垒、较高的退出壁垒下，企业容易受到利益驱使大规模过度进入某些行业，而由于资产专用性、沉没成本等退出壁垒较高无法顺利退出市场，从而产生过度竞争、产能过剩。中国正是易进难出的市场结构。一方面，为了发展经济、解决就业、彰显政绩获取晋升机会等目的，地方政府会提供一系列的财政补贴、政策性优惠和地方保护政策吸引企业投资，使得市场进入壁垒降低，产生了促使企业过度进入的扭曲激励；另一方面，在企业面临亏损和破产时，地方政府为了保证就业、稳定财政收入来源和维护社会稳定等目的，银行为了减少不良贷款，都会极力阻止企业退出，企业自身的资产专用性、沉没成本等也较大程度地限制了其有效退出，同时我国目前社会保障体制不完善、企业退出法律机制不健全、资本市场的投融资体制存在缺陷都加剧了企业的退出障碍，使得企业无法有效退出，过剩的生产能力无法释放（曹建海，2001，2004）。国务院发展研究中心《进一步化解产能过剩的政策研究》课题组（2015）也支持进入壁垒低会导致企业过度进入的论断，并认为企业沉没成本、银行贷款、职工就业、兼并重组机制不健全等退出障碍阻碍了企业的有效退出。周其仁（2005）还认为在进入容易退出难的行业中，企业会存在过度自信的现象，都认为即使发生产能过剩也会是低效率企业而不是自己被淘汰，然而事实上却是新企业可以轻易进入而低效率企业难以退出，导致市场中企业数量过多，形成产能过剩。与此同时，由于我国各地方政府优先发展资本密集型的重化工业，重化工业在整个国民经济中所占比重较大，而重化工业具有资产专用性强、沉没成本大、产业链较长、合同解约成本高的特征，并且重工业退出市场会对银行信贷、地方就业和社会稳定、政府税收等产生巨大冲击，重工业的退出壁垒很高，导致企业难以退出市场，使得过多的企业留在市场中，造成过度竞争，产能过剩多发生在这些行业，同时也加大了产能过剩的化解难度（唐要家，2004）。

最后，企业过度进入和无法有效退出会降低市场集中度，导致过度竞争和产能过剩。在集中度较低的市场中，企业生产分散，无法实现规模经济，形成了资源的恶性竞争和浪费，普遍存在过度竞争和生产能力过剩的现象，而且低市场集中度也意味着较低的进入壁垒，导致企业过度进入。贝恩（Bain，1959）首次将低集中度行业中的产品供给过剩、生产能力过剩和企业经营绩效较差的现象称为过度竞争，他指出这种持续性产能过剩情况下的过度竞争是由于技术条件限制或历史事件影响所造成的供需调整缓慢导致，低市场集中度情况下新企业进入容易，但要素资源流动性较差，要素退出受到限制，企业过度进入而且退出受阻，从而形成了过剩产能（江飞涛、曹建海，2009）。鹤田俊正（1988）也指出在低集中度的市场结构中由于要素退出受限而存在着大量利润较低甚至亏损的企业无法退出市场。温斯顿（Winston，1971）通过实证研究证实了降低行业集中度能够提升产能利用率。崔永梅和王孟卓（2016）的研究也发现，兼并重组、提高行业集中度确实有利于提高产能利用率，而且行业集中度提升对重工业行业的产能利用率提高的促进效应最大。

4.2.2　要素价格扭曲与产能过剩：企业投资行为的激励扭曲

价格扭曲的低成本要素资源对企业的投资行为形成了实质性的补贴

效应（林毅夫，2014），大量的隐形投资补贴会形成企业正常经营活动之外的额外投资收益，当要素价格扭曲形成的投资补贴水平超过一定程度时，甚至会形成高额的投资补贴利润，理性的企业会在利润最大化的驱使下为了获取这种超额补贴利润而进行低效率投资，因此，要素价格扭曲使企业的投资决策偏离了真实市场价格机制下的投资行为，对企业形成了过度投资的扭曲激励，从而造成了大规模的产能过剩（耿强等，2011；江飞涛等，2012；张前荣，2013；韩文龙等，2016）。

本章借鉴江飞涛（2008）的研究，试图建立一个简单的模型解释要素价格扭曲下的企业过度投资行为和产能过剩的形成。在要素价格扭曲情况下，企业的投资收益由企业的销售收入和要素价格扭曲形成的补贴收入两部分构成，企业的生产经营成本由投资产能的固定成本和生产、销售产品的变动成本构成。在利润最大化的目标约束下，企业的投资决策行为可以表示为：

$$R(q) = r_p(q) + r_s(q)$$
$$C(q) = f(q) + c(q)$$
$$\pi(q) = R(q) - C(q) = r_p(q) + r_s(q) - f(q) - c(q)$$

其中，$R(q)$ 为总收入，$r_p(q)$ 为企业销售 q 数量产品时的销售收入，$r_s(q)$ 为企业投资 q 数量产能时由要素价格扭曲形成的投资补贴收入，在实际经济运行过程中，企业的产能投资规模越大，就越能获得更多的价格扭曲的低成本要素资源，从而企业实质上获得更高水平的投资补贴，因此，$r_s'(q) > 0$ 且 $r_s''(q) \geqslant 0$；$C(q)$ 是生产 q 数量产品时的总成本，$f(q)$ 是企业投资 q 数量产能时所需的固定成本，$c(q)$ 是企业生产和销售的变动成本，且 $C(0) = 0$，$f(0) = 0$。$\pi(q)$ 表示企业投资的净利润。假设在要素价格扭曲下，企业在产能 q_0 时实现利润最大化，则 q_0 满足以下条件：

$$\pi'(q_0) = r_p'(q_0) + r_s'(q_0) - f'(q_0) - c'(q_0) = 0, \quad \pi''(q_0) < 0 \qquad (4-1)$$

在不存在要素价格扭曲的情况时：

$$R(q) = r_p(q)$$
$$C(q) = f(q) + c(q)$$
$$\pi(q) = R(q) - C(q) = r_p(q) - f(q) - c(q)$$

在不存在要素价格扭曲的情况下，企业在产能 q^* 时实现利润最大化，q^* 满足利润最大化条件：

$$\pi'(q^*) = r'_p(q^*) - f'(q^*) - c'(q^*) = 0 \qquad (4-2)$$

且 $\qquad \pi''(q^*) = r''_p(q^*) - f''(q^*) - c''(q^*) < 0$

假设企业边际净收益是非增的,即 $r''_p(q) - f''(q) - c''(q) \leqslant 0$,这表示企业产品供给上升会导致产品价格下降,同时对要素的需求上升也会导致要素价格上升,随着产品数量的提高,企业边际成本是非减的。根据以上假设,在要素价格扭曲情况下企业产能为 q_0,在不存在要素价格扭曲情况下企业产能为 q^*,分别满足利润最大化条件式(4-1)和式(4-2),由式(4-1)可推出,$r'_p(q_0) - f'(q_0) - c'(q_0) = - r'_s(q_0) < 0$($r'_s(q) > 0$),结合式(4-2)可得,$r'_p(q_0) - f'(q_0) - c'(q_0) < r'_p(q^*) - f'(q^*) - c'(q^*)$,又因为 $r''_p(q) - f''(q) - c''(q) \leqslant 0$,因此,$q_0 > q^*$,即要素价格扭曲情况下企业产能投资规模明显大于不存在要素价格扭曲时的企业产能投资规模,要素价格扭曲对企业的投资补贴效应形成了过度投资的扭曲激励。下面通过图形对这一结论加以解释。

在图 4-1 中,MR^* 是不存在要素价格扭曲的边际收益曲线,企业获得了政府提供的价格扭曲的要素资源实际上就是企业获得了投资补贴,企业的边际收益曲线会向右移动,MR_0 是要素价格扭曲情况下企业能够获取隐性投资补贴后的边际收益曲线,MC 是企业的边际成本曲线。在利润最大化的目标约束下,q^* 为不存在要素价格扭曲时的企业产能投资规模,q_0 为存在要素价格扭曲情况下的企业产能投资规模。从图中可以明显发现,要素价格扭曲情况下的企业产能投资规模显著大于不存在要素价格扭曲时的企业产能投资规模。

111

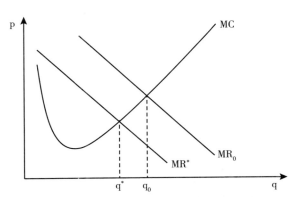

图4-1 要素价格扭曲前后企业产能投资规模对比分析

资料来源:笔者绘制。

而且，要素价格扭曲程度越高，对企业投资的补贴效应越大，从而企业产能投资规模也会越大。为了验证这一论断，假设存在两种不同程度的要素价格扭曲，$r_s^{1'}(q) = a$，$r_s^{2'}(q) = b$，a、b 为常数，a > b，即第一种情况下的要素价格扭曲程度高于第二种情况，从而第一种情况下的投资补贴水平大于第二种情况的投资补贴水平。假设在第一种要素价格扭曲情况下企业产能投资规模为 q_1，第二种情况下企业产能投资规模为 q_2，则两种要素价格扭曲情况下的产能投资规模分别满足以下条件：

$$r_p'(q_1) + a - f'(q_1) - c'(q_1) = 0 \qquad (4-3)$$
$$r_p'(q_2) + b - f'(q_2) - c'(q_2) = 0 \qquad (4-4)$$

两式相减可得：

$$r_p'(q_1) - f'(q_1) - c'(q_1) - [r_p'(q_2) - f'(q_2) - c'(q_2)] = b - a < 0$$

又因为 $r_p''(q) - f''(q) - c''(q) \leqslant 0$，因此 $q_1 > q_2$，即要素价格扭曲程度越高，企业的产能投资水平就越高，要素价格扭曲对企业形成了过度投资的扭曲激励。

从宏观层面来看，在要素价格扭曲的情况下，整个经济社会的投资将会偏离正常水平，投资水平过快增长。如图 4-2 所示，横轴表示经济社会投资规模或国民储蓄，纵轴表示实际利率，国民储蓄取决于经济社会的潜在产出水平和其他外生因素，因此储蓄曲线垂直于横轴，社会投资曲线向右下方倾斜，社会投资水平由实际利率决定，随着利率的下降，整个经济社会的投资需求增加。当实际利率水平为 r^* 时，投资等于储蓄，资本市场实现供给和需求的均衡，而在我国利率长期负向扭曲的情况下，利率水平 r' 低于均衡利率 r^*，从而刺激经济社会投资扩张。与此同时，要素价格扭曲实际上使企业获得了"经济租"，提高了资本的边际生产率，从而刺激企业增加资本投入，进行投资扩张，而且资本价格负向扭曲也会使企业更多地选择增加资本投入，导致经济社会过度投资。另外，由于实际利率低于均衡利率从而使国内资本供不应求，形成了资金缺口，这部分资金缺口需要通过吸引国际投资弥补，在我国要素价格扭曲降低投资成本和风险同时形成投资补贴的情况下，国外资本的大规模涌入进一步加剧了国内的过度投资。

要素价格是企业投资决策的重要参考标准，扭曲的要素价格实际上形成了对企业的补贴效应，降低了企业投资成本，扭曲了企业成本结构和供给意愿，诱导企业过度投资，甚至导致企业投资原本无利可图的项目，使得整个经济社会形成了大规模的过剩产能。

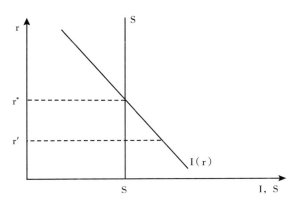

图 4 - 2　要素价格扭曲与经济社会过度投资

资料来源：笔者绘制。

4.2.3　要素价格扭曲与产能过剩：企业进入退出的激励扭曲

1. 要素价格扭曲与企业过度进入

要素价格扭曲对企业的进入行为存在激励扭曲，诱使企业过度进入市场。第一，对于潜在进入企业来说，企业进入政府政策支持的行业，能够获取价格扭曲的低成本要素资源，降低了企业自有投资资金比率，使企业的进入成本和进入风险外部化，要素价格扭曲降低了市场中的进入壁垒，更容易引发过度进入的风险。第二，在要素价格扭曲的情况下，企业进入产业政策鼓励发展的行业可以获得价格扭曲的低成本要素资源形成的隐性补贴收益，增强了企业的进入意愿，会导致大规模企业过度进入同一产业，从而容易引发产能过剩。第三，要素价格扭曲程度越高，对企业的隐性补贴效应也越强，当要素价格扭曲形成的补贴收益效应较强时，会导致企业为了获取要素价格扭曲带来的补贴收益而进入市场的套利行为，使得企业过度进入。事实上，很多企业进入市场获得价格扭曲的低成本要素资源后，并没有继续进行生产活动，形成了大规模的产能闲置。第四，当要素价格扭曲形成的补贴效应足够强时，甚至会诱导大量企业进入已经存在产能过剩的行业，这是因为企业进入市场后即使面临亏损，关键性要素价格扭曲形成的补贴收入巨大足以弥补产能投资的浪费和亏损，甚至这种补贴收入能够给企业带来一定的预期超额收益，从而诱导潜在进入企业普遍做出进入市场的决策，引发行业的过度进入。例如在土地资源日益稀缺的情况下，土地的经济价值和资本价值越来越大，土地要素作为企业前期投入的重要组成部分，在土地价格扭曲情况下，企业能够以低于市场价格的成本获得土地，大幅度降低了企业进入的投资成本，企业还可以将土地作为抵押获取银行的低息信贷资源，降低企业自有资金投资率，使经营成本和风险外部化，在项目运营过程中或结束后，还可以高于获取成本的市场价格转让，获得土地转让收入，巨额的中间差价形成了对企业的补贴，而且企业进入市场时投资规模越大补贴收益越高，这些都吸引企业为获取巨额投资补贴而过度进入，甚至一些已经亏损的行业出现大量企业持续进入的现象。企业的过度进入导致并加剧了市场中的产能过剩。

下面通过图形分析在存在要素价格扭曲的情况下，市场的过度进入现象。如图 4 - 3 所示，假设在完全竞争市场中，企业是产品价格接受者，市场均衡时企业产品价格等于平均成本，同时假设企业进入市场的投资成本固定不变，则企业在做市场进入决策时只需要考虑进入市场后的收益情况，在不存在要素价格扭曲时，企业进入市场面临着市场化的要素价格，不存在进入的补贴收入，市场需求曲线 D 即为行业的平均收益曲线，在市场处于均衡状态时企业的产品价格等于生产的平均成本，产品市场中的企业利润为零，在图中，不存在要素价格扭曲时，行业产品供给的均衡数量为 Q^*，产品均衡价格为 p^*。当该行业属于政府政策扶持、优先发展的行业时，企业进入该行业可以获得大量的价格扭曲的低成本要素，这相当于对企业进入市场的投资补贴，从而行业的平均收益曲线会向上移动，假设 AR 曲线为存在要素价格扭曲时的行业平均收益曲线，行业内企业的平均收益大于平均成本时，该行业内的企业可以获得由要素价格扭曲形成的超额利润，从而吸引潜在企业进入市场，直到行业的平均收益等于平均成本，在图中表现为要素价格扭曲下行业的产能为 Q'，因此，存在要素价格扭曲时的行业产能大于不存在要素价格扭曲时的行业产能，低成本要素资源形成的补贴收益会导致企业过度进入，从而引发了产能过剩。

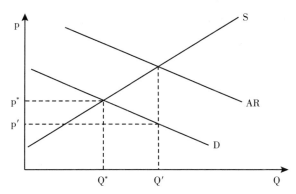

图 4 – 3　要素价格扭曲与市场过度进入

资料来源：笔者绘制。

图 4 – 4 还可以说明在存在要素价格扭曲时，企业还会继续进入产能过剩行业，形成过度进入。在图中，不存在要素价格扭曲对企业的投资补贴时，行业的市场均衡产能为 Q^*，产能过剩行业即产品供给大于需求的行业，因此产能过剩行业的边际收益曲线为 Q^* 右侧边际收益曲线 MR_0 小于边际成本曲线 MC 的虚线部分，边际收益小于边际成本，此时潜在进入企业进入市场将会亏损，因此理性的企业不会选择进入市场。但在要素价格扭曲程度很高的情况下，要素价格扭曲程度越高意味着对企业的隐性补贴收益越高，使得行业的边际收益曲线向上移动到 MR_1，此时虽然该行业的产能已经过剩，但企业进入仍然有利可图，直

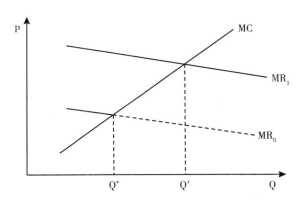

图 4 – 4　要素价格扭曲与产能过剩行业过度进入

资料来源：笔者绘制。

到实现新的均衡，产能继续扩张到 Q'，要素价格扭曲激励企业进入已经过剩的行业进一步加剧了产能过剩程度。

2. 要素价格扭曲与企业退出障碍

要素价格扭曲形成并抬高了企业的退出壁垒，阻止企业自由、有效退出市场。第一，由于企业退出关系到地方经济发展和社会稳定，尤其是对本地经济增长、就业和财政收入贡献较大的企业出现债务危机，面临亏损甚至破产倒闭的风险时，一方面企业能够获得政府提供的直接财政补贴维持生存，另一方面地方政府会默许企业拖欠贷款、逃废债等行为，甚至会通过干预商业银行的信贷政策为亏损企业提供低成本贷款，帮助企业获取展期贷款，鼓励企业通过这些方式获取更多的金融资源。资本价格扭曲使企业能够获得低成本的资本要素资源，提高了市场的退出壁垒，阻碍了亏损、低效的企业有效退出市场，导致市场内积累了大规模的低水平过剩产能。例如，江西省赛维 LDK 在面临高达 27.6 亿美元的巨额债务时，考虑到其对江西省战略性新兴产业发展战略的重要性，江西省各级政府通过提供价格扭曲的资本要素维持生存，阻止其退出市场，其中南昌市政府利用财政拨款为其垫付本地分公司劳动报酬，新余市政府通过财政担保为其提供了 5 亿元的融资资金支持，江西省政府甚至为其提供了 20 亿元基金缓解企业债务危机，还提供了 20 亿元的生产性资金授信支持。这种直接提供财政补贴的方式实质上是扭曲了资本的成本价格，降低了企业的资本使用成本，这时的资本成本甚至为零，使得亏损企业得以在市场中存活，阻止了企业的有效退出。第二，由于我国的商业银行并不为存款安全负责，也不必承担贷款风险，银行预算约束实际上是软的，而且中央政府的多次救助行为和各种政策保护也默认了这种预算软约束，同时债权银行出于呆坏账、不良资产的考虑，会为亏损企业继续提供信贷支持阻止其破产倒闭，资本价格扭曲使得低效企业无法有效退出，形成了大量的"僵尸企业"，加剧了市场中的产能过剩（王立国、高越青，2014；张栋等，2016）。第三，要素价格扭曲情况下，企业进入市场还会获得配套的土地资源、矿产资源开采权等，在土地和矿产资源稀缺性日益提高的情况下，企业在面临亏损、破产倒闭时，可以继续利用掌握的土地资源和矿产资源作为抵押，继续获取银行的低成本信贷支持，维持企业低效运营，形成了企业退出障碍。

多种形式的要素价格扭曲为面临亏损或破产倒闭的企业提供了维持其生存的低成本金融资源，在这种情况下，要素价格扭曲相当于给企业设置了非市场性的退出壁垒，形成了企业的退出障碍，阻碍了企业的有效退出。与此同时，除了劳动要素以外，土地、能源、矿产等其他形式的要素价格扭曲实质上体现在降低了企业的资本成本（林毅夫、苏剑，2007），形成了资本相对劳动的价格扭曲，从而使得整个经济社会选择资本偏向型技术进步，更多地投入资本要素，推动了我国资本密集型的重化工业的快速发展，提高了我国重化工业在国民经济中所占的比重，而重化工业具有沉没成本高、资产专用性强的行业特征，这使得重化工业在面临亏损或破产倒闭的风险时，能够获取价格扭曲的要素资源维持生存、不退出市场，要素价格扭曲推动形成的国民经济中较高比重的重化工业自身行业特征也变相提高了市场的退出壁垒，提高了整个经济社会的退出障碍。而且，要素价格扭曲导致市场无法发挥正常的竞争淘汰机制，使得落后产能仍然有利可图，长期以来淘而不汰。

4.3 要素价格扭曲的测度及分析

4.3.1 要素价格扭曲测度的模型、变量与数据

考虑到研究的可操作性，同时限于要素投入和要素价格的数据可获得性，本章以资本、劳动和能源三种要素为例，对我国要素价格扭曲进行测度。为了得到较为稳健的估计结果和较小偏差的要素边际产出，本章参考盛仕斌和徐海（1999）、谢和克莱诺（Hsieh and Klenow，2009）、施炳展和冼国明（2012）及李平等（2014）的做法，采用柯布—道格拉斯（Cobb – Douglas）形式生产函数测度要素价格扭曲，首先通过估计包含资本、劳动和能源三要素的生产函数 $Y = AK^{\beta_K}L^{\beta_L}E^{\beta_E}$ 得到生产要素投入的边际产出，β_K、β_L、β_E 为要素的产出弹性系数，则资本、劳动和能源的边际产出分别为：

$$MP_K = \beta_K Y/K, \quad MP_L = \beta_L Y/L, \quad MP_E = \beta_E Y/E \qquad (4-5)$$

在资本价格 r、劳动价格 w 和能源价格 e 已知的情况下，根据要素

价格扭曲的定义可以得到要素价格扭曲，表示为：

$$\text{distk} = MP_K/r, \quad \text{distl} = MP_L/w, \quad \text{diste} = MP_E/e \qquad (4-6)$$

$$\text{dist} = \text{distk}^{\frac{\beta_K}{\beta_K+\beta_L+\beta_E}} \text{distl}^{\frac{\beta_L}{\beta_K+\beta_L+\beta_E}} \text{diste}^{\frac{\beta_E}{\beta_K+\beta_L+\beta_E}} \qquad (4-7)$$

其中，distk、distl、diste 和 dist 分别表示资本价格扭曲、劳动价格扭曲、能源价格扭曲和总价格扭曲。在具体的生产函数设定方面，由于能源投入在工业行业生产活动中发挥着重要作用，本章构建了包含资本投入、劳动投入和能源投入的三要素柯布—道格拉斯生产函数，并在模型中加入了时间趋势变量，由时间趋势变量和常数项共同获取全要素生产率对产出变化的贡献，具体形式如下：

$$\ln Y_{i,t} = \beta_0 + \beta_K \ln K_{i,t} + \beta_L \ln L_{i,t} + \beta_E \ln E_{i,t} + \beta_t t + \varepsilon_{i,t} \qquad (4-8)$$

其中，模型中的 $\ln Y_{i,t}$ 为被解释变量，是各行业的产出对数值；$\ln K_{i,t}$、$\ln L_{i,t}$ 和 $\ln E_{i,t}$ 分别表示资本投入、劳动投入和能源投入的对数值。模型所需数据部分来源于第 3 章经过整理的 1998～2014 年 36 个工业行业的相关数据，由于包含具有中间投入品性质的能源投入，因此行业产出采用工业总产值衡量，资本投入采用各行业的固定资产净值衡量，劳动投入采用各行业的全部从业人员年平均人数衡量，能源投入采用各行业的能源消费总量衡量，工业总产值和固定资产净值分别用工业生产者出厂价格指数和固定资产投资价格指数平减为以 1998 年为基期的不变价格，数据主要来源于《中国工业经济统计年鉴》和《中国统计年鉴》。

资本价格。资本要素没有直接的价格数据，其度量方法很多，谢和克莱诺（Hsieh and Klenow，2009）直接将资本价格定为 0.1，但实际上银行间在基准利率的基础上存在浮动比例的差异，直接设定固定利率的做法与现实不符，盛仕斌和徐海（1999）采用企业利息支出与负债总额的比值作为企业面临的资本价格，施炳展和冼国明（2012）将利息支出与负债总额比值大于 0.05 时的值直接作为资本价格，当比值小于 0.05 时采用实际的银行贷款利率作为资本价格。然而，经过计算各工业行业年度利息支出与负债总额的比值能够发现，绝大多数工业行业的资本价格小于 0.05，而根据各年度《中国人民银行年报》中的贷款利率数据显示，1998～2014 年的法定贷款利率一般都在 0.05 以上，因此借鉴白俊红和卞元超（2016）的做法，采用中国人民银行公布的六个月到一年期的贷款利率作为资本价格的替代指标，由于央行会根据经济运行情况调整基准利率水平，一年中存在多个利率执行时间，按照利率执行时间占全年天数的比例加权平均得到年度平均利率。

劳动价格。选取各工业行业的城镇单位就业人员平均工资衡量，并用居民消费价格指数平减为以 1998 年为基期的不变价格，数据来源于《中国劳动统计年鉴》。

能源价格。由于能源价格数据无法直接获取，间接的测算方法众多，韩国高等（2011）利用燃料、动力类购进价格指数作为替代变量；夏晓华和李进一（2012）、夏茂森等（2013）采用能源工业投资与能源消费量的比值表示能源价格；陶小马等（2009）、冷艳丽和杜思正（2016）利用煤炭、石油和电力占能源消费总量的比例为权重，通过对 2003 年三种能源价格加权得到综合的能源价格，继而利用燃料、动力购进价格指数推算出其他年份数据，王希（2012）、林雪和林可全（2015）也是采用的加权法，但只用了煤炭、石油、电力三种能源。上述几种估算方法都存在一定的缺陷，计算过程中会存在一定的偏差。根据工业行业主要使用的能源种类，限于数据的完整性和可得性，本章选取了煤炭、焦炭、原油、汽油、柴油、燃料油、天然气和电力等八种能源的消费量数据和价格数据，首先利用标准煤折算系数将各种能源消费量折算成标准量，计算各种能源的消费比例，八种能源的价格数据主要来源于历年的《中国物价年鉴》《中国煤炭工业年鉴》，其中 2005 年后的燃料油价格数据和全部年份原油价格数据没有统计，利用原油期货交易价格和燃料油期货交易价格计算年均价格得到，2004～2007 年的焦炭价格数据通过 2003 年的价格和煤炭出厂价格指数计算得到，最后利用各种能源的消费比例作为权重通过加权得到能源的综合价格，并采用以 1998 年为基期的燃料、动力类购进价格指数进行平减。各变量的描述性统计如表 4 - 1 所示。

表 4 - 1　　　1998～2014 年中国 36 个工业行业的数据描述性统计

项目	观测数	单位	均值	标准差	最大值	最小值
工业总产值	612	亿元	10829.24	17521.84	163665.6	103.25
资本投入	612	亿元	3114.36	5146.49	48891.91	97.06
劳动投入	612	万人	206.82	174.48	906.59	14.54
能源投入	612	万吨标准煤	5026.12	9640.69	69342.4	83.07
资本价格	612		0.06	0.007	0.076	0.053

119

项目	观测数	单位	均值	标准差	最大值	最小值
劳动价格	612	元	20047.18	12040.6	90668.63	4719
能源价格	612	元/吨标准煤	1405.32	595.27	3220.953	390.37

资料来源：笔者整理。

4.3.2 要素价格扭曲的测度结果分析

通过利用面板数据的固定效应模型对式（4-8）进行回归，可以得到资本、劳动和能源的产出弹性分别为 $\hat{\beta}_K = 0.276$，$\hat{\beta}_L = 0.46$，$\hat{\beta}_E = 0.258$，这一结论与周明生（2011）指出的要素弹性逆转命题相符，即根据发达国家和发展中国家的经济发展经验，随着产出中要素贡献份额的变化，会出现资本产出弹性下降、劳动产出弹性上升的趋势。利用估计得到的生产要素产出弹性可以计算得到资本、劳动和能源的边际产出和价格扭曲程度，结果如表4-2所示。

120

表4-2　　　　　　　中国36个工业行业的要素价格扭曲情况

行业代码	MP$_K$	distk	MP$_L$	distl	MP$_E$	diste	dist
H1	0.281	4.721	53277.111	2.190	1476.801	3.328	2.950
H2	0.125	2.084	107540.067	3.870	1327.854	1.087	2.288
H3	0.591	9.985	130460.428	5.481	2882.027	1.540	4.570
H4	0.574	9.694	103739.354	5.627	3470.368	1.631	4.702
H5	0.808	13.545	120339.115	7.012	3086.252	2.704	6.481
H6	1.421	23.982	239624.085	17.391	16627.639	16.003	18.019
H7	1.146	19.290	193358.676	11.121	11816.098	13.604	13.184
H8	0.906	15.180	215387.932	12.133	12742.619	15.670	13.510
H9	1.503	25.174	785941.510	16.496	35869.568	25.041	20.116
H10	1.106	18.624	134749.026	9.518	7460.088	5.281	9.756
H11	1.918	32.296	95436.685	6.192	30012.537	18.354	12.805
H12	2.154	36.302	93888.531	6.472	31637.166	17.670	13.352
H13	1.278	21.444	160527.423	11.620	10469.402	8.219	12.415

行业代码	MP_K	distk	MP_L	distl	MP_E	diste	dist
H14	1.505	25.353	127947.047	8.346	33971.766	18.616	13.578
H15	0.752	12.620	215963.617	12.584	4601.894	6.082	10.240
H16	0.896	15.023	147715.334	7.830	17981.837	8.625	9.454
H17	1.887	31.732	105963.955	6.308	33544.646	17.321	12.422
H18	0.511	8.602	360046.910	13.428	1244.584	1.363	6.502
H19	0.720	12.120	253579.138	12.103	2008.300	2.095	7.612
H20	1.141	19.150	241925.125	11.031	14792.724	13.649	13.337
H21	0.752	12.650	312193.629	15.983	4869.316	4.050	10.328
H22	0.996	16.792	187242.284	10.068	6576.279	4.237	9.211
H23	1.203	20.208	159090.454	9.411	11795.454	5.823	10.111
H24	0.737	12.387	160644.472	9.509	1737.981	2.513	7.185
H25	0.661	11.131	336188.591	12.359	1304.364	1.892	7.360
H26	0.717	12.079	266259.261	12.196	2319.777	1.562	7.069
H27	1.445	24.347	187062.144	10.293	10097.272	4.950	10.666
H28	1.352	22.734	192928.926	8.811	16878.465	11.102	12.057
H29	1.248	21.003	190414.675	8.596	19651.457	13.305	12.179
H30	1.470	24.785	318853.598	12.140	28890.366	18.570	16.363
H31	1.862	31.393	240557.907	11.911	37917.951	19.944	17.557
H32	2.875	48.308	441931.217	17.875	74400.579	33.058	27.246
H33	1.818	30.527	193546.986	8.585	40862.440	18.847	14.750
H34	0.189	3.173	342366.313	10.207	2550.109	5.950	6.378
H35	0.286	4.806	214743.363	7.578	3671.972	5.988	6.229
H36	0.073	1.223	45542.070	2.330	1329.136	0.493	1.293
采矿业	0.476	8.006	103071.215	4.836	2448.661	2.058	4.198
制造业	1.285	21.616	234248.898	11.082	18645.806	11.694	12.442
公共事业	0.183	3.067	200883.915	6.705	2517.072	4.144	4.633
总体均值	1.081	18.180	213249.360	9.850	15052.141	9.727	10.646

注：行业代码含义和第 3 章相同。

资料来源：笔者整理。

121

通过表 4-2 可知，我国要素市场的价格普遍存在反向扭曲，即要素实际价格小于要素的边际产出或机会成本，这与目前大多数的研究结论一致（施炳展、冼国明，2012；陈晓华、刘慧，2014；王宁、史晋川，2015）。中国工业行业要素市场的总价格扭曲平均值为 10.646，超过半数的工业行业要素总价格扭曲程度超过 10，其中采矿业和公共事业的总价格扭曲水平相对较低，制造业的扭曲程度较严重。计算机、通信和其他电子设备制造业的要素价格扭曲程度最为严重，这可能是由于该行业生产过程中通常采用比较先进的技术，而且从事该行业的劳动人员的教育水平较高，人力资本水平较高，要素的利用效率和边际产出较高，从表中可以看出该行业的资本、劳动和能源的边际产出是最高的，其次是烟草制品业的总价格扭曲也高达 20.116，这是因为该行业是垄断行业，相对于要素的边际产出来说要素的实际支付价格较低，导致价格严重扭曲。

从资本要素价格扭曲情况看，中国工业行业存在严重的资本要素价格反向扭曲，资本要素价格平均扭曲水平 18.18，资本价格扭曲水平远超劳动价格扭曲和能源价格扭曲。其中制造业的资本要素价格扭曲程度较高，采矿业和公共事业相对较低，这是因为采矿业和公共事业资本投入规模大，但资产的专用性较强，资本利用效率较低，导致这两个行业的资本边际产出较低（小于1），从而资本价格扭曲水平相对较低，尤其是煤炭开采和洗选业、石油和天然气开采业的年均固定资产净值高达5000 亿元，电力、热力的生产和供应业甚至高达 25000 亿元，而全行业年均固定资产净值仅为 3000 亿元，资本要素资源的浪费现象严重。从具体行业的资本价格扭曲来看，资本密集型行业和劳动密集型行业均存在不同程度的资本价格扭曲，从资本价格扭曲的数值上看劳动密集型行业的价格扭曲程度更高，这是由于资本密集型行业虽然投入使用了较多数量的资本要素，但是资本要素的利用效率普遍不高，从而相应的边际产出相对较低，导致资本密集型行业的资本价格扭曲程度相对较轻，比如石油加工、炼焦及核燃料加工业、化学原料和化学制品制造业、非金属矿物制品业、黑色金属冶炼和压延加工业和有色金属冶炼和压延加工业的边际产出均小于1，从而资本价格扭曲水平相对较低。

从劳动要素价格扭曲来看，中国工业行业的劳动要素价格低于其边际产出，劳动要素价格存在反向扭曲现象，但相对于资本价格扭曲来说劳动价格扭曲程度较低，资本和劳动的相对价格扭曲平均在 1.85 左右。从分大类行业的劳动价格扭曲情况来看，采矿业和公共事业的劳动价格扭曲程度比制造业低，这是因为：一方面，采矿业中主要从事采矿工作的劳动力素质普遍不高，劳动生产率较低，劳动的边际产出相对较低，如煤炭开采和洗选业的劳动边际产出仅为 53277 元/人，石油和天然气开采业、黑色金属矿采选业、有色金属矿采选业和非金属矿采选业的劳动边际产出分别为 107540 元/人、130460 元/人、103739 元/人和 120339 元/人，而我国工业行业平均劳动边际产出为 213249 元/人，采矿业劳动边际产出仅是平均水平的 48%，而公共事业中水的生产和供应业是平均水平的 21%，制造业的劳动边际产出普遍较高，超出平均水平。另一方面，采矿业和公共事业由于其具有垄断性质，行业利润普遍较高，市场上企业大多为国有企业，国有企业独特的运行方式使得经理人不单纯以追求利润最大化为目标，员工福利最大化也是其经营目标，这使得这些行业有能力提供较高的行业工资，比如工业行业平均工资水平为 20047 元，而煤炭开采和洗选业，石油和天然气开采业，电力、热力的生产和供应业，燃气生产和供应业的工资水平分别高达 23341 元、33331 元、30170 元、24249 元，制造业的平均工资则低于工业行业平均水平。从具体行业来看，除烟草制品业的特殊情况外，劳动价格扭曲较严重的有农副食品加工业、化学纤维制造业和计算机、通信和其他电子设备制造业，农副食品加工业和化学纤维制造业的平均工资为 14082 元和 18004 元，远低于平均水平，劳动实际支付价格仅是劳动应得报酬的6%，而计算机、通信和其他电子设备制造业的平均工资虽然高于平均水平（23686 元），但与其较高水平的劳动边际产出的行业特征相比，仍然远低于其劳动应得报酬。

　　从能源价格扭曲情况看，中国工业行业的平均能源价格扭曲水平在 9.7 左右，其中有 15 个行业的能源价格扭曲程度超过平均水平，其中农副食品加工业、食品制造业和酒、饮料和精制茶制造业的能源价格扭曲程度较高是由于相对于能源边际产出来说其面临的能源价格较低，这三个行业的能源价格分别为 989.8 元/吨标准煤、896.5 元/吨标准煤、794.3 元/吨标准煤，而工业行业平均水平为 1405.3 元/吨标准煤，其他能源价格扭曲程度较高的行业则是由于其能源的边际产出较高，例如计算机、通信和其他电子设备制造业的平均能源边际产出是工业行业平均水平的近 5 倍，仪器仪表制造业为工业行业平均水平的 2.7 倍，电气机械和器材制造业为工业行业平均水平的 2.5 倍，其他能源价格扭曲程度较低的行业大多能源边际产出较低，平均水平为 3465.9 元/吨标准煤，因此这些行业的能源价格扭曲程度平均约为 2.47，相对较低。

另外，通过中国工业行业的要素价格扭曲趋势图 4-5 可以发现，我国工业行业的要素市场价格扭曲程度表现出逐年上升的趋势，这与施炳展和冼国明（2012）、唐杰英（2015）、耿伟和廖显春（2016）得到的结论一致。资本要素价格扭曲在 2006 年以前表现出逐年上升的趋势，2006~2011 年波动式上升，2011 年后逐渐趋于平稳，由于我国的贷款利率比较稳定，因此资本价格扭曲随着资本要素边际产出的变化而变化。自 1998 年金融危机以来，为了刺激经济复苏，同时产业发展重心由消费型的轻工业转变为资本密集型的重化工业和基础原材料行业，我国的贷款利率不断下调，从 1998 年的 7.55% 下降到 2003 年的 5.31%，资本投入规模大幅度增加，在此期间资本要素价格扭曲程度急剧上升，从 2003 年后开始了我国新一轮的投资热潮，为了抑制通货膨胀，控制经济过热的情况，我国又相应地不断调高利率水平，2006 年贷款利率为 5.86%，2008 年上升到 7.17%。但前期大规模的资本投入形成了巨大产能，资本的边际产出增长率远高于资本价格上涨速度，2003~2006 年资本边际产出平均增长率为 9.8%，资本价格上涨率为 7.9%，这导致资本价格扭曲程度继续攀升，提高利率、抑制通胀的政策效果于 2006 年开始逐渐显现，资本价格扭曲程度开始小幅度下降，而且 2008 年的经济危机也使得大规模的资本闲置，资本的边际产出下降，这也是导致资本价格扭曲程度下降的原因。为了应对经济危机对我国经济的冲击，刺激经济增长，稳定经济形势，贷款利率再次下调到 2009 年的 5.31%，这一措施发挥了显著的刺激投资的效果，从而使得资本价格扭曲再次急剧上升。由于 2011 年持续性的欧债危机的影响，再加上我国急需转变经济发展方式、调整优化产业发展模式，一方面稳定利率水平使得经济体中保持稳定的投资增长，从而稳定经济增长，另一方面大规模产能过剩的存在使得资本闲置现象严重，资本要素的价格扭曲在 2011~2014 年趋于平稳，并有下降趋势。

劳动价格扭曲也大体呈逐渐上升的趋势，但上升趋势较平缓，并表现出在 2008 年经济危机时有明显的下降，在 2009~2011 年期间又继续上升，2011 年后趋于平稳，这主要是因为：一方面，大量的农村剩余劳动力由于城乡二元体制的限制而无法自由流动，劳工保护制度缺位，劳动歧视现象严重，导致劳动价格处于较低水平；另一方面，随着经济发展水平的不断提高，劳动力的平均接受教育程度在逐渐提高，劳动力素质的提升促使劳动生产率提高从而劳动的边际产出得到增加。虽然劳动工资水平也在不断提升，但相对低于劳动边际产出的增长速度，这也使得劳动价格扭曲程度逐渐加深，但趋势较平稳。经过计算，我国工业行业 1998～2014 年的平均劳动边际产出增长率为 14.25%，劳动工资增长率为 10.63%。我国的劳动力素质不断提高，再加上随着劳动密集型行业的发展，吸收了大量就业，缓解了劳动力供给过剩的状况，需求的增加带动了劳动价格的提升，近几年持续出现的民工荒现象表明我国的劳动稀缺性开始显现并逐渐提高，这些都促使劳动报酬加速增长，进而放缓了劳动价格扭曲继续上升的步伐。劳动价格扭曲增长率存在两个阶段的下降趋势：第一阶段是从 2003 年的 6.35% 持续下降到 2006 年的 3.53%，2007 年有小幅提高，2008 年为负值；第二阶段从 2009 年的 3.25% 下降到 2014 年的 0.62%，其中 2012 年和 2013 年为负增长，表明尽管目前我国工业行业还存在着较高程度的劳动价格扭曲，但劳动要素价格扭曲的现象正在逐渐扭转，张胜满等（2015）也得到了相同的结论。

125

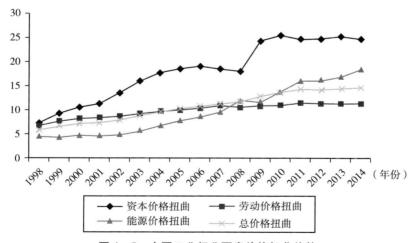

图 4 - 5　中国工业行业要素价格扭曲趋势

资料来源：笔者绘制。

能源价格扭曲整体呈上升趋势，这与夏晓华和李进一（2012）的研究结论一致。这主要是因为我国的煤炭、石油、天然气和电力等主要能源生产行业的市场化程度较低，在投资和出口导向型经济发展模式下，政府出台了一系列能源价格管制政策，降低了能源价格，能源边际产出远高于能源实际价格（陶小马等，2009）。同时随着技术不断进步，能源的利用效率逐渐提高，促使能源的边际产出逐年增加，而能源价格由于市场化程度较低处于较低水平，导致能源价格的扭曲程度不断上升。经过计算，样本期间能源边际产出年均增长率为 10.94%，而能源价格受到管制，2001 年后一直保持在 1395～1500 元/吨标准煤之间，波动较平稳，能源价格年均增长率仅为 1.5%。2010～2012 年，能源价格扭曲增长率有大幅度下降的趋势，从 2010 年的 19% 下降到 2012 年的 2%，但之后又开始呈现逐渐上涨趋势，2013 年和 2014 年的增长率分别为 5% 和 9%。从图 4-5 中还可以发现能源价格扭曲的趋势线比劳动价格扭曲的趋势更陡，表明能源价格扭曲的上升速度超过劳动价格扭曲的上升速度，能源价格扭曲的各年平均增长率为 9.67%，而劳动价格扭曲的各年平均增长率为 3.43%，能源价格扭曲增长率是劳动价格扭曲的 2.8 倍，因此图 4-5 显示出能源价格扭曲程度在 2008 年超过劳动价格扭曲程度，2008 年以前的能源价格扭曲程度相对较低，这可能是因为能源行业大多属于垄断行业，行业内多数企业具有国有性质，能源价格的低估程度比劳动价格相对于劳动边际产出的低估程度弱，2008 年以前的劳动与能源的边际产出比率是二者价格比率的 1.4 倍，这表明在 2008 年以前我国的劳动力成本存在更加严重低估现象，2008 年后随着劳动迁移政策、就业政策、社会保障政策等法律法规的完善，劳动力价格扭曲的制度和体制因素逐渐破除，工资水平逐年提高，工资年均增长率为 10.63%，劳动价格和劳动边际产出的差距在逐渐缩小，从而使得 2008 年后劳动价格扭曲处于较平稳的水平，平均增长率仅为 0.65%，但能源行业的价格较稳定，没有明显上涨趋势，1998～2014 年能源价格平均增长率仅为 1.46%，尤其是受到金融危机的冲击较大，2008 年后的能源价格平均增长率为 -0.44%，劳动工资增长率是能源价格增长率的 7.26 倍，而随着技术进步和需求的增加，能源边际产出不断提升，能源价格和能源边际产出的差距不断扩大，从而表现出能源价格扭曲相对于劳动价格扭曲呈现继续快速上升的趋势，2008～2014 年劳动与能源的边际产出比是价格比的 0.7 倍，能源价格扭曲程度超过劳动价格扭曲。

4.4　要素价格扭曲对产能过剩影响的实证检验

4.4.1　模型设定、变量选取与数据说明

通过 4.2 节的理论分析可以得知要素价格扭曲是导致中国工业产能过剩的深层原因，要素价格扭曲对产能过剩的形成发挥了不容忽视的推动作用，同时也加剧了产能过剩的严重程度，提高了产能过剩的化解难度。基于此，为了对要素价格扭曲与产能过剩的关系进行实证检验，为要素价格扭曲引发产能过剩的研究结论提供经验性证据支持，本章以中国工业产能利用率为被解释变量，以要素价格扭曲为核心解释变量，构建计量模型如下：

$$cu_{i,t} = \beta_0 + \beta_1 dist_{i,t} + \delta control_{i,t} + \varepsilon_{i,t} \qquad (4-9)$$

$$cu_{i,t} = \beta_0 + \beta_1 distk_{i,t} + \beta_2 distl_{i,t} + \beta_3 diste_{i,t} + \delta control_{i,t} + \varepsilon_{i,t}$$
$$(4-10)$$

式中，$cu_{i,t}$ 为各工业行业的产能利用率，采用随机前沿分析方法计算得到的产能利用率（$SFAcu_{i,t}$），数据来源于第 3 章对中国工业产能利用率的测算结果；$dist_{i,t}$、$distk_{i,t}$、$distl_{i,t}$ 和 $diste_{i,t}$ 分别为总要素价格扭曲、资本价格扭曲、劳动价格扭曲和能源价格扭曲，数据来源于前文对要素价格扭曲的测度结果；$control_{i,t}$ 为模型的控制变量；$\varepsilon_{i,t}$ 为随机误差项。本章采用静态面板固定效应模型对上式进行估计。

为了避免遗漏变量导致估计偏误，考虑到工业行业的产能利用率还会受到其他因素的影响，本章在借鉴已有文献研究的基础上，加入了相应的控制变量：

行业竞争程度（competition）：一方面，激烈、有效的市场竞争有利于提高资源配置效率，推动企业创新，促进企业生产效率提升，提高产能利用率；另一方面，过度的行业竞争会加剧市场供求失衡，导致产品价格下降、企业亏损甚至面临破产，大量产能闲置、企业开工不足，

对产能利用率有不利影响。本章参考杨振兵（2016）的研究方法，采用勒纳指数衡量市场势力，勒纳指数通过度量价格对边际成本的偏离程度反映市场的垄断情况，可以利用公式 lerner = （VAI－LC）/Y 计算得到，式中 VAI 为企业的年度工业增加值，LC 为企业的劳动工资总额，Y 为企业的工业总产值。由于 2008 年以后相关年鉴不再统计规模以上工业企业工业增加值数据，工业总产值的统计也截至 2011 年，本章参考王兵等（2013）、杨振兵和张诚（2015a，2015b）等已有研究的做法，采用国家统计局公布的历年年末工业分大类行业增加值增长速度表示工业增长速度，结合前一年的工业增加值和工业总产值数据补齐工业增加值和工业总产值数据，劳动工资总额通过计算各工业行业全部从业人员年平均人数与各工业行业的城镇单位就业人员平均工资的乘积得到。由于勒纳指数代表市场的垄断程度，指数越大，市场的垄断程度越高，市场竞争程度越低，因此，本章采用勒纳指数的倒数表示市场的竞争程度。

行业内企业平均规模（size）：过度竞争理论认为，在市场集中度较低的行业，行业内企业数量过多会导致过度竞争，企业平均规模较小无法发挥规模效应，降低了资源配置效率，通过减少企业数量、提高企业规模水平有利于发挥规模经济效应，提高产能利用率。本章采用各工业行业的工业总产值与企业个数的比值衡量。

以上数据主要来源于国家统计局网站、《中国工业经济统计年鉴》和《中国劳动统计年鉴》。相关变量的描述性统计如表 4－3 所示。

表 4－3　　　　　　　　实证检验的相关变量描述性统计

变量	观测数	均值	标准差	最大值	最小值
SFAcu	612	0.562	0.181	0.988	0.127
DEAcu	612	0.643	0.180	1.000	0.175
dist	612	10.646	6.313	39.597	1.138
distk	612	18.180	12.667	80.797	1.046
distl	612	9.850	4.302	20.859	1.819
diste	612	9.727	10.438	61.722	0.348
competition	612	4.795	2.329	22.369	－27.725
size	612	2.210	5.277	59.373	0.106

资料来源：笔者整理。

4.4.2　实证结果分析

为了直观、形象地理解要素价格扭曲和产能过剩的关系问题，本章对图 4 - 5 的要素价格扭曲趋势和图 4 - 6 的中国工业行业产能利用率趋势①进行对比分析。通过观察两个图可以发现，中国工业行业的要素价格扭曲和产能利用率呈负向相关关系，中国工业行业的要素价格扭曲整体上表现出逐年上升的趋势，而中国工业行业的产能利用率在经历了短暂的提高之后便基本处于逐年下降的趋势，另外值得注意的是，在2008 年附近的资本价格扭曲、劳动价格扭曲和能源价格扭曲均有不同程度的下降，而此时的产能利用率却表现出明显的上升趋势，这进一步表明了要素价格扭曲和产能利用率之间存在负相关关系，消除要素价格扭曲，恢复市场化要素价格信号引导机制，反映要素真实使用成本，有利于促进工业行业产能利用率的提高。

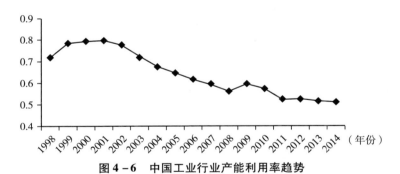

图 4 - 6　中国工业行业产能利用率趋势

资料来源：笔者绘制。

根据模型（4 - 9）的设定，本章采用面板数据的固定效应模型对总体要素价格扭曲与产能过剩的关系进行了实证检验，估计结果如表4 - 4 所示。表中第（1）列是未控制其他因素影响的回归结果，结果表明，总要素价格扭曲会显著降低工业行业的产能利用率，对工业产能过剩有显著的推动作用。表中（2）～（4）列为逐步加入控制变量的估计

---

① 由于 DEA 方法得到的结果趋势特征更具有波动性，较符合现实情况，因此这里只给出了 DEA 方法测度的中国工业行业产能利用率趋势图。

结果，从总要素价格扭曲的系数估计情况来看，在控制了其他变量对工业行业产能利用率的影响后，总要素价格扭曲仍然对工业行业产能利用率有显著的负向影响，实证结果验证了本章关于要素价格扭曲引发产能过剩的研究结论。从各控制变量的系数估计结果看，行业竞争程度对产能利用率有显著的负向影响，这在一定程度上表明，我国工业行业内存在过度竞争现象，企业盈利能力和盈利水平较低，企业的资本回报率下降，导致企业做出降低产出的选择，使得行业内普遍存在设备利用率不足、开工率不足的现象，形成了产能过剩（罗美娟、郭平，2016），另外，在市场竞争程度较高时，企业会维持一定程度的过剩产能作为可置信的竞争性策略以阻止潜在进入者进入，同时企业保有一定程度的过剩产能也可以更好地应对不确定性的市场竞争情况（Allen et al.，2000），微观企业层面的理性决策会叠加成宏观层面的大规模产能过剩；在模型中加入企业平均规模变量的回归结果也进一步验证了我国工业行业存在市场集中度低、规模经济效应低、过度竞争的现象，企业平均规模对产能利用率有显著的促进作用，表明通过鼓励兼并重组扩大企业规模、提高市场集中度水平有利于提高产能利用率，促进产能过剩的化解。

表 4 - 4　　　总要素价格扭曲对产能过剩影响的实证检验结果

变量	(1)	(2)	(3)	(4)
dist	− 0. 021 *** (− 23. 94)	− 0. 020 *** (− 23. 07)	− 0. 024 *** (− 25. 64)	− 0. 023 *** (− 24. 86)
competition		− 0. 008 *** (− 4. 72)		− 0. 007 *** (− 4. 72)
size			0. 008 *** (7. 52)	0. 008 *** (7. 51)
_cons	0. 785 *** (80. 13)	0. 813 *** (71. 59)	0. 803 *** (83. 02)	0. 830 *** (74. 92)
观测值	612	612	612	612
R^2	0. 499	0. 518	0. 544	0. 561
F	572. 89	308. 14	342. 34	244. 08

注：括号内为系数 t 值；*、** 和 *** 分别表示 10%、5% 和 1% 的显著性水平。
资料来源：笔者根据 Stata 软件估计结果整理。

　　根据模型（4－10）的设定，对分类型要素价格扭曲与产能过剩的关系进行了实证检验，回归结果如表4－5所示。表中第（1）列没有加入控制变量，结果表明资本价格扭曲、劳动价格扭曲和能源价格扭曲都在1%的显著性水平上对工业行业的产能利用率有显著的负向影响，即资本价格扭曲、劳动价格扭曲和能源价格扭曲引发了产能过剩，表中第（2）~（4）列相继加入了影响工业行业产能利用率的控制变量，从核心解释变量的估计结果来看，资本价格扭曲、劳动价格扭曲和能源价格扭曲对产能利用率的负向影响依然显著，进一步验证了要素价格扭曲导致产能过剩的研究结论，各控制变量也都在1%的显著性水平上显著，行业竞争程度提高会显著降低产能利用率，导致产能过剩，行业中企业平均规模的提升对产能过剩化解有促进作用。其中，劳动价格扭曲对产能过剩的推动作用最为显著，其次是资本价格扭曲，能源价格扭曲对产能过剩的推动作用最弱。能源价格扭曲对产能过剩的推动作用最小可能是因为，能源投入实质上属于工业生产的中间投入，能源投入成本偏低最终表现为整个经济社会购买资本品的成本降低，能源价格扭曲部分转嫁到资本价格扭曲，而且根据计算得知资本价格扭曲和能源价格扭曲的相关系数较高（0.836），因此，资本价格扭曲对产能过剩的正向影响大于能源价格扭曲，在表4－5中第（5）列，剔除了可能具有共线性的能源价格扭曲变量，估计结果显示，资本价格扭曲对产能过剩的推动作用有较大幅度的提高，劳动价格扭曲依然对产能过剩有显著推动作用，系数绝对值变动较小，估计结果较稳健。

　　劳动价格扭曲对产能过剩有较大程度的推动作用可能是因为，劳动绝对工资水平低和较大的收入差距会抑制社会消费需求（袁江、张成思，2009；张曙光、程炼，2010），而消费需求最终决定着市场需求容量，有效消费需求不足会直接减少最终产品的需求，同时还通过关联作用间接减少了工业中间产品的市场需求，最终降低了国内工业品的市场需求水平，在国内产能不断扩张的情况下，有效需求不足导致大规模的产能无法消化，对产能过剩形成起到了较强的推动作用。与此同时，居民收入差距的扩大使得社会消费结构分化严重，低收入群体的消费需求层级较低，更多地集中在低端消费品，使大量的落后产能仍然有利可图，而高收入群体的消费需求不断升级，对工业品加工的高度化、精细化要求更加严格，但依赖投资扩张增加利润的我国企业的自主创新动力和创新能力不足，工业品加工主要处于产业链中低端，而高附加值的高端产品缺失、加工业高端化无法实现，这导致产品供给结构与市场消费结构脱节，形成了低水平产能过剩和高端产能不足的结构性产能过剩（沈坤荣等，2012；胡荣涛，2016）。因此，劳动价格扭曲会对市场供给和需求两端同时产生影响，从而对产能过剩有较大程度的推动作用。

表 4 – 5　　分类型要素价格扭曲对产能过剩影响的实证检验结果

变量	（1）	（2）	（3）	（4）	（5）
distk	− 0. 004 *** （ − 5. 33）	− 0. 005 *** （ − 6. 55）	− 0. 005 ** （ − 5. 7）	− 0. 005 *** （ − 6. 82）	− 0. 008 *** （ − 13. 74）
distl	− 0. 015 *** （ − 7. 68）	− 0. 014 *** （ − 7. 48）	− 0. 016 *** （ − 8. 34）	− 0. 015 *** （ − 8. 13）	− 0. 014 *** （ − 7. 64）
diste	− 0. 003 *** （ − 3. 96）	− 0. 002 * （ − 1. 93）	− 0. 004 *** （ − 5. 67）	− 0. 003 *** （ − 3. 62）	
competition		− 0. 009 *** （ − 5. 52）		− 0. 009 *** （ − 5. 19）	− 0. 011 *** （ − 6. 82）
size			0. 007 *** （6. 57）	0. 006 *** （6. 29）	0. 005 *** （5. 64）
_cons	0. 821 *** （53. 59）	0. 862 *** （51. 61）	0. 829 *** （55. 88）	0. 866 *** （53. 53）	0. 879 *** （55. 14）
观测值	612	612	612	612	612
R^2	0. 498	0. 524	0. 533	0. 555	0. 544
F	189. 68	157. 20	163. 51	142. 15	170. 79

注：括号内为系数 t 值；＊、＊＊和＊＊＊分别表示10%、5% 和1% 的显著性水平。
资料来源：笔者根据 Stata 软件估计结果整理。

　　本章采用面板数据固定效应模型能够在一定程度上缓解遗漏变量带来的内生性问题，但一方面，要素价格扭曲和产能利用率的测度过程中可能会存在测量误差导致的变量内生性，另一方面，要素价格扭曲和产能过剩之间还有可能存在逆向因果关系导致的内生性问题，严重的内生性问题会导致估计结果有偏或不一致，影响估计结果的稳健性。为解决内生性问题，本章进行了以下尝试：（1）借鉴张杰等（2011a）的做法，分别采用总要素价格扭曲和分类型要素价格扭曲的滞后一期和滞后两期作为替代变量进行回归，滞后项一定程度上排除了当期因素的影响，外生于当期扰动项，避免变量间的反向因果关系，一定程度上能够缓解内生性问题；（2）采用面板工具变量法进行两阶段最小二乘法估计以克服内生性问题，在工具变量选择方面，由于现实中很难找到一个合适的要素价格扭曲的工具变量。本章参考施炳展和冼国明（2012）、刘斌和王乃嘉（2016）、白俊红和卞元超（2016）的做法，分别选取总要素价格扭曲和分类型要素价格扭曲的滞后一期作为其自身的工具变量，一方面，工具变量和内生变量是显著相关的，另一方面，滞后变量已经发生，取值是固定的，是前定变量，因此与当期的随机干扰项不相关。

内生性检验回归结果如表 4 - 6 所示。表中第（1）~（4）列分别为总要素价格扭曲和分类型要素价格扭曲的滞后一期和滞后两期作为解释变量的估计结果，要素价格扭曲滞后一期和滞后两期的估计系数都是显著的，且系数符号与研究结论并无显著差异，其他控制变量的估计系数符号和显著性都无明显变化，说明本章的估计结果是稳健的。表中第（5）~（7）列为面板工具变量法估计结果，本章对工具变量的有效性进行了检验：模型（5）~（7）中的工具变量个数等于内生变量个数，从而不存在过度识别问题；Anderson canon. corr. LM 检验和 Anderson - Rubin Wald 检验分别在 1% 的显著性水平上拒绝了"工具变量识别不足"和"内生回归系数之和等于零"的原假设，说明本章选取的工具变量是可识别的且不是弱工具变量，工具变量是合理的。第（5）列为以总要素价格扭曲滞后一期做工具变量进行两阶段最小二乘估计的结果，总要素价格扭曲系数在控制内生性后依然对产能利用率有显著的负向影响，且估计系数绝对值有所提高，进一步验证了本章的研究结论。第（6）列为以分类型要素价格扭曲滞后一期作为工具变量进行两阶段最小二乘估计的结果，结果表明在控制内生性后，资本价格扭曲和劳动价格扭曲的估计系数仍然显著为负，但能源价格扭曲的估计系数为负却不显著，资本价格扭曲和劳动价格扭曲的估计系数绝对值都有不同程度提高，但能源价格扭曲估计系数绝对值却出现下降，这可能是由于能源价格扭曲与资本价格扭曲存在较高的相关性（0.836），对估计结果有一定程度的影响，在表中第（7）列剔除了可能造成多重共线性问题的能源价格扭曲变量重新进行面板工具变量的两阶段最小二乘估计，资本价格扭曲和劳动价格扭曲估计系数依然显著为负，而且资本价格扭曲和劳动价格扭曲的系数绝对值有所提高，进一步验证了本章研究结论的稳健性。

表 4 - 6　　　　　　　　　　处理内生性问题的估计结果

变量	固定效应模型				工具变量 2SLS 估计		
	（1）	（2）	（3）	（4）	（5）	（6）	（7）
dist					−0.025 *** （−23.45）		
L. dist	−0.023 *** （−23.84）						
L2. dist		−0.022 *** （−23.22）					
competition	−0.012 *** （−5.91）	−0.013 *** （−6.68）	−0.015 *** （−7.09）	−0.015 *** （−7.72）	−0.011 *** （−5.20）	−0.015 *** （−5.56）	−0.017 *** （−7.92）
size	0.007 *** （7.28）	0.006 *** （6.66）	0.006 *** （5.82）	0.005 *** （5.03）	0.008 *** （7.83）	0.007 *** （6.53）	0.006 *** （6.29）
distk						−0.007 *** （−5.19）	−0.009 *** （−13.29）
distl						−0.016 *** （−6.97）	−0.015 *** （−6.92）
diste						−0.002 （−1.56）	
L. distk			−0.006 *** （−8.09）				
L. distl			−0.015 *** （−8.32）				
L. diste			−0.002 * （−1.82）				
L2. distk				−0.006 *** （−8.16）			
L2. distl				−0.015 *** （−8.45）			
L2. diste				−0.001 * （−1.69）			
_cons	0.832 *** （69.21）	0.815 *** （70.42）	0.882 *** （51.57）	0.862 *** （53.54）			
观测值	576	540	576	540	576	576	576
（Centered）R^2	0.581	0.593	0.590	0.609	0.565	0.549	0.542

续表

变量	固定效应模型				工具变量 2SLS 估计		
	(1)	(2)	(3)	(4)	(5)	(6)	(7)
F	248. 33	243. 79	153. 76	155. 71	238. 84	139. 9	171. 67
Anderson canon. corr. LM 检验					494. 654 (0. 000)	200. 86 (0. 000)	409. 915 (0. 000)
Anderson – Rubin Wald 检验					571. 61 (0. 000)	594. 73 (0. 000)	587. 76 (0. 000)

注：括号内为系数 t 值和 z 值；＊、＊＊ 和 ＊＊＊ 分别表示 10%、5% 和 1% 的显著性水平；Anderson canon. corr. LM 检验和 Anderson – Rubin Wald 检验括号内为接受原假设的 p 值，Anderson canon. corr. LM 检验的原假设为 "工具变量识别不足"，若拒绝原假设说明选取的工具变量合理，Anderson – Rubin Wald 检验的原假设为 "内生变量与工具变量弱相关"，若拒绝原假设说明选取的工具变量合理。

资料来源：笔者根据 Stata 软件估计结果整理。

4.4.3　稳健性检验

为了进一步验证研究结论的稳健性，本章采用第 3 章中数据包络分析方法测算得到的产能利用率替代由随机前沿分析方法测度的产能利用率，重新对要素价格扭曲进行回归。稳健性检验的回归结果如表 4 - 7 所示，总要素价格扭曲依然对产能利用率有显著的负向影响，分类型的要素价格扭曲对产能利用率的回归结果中，资本价格扭曲和能源价格扭曲会显著降低产能利用率，而劳动价格扭曲的负向影响不显著。稳健性检验结果与研究结论没有实质性差异，因此，本章的研究结论是稳健的。

表 4 - 7　　　要素价格扭曲对产能过剩影响的稳健性检验

变量	(1)	(2)	(3)	(4)
dist	- 0. 016 ＊＊＊ (- 12. 43)	- 0. 018 ＊＊＊ (- 12. 70)		
competition		- 0. 010 ＊＊＊ (- 4. 28)		- 0. 010 ＊＊＊ (- 3. 88)
size		0. 007 ＊＊＊ (4. 82)		0. 007 ＊＊＊ (4. 74)
distk			- 0. 004 ＊＊＊ (- 2. 89)	- 0. 005 ＊＊＊ (- 3. 90)

变量	(1)	(2)	(3)	(4)
distl			-0.002 (-0.73)	-0.002 (-0.78)
diste			-0.005 *** (-4.05)	-0.005 *** (-3.66)
_cons	0.816 *** (55.63)	0.872 *** (51.00)	0.775 *** (33.91)	0.827 *** (33.40)
观测值	612	612	612	612
R^2	0.212	0.267	0.216	0.268
F	154.44	69.41	52.58	41.82

注：括号内为系数 t 值；* 、** 和 *** 分别表示 10%、5% 和 1% 的显著性水平。
资料来源：笔者根据 Stata 软件估计结果整理。

4.5　本章小结

要素市场扭曲是发展中国家由不完善的市场经济体制向健全的市场经济运行体制过渡期间的一种常态，尤其是在我国当前渐进式改革背景下，要素市场化进程缓慢导致要素市场化程度较低，政府实际控制着资本、劳动、土地、能源和环境等要素资源的定价权和配置权，在以 GDP 增长为主的政绩考核体系下，为了发展经济、解决就业、增加税收、增加财政收入和政治晋升，地方政府往往通过压低要素价格的方式鼓励和支持经济体量大、见效快、收益高的工业行业发展，同时还通过提供相关的政策支持和政策性补贴变相降低了企业的要素使用成本，形成了要素价格的扭曲。扭曲的要素价格必然会误导企业要素投入决策和进入退出决策，导致市场供需失衡，而产能过剩本质上即是市场供求结构性失衡的直接表现，因此，要素价格扭曲对我国工业产能过剩的形成有重要影响。

本章首先对我国要素价格扭曲的具体表现进行了系统的梳理，在此基础上分析了要素价格扭曲导致产能过剩的理论机理，我国目前的工业产能过剩主要是源于要素价格扭曲对企业决策行为的扭曲激励。多种形式的要素价格扭曲一方面会导致企业进入市场和投资扩张的成本和风险外部化，形成了对企业进入市场和投资扩张的实质性补贴，这种补贴甚至能够弥补进入市场或扩大投资后的亏损，并可能形成超额补贴利润，从而进入市场和过度投资成为企业的理性选择，在我国地方政府间诸侯割据式竞争背景下，微观企业过度进入和过度投资导致了宏观层面上大规模的重复建设、过度投资和产能过剩；另一方面，要素价格扭曲变相提高了市场的退出壁垒，价格扭曲的低成本要素能够使其维持生存，甚至导致低效率企业留在市场中仍然有利可图，无法自由、有效退出市场，要素价格扭曲推动的资本密集型重化工业优先发展模式也无形中抬高了整个经济社会的退出障碍，导致了大规模的过剩产能留存市场。在此基础上，本章采用 1998～2014 年 36 个工业行业的面板数据，利用生产函数法测度了中国工业行业的要素价格扭曲水平，并对要素价格扭曲与产能过剩的关系进行了实证检验。

要素价格扭曲测算结果表明，中国要素市场的要素价格普遍存在反向扭曲，即要素实际价格小于要素的边际产出或机会成本，其中相对于采矿业和公共事业来说，制造业的要素价格扭曲程度更加严重。通过分析发现，首先，我国工业行业的资本使用成本较低，行业间的相对融资成本存在较大差异，资本价格反向扭曲最为严重，在 2011 年以前大致表现出逐年上升的趋势，2011～2014 年趋于平稳，并有下降趋势；其次，我国劳动价格也存在明显的反向扭曲，劳动价格扭曲大体呈较平稳的上升趋势，但近几年劳动价格扭曲增长率表现为逐年波动式下降趋势，劳动价格扭曲状况正在逐渐改善；最后，能源价格长期受到政府管制，能源价格与其边际产出有较大程度的偏离，能源价格存在着明显的扭曲现象，整体呈逐年上升趋势，而且能源价格扭曲增长率是劳动价格扭曲的 2.8 倍，能源价格扭曲程度在 2008 年超过劳动价格扭曲。

本章通过对比分析和实证分析发现，产能利用率与总要素价格扭曲之间存在显著的负向相关关系，要素价格扭曲程度越高，产能利用率越低，这意味着要素价格扭曲确实导致了产能过剩，对产能过剩的形成有显著的推动作用。分类型要素价格扭曲对产能过剩影响的实证检验结果表明，资本、劳动和能源的要素价格扭曲都对产能过剩有显著的正向推动作用，其中由于劳动价格扭曲会从多个方面对市场的供需产生影响，劳动价格扭曲对产能过剩有较大程度的正向影响，其次是资本价格扭曲，能源价格扭曲对产能过剩的正向影响最弱。因此，减轻要素价格扭曲程度有利于提高产能利用率、缓解产能过剩，消除价格扭曲对治理产能过剩有积极作用。

第 5 章 要素价格扭曲对产能 过剩的影响路径 I： 企业过度投资视角

从第 2 章对我国工业行业产能过剩形成原因的文献梳理中可以发现，国内学者普遍认为企业的盲目过度投资是引发产能过剩的直接原因，然而，已有的文献都是从体制扭曲下政府行为视角对产能过剩成因进行分析，认为政府不正当干预导致的企业过度投资是形成产能过剩的重要原因，但对于政府通过哪些方式干预企业投资决策从而导致企业过度投资的研究较少。事实上，随着市场经济体制不断发展和完善，现代企业制度逐步建立，地方政府通过行政指令直接干预企业决策的现象已经很少，并且单纯依靠政府行政指令直接干预企业过度投资不可能成为中国企业的普遍现象，也并不能导致我国目前长期性、全局性的产能过剩，地方政府更多的是通过扭曲要素价格信号来影响企业的投资决策。企业作为产品供给的基础性个体，是理性的微观经济体，以追求利润最大化和成本最小化为目标。产品价格和要素价格是企业投资决策的重要参考标准，而在产品市场基本实现市场化定价的背景下，要素价格就成为决定企业利润和成本的关键性因素，企业会在给定产出水平和产品价格水平的基础上根据要素价格选择要素投入组合实现利润最大化或成本最小化，从而也决定了宏观经济的增长方式，企业自身的投资决策会对市场中的产能情况产生重要影响。而在要素价格扭曲的情况下，企业根据扭曲的要素价格信号做出的投资决策必然会形成对完全竞争市场中最优投资决策的偏离，对市场中的产能利用情况产生不利影响，因此，要素价格扭曲情况下企业的投资行为就成为产能过剩形成过程中一个不容忽视的重要影响因素。事实上，扭曲的要素价格使得企业投资和生产成本降低，实际上形成了对企业投资的补贴（林毅夫，2014），诱导企业进行过度投资。林毅夫和苏剑（2007）就认为，中国要素市场化改革滞后，要素价格长期低于正常的市场均衡价格，要素价格扭曲是导致过度投资的根源，从而直接导致了产能过剩。目前对要素价格扭曲导致企业过度投资从而形成产能过剩的研究较少，要素价格扭曲导致企业过度投资的内在机理尚不明晰，本章从企业过度投资视角研究了要素价格扭曲对产能过剩的影响，详细探讨了要素价格扭曲导致企业过度投资的理论机制，并利用制造业微观企业数据进行了实证检验，同时探讨和检验了要素价格扭曲对不同特征企业过度投资的差异化影响。

5.1 要素价格扭曲激励企业过度投资的理论分析与研究假设

长期以来的要素价格扭曲是导致我国经济发展结构失衡和效率损失的主要根源之一，尤其是要素价格扭曲迫使经济发展偏离比较优势，长期依赖投资拉动经济增长，在快速的经济增长过程中存在严重的过度投资现象，形成了大规模的产能过剩。

5.1.1 要素价格扭曲与企业过度投资

目前我国要素市场的价格扭曲突出表现在要素价格负向扭曲，资本、劳动、土地、能源、水资源和环境资源等的价格长期低于其边际产出价值和机会成本①。要素价格扭曲对企业过度投资的影响机理可以从以下几个方面展开。

1. 要素价格扭曲导致我国经济发展长期依赖投资拉动

一方面，从企业角度来说，企业自身的价值最大化目标和尚不健全的内部约束机制和企业制度，导致企业自身具有过度投资的倾向；另一方面，从政府角度来说，在政绩考核体制和财政分权体制下，地方政府的"政治人"属性也内生出"经济人"属性，使其具有干预经济发展

---

① 第4章详细论述了要素价格扭曲的现状，此处不再赘述。

的动机，而投资规模的扩大可以提高地方经济总量、增加就业、扩大税基、彰显地方政绩，实现地方政府的多重政治经济目标，在政治经济利益的激励下，地方政府也具有明显的"投资饥渴症"，有充分的动力干预企业使其扩大投资规模，这同时也进一步强化了企业的过度投资倾向。而要素价格的负向扭曲则使企业和政府的投资冲动可以付诸实际，要素价格扭曲实际上对企业形成了隐性的政策性补贴，使得企业的预算约束软化，企业内部成本和风险外部化，刺激了企业的投资扩张，满足了企业和政府的投资需求，要素价格扭曲情况下，政府和企业往往把增加要素投入、扩张生产规模、扩大投资作为推动经济发展的首要选择（韩国高等，2011）。与此同时，要素价格扭曲也对企业的生产形成了低端锁定效应，抑制了企业的创新活动，企业创新动力不足，自主创新能力差（张杰等，2011a，2011b），长期处于世界产业链的较低位置，主要进行低端加工制造，在激烈的市场竞争中，为了获取更高的利润，企业不断扩张投资规模利用规模优势赢得市场竞争成为一种策略性选择（韩文龙等，2016）。

2. 要素价格扭曲存在替代效应，促使企业过度使用资本，形成过度投资

以资本和劳动两种基本的生产要素为例，在完全的市场经济环境下，劳动对资本的边际技术替代率等于劳动边际产出和资本边际产出的比值，也等于市场中劳动价格和资本价格的比值，此时企业处于有效率的生产和投资状态，但当要素价格偏离其均衡状态的市场价格时，就会导致劳动对资本的边际技术替代率发生变化，从而导致要素的边际产出变动，企业会根据要素的边际产出变动相应地调整要素投入。由于劳动要素的供给由劳动者自身决定，改革开放以来地方政府对劳动要素直接干预程度相对较弱，劳动价格扭曲更多的是源于特殊的体制原因和行业差异，相对来说，政府对资本、土地、能源、矿产等要素的干预程度更高，一方面我国的土地、能源、矿产等自然资源和原材料的价格低于市场化价格，无法反映自然资源的稀缺性，这导致资本品的生产成本和购买价格负向扭曲，另一方面我国政府人为压低利率水平，不完善的金融市场也使得市场中大量存在着道德风险和逆向选择问题，降低了资本的运行成本（林毅夫、苏剑，2007）。因此，与劳动相比，资本要素价格扭曲程度更高①，此时劳动对资本的边际技术替代率大于完全竞争市场中的边际技术替代率，使得企业减少劳动投入、增加资本投入有利可图，这就导致理性的企业会增加资本投入，相比完善的市场经济情况下过度使用资本要素，从而形成了过度投资。

3. 要素价格扭曲导致企业内部成本和风险外部化，助推企业过度投资

要素价格的负向扭曲使企业可以获取大量的低成本资本要素资源，降低企业的自有投资资金率，企业的投融资风险也最终转嫁给国有银行和政府，企业的经营成本和经营风险实际上外部化为由整个社会承担，同时还放松了企业的融资约束，使企业的融资能力增强，减弱了企业内部的财务约束，增强了企业的投资动机和投资能力，助推了过度投资的形成。比如，由于企业投资扩张符合地方政府的政治经济利益，企业投资扩张可以获得银行提供的低息贷款，还能获得廉价的土地资源和矿产资源开采权，这种配套资源可以进一步使企业获取更多的银行信贷支持，地方政府还会以政府信用或财政收入作为隐性担保帮助企业融资，甚至会默许企业拖欠贷款、逃废债、获取展期贷款等行为（江飞涛、曹建海，2009；付保宗，2011；陈胜勇、孙仕祺，2013）。同时，企业获得的低于市场价格甚至零价的土地资源极大地降低了企业获取土地使用权的投资成本，企业还能够使用低于正常市场价格的水电资源，资源禀赋较高地区的地方政府还会为企业提供矿产资源的开发权利，对于高污染、高耗能、高排放行业，政府还会容忍企业的环境污染行为、降低环保标准。要素价格扭曲使企业可以获得低成本的要素资源，企业的投资成本和投资风险严重外部化，助推了企业过度投资。

4. 要素价格扭曲具有隐性补贴收入效应，诱导企业过度投资

企业作为理性的微观经济个体，在进行投资决策时，重点关注的是项目的投资成本、投资风险和未来收益情况。而在资本、土地、矿产、水等要素资源越发稀缺的情况，要素价格的负向扭曲实质上对企业的投资形成了巨大的补贴收入效应，尤其是土地等关键性要素的补

---

① 众多研究表明资本价格扭曲相对劳动价格扭曲更严重（施炳展、冼国明，2012；冼国明、徐清，2013；陈晓华、刘慧，2014；王宁、史晋川，2015a，2015b）。

贴额巨大①，巨额补贴收益完全足以弥补产能过度投资造成的浪费和新项目的亏损，甚至可以有很高的超额利润，这种超额利润甚至超过了投资完成后项目运营创造的预期收益，而且这种超额利润可以在短期内实现。因此，要素价格扭曲误导了企业投资的成本收益预期，使企业低估了投资成本和投资风险，高估了投资收益预期，使得企业扩大投资有利可图，甚至导致一些原本没有投资需求的企业为了获取高额的补贴收益而扩大投资，这种看似不理性的行为实际上是企业对超额隐性补贴收益的理性反应。要素价格扭曲使得企业的投资决策不再根据市场化的要素价格信号，而是依赖于扭曲的要素价格信号（韩文龙等，2016）。

5. 要素价格扭曲引发并加剧了企业的寻租行为，导致企业过度投资

在完全竞争市场环境中和价格扭曲市场环境中，要素都是稀缺的，而且相对来说，价格扭曲情况下的要素稀缺程度更高，主要是因为价格扭曲的要素供给具有歧视性，国有企业、资本密集型重化工业企业、大中型企业、具有政治联系的民营企业以及其他与地方政府政治经济利益有关的企业更多地获得了低成本要素资源，在要素价格扭曲的市场环境中，企业间的资源竞争更加激烈，导致并加剧了企业通过向政府寻租获取资源和政策支持的现象。这主要是因为：一方面，政府控制着企业发展的关键性要素，为了获得更多的资源和政策支持，企业会通过各种方式与政府建立联系（余明桂、潘红波，2008；王立国、鞠蕾，2012），尤其是在政府掌握着价格扭曲的要素资源的情况下，企业为了获取这种低成本的要素资源，形成成本竞争优势，企业往往愿意支付大量的"寻租"成本。另一方面，要素价格扭曲实质上是对企业的补贴，这种补贴收入很大程度上能够形成超额利润，诱导企业向政府寻租获取超额利润，而且要素价格扭曲程度越高，这种政策性补贴形成的超额利润越高，对企业的吸引力就越强，从而更加刺激了企业的寻租冲动。企业寻租建立的政企联系会使企业获得低成本资源，放松了企业的融资约束，降低了企业的投资成本和风险，强化了企业过度投资动机和能力，而且

143

---

①　企业以低于市场价格甚至零价的方式获得土地，既可以获取土地转变用途的增值收益，降低了企业获取土地使用权的投资成本，还可以将土地作为抵押获取银行的低息信贷资源，在项目运营过程中或结束后，还能以高于获取成本的市场价格转让，获得土地的转让收入，中间差价形成了对企业的巨额补贴（耿强等，2011；江飞涛等，2012；顾智鹏等，2016）。

施莱弗和维什尼（Shleifer and Vishny，1994）、周中胜和罗正英（2011）指出，政企关联使政府和企业之间形成了利益共同体，受到地方政府政治经济利益的影响，企业一定程度上承担了发展地方经济、扩大就业、增加税收、维护社会稳定等多重目标，导致企业经营目标多元化，造成企业在经营行为方面偏离经济理性，促使企业为了实现多元化目标进行更多的固定资产投资和多元化扩张，从而导致过度投资。此外，具有政企联系的企业的管理者会存在过度自信行为，容易对市场情况产生预期偏差，认为即使发生产能过剩也是淘汰低效率企业而不是自己，从而导致盲目的过度投资（梁莱歆、冯延超，2010）。

除了上述几点外，对处于产能过剩行业中的企业来说，由于存在资产专用性、沉没成本和各种政策性退出壁垒，亏损的或低效率的企业无法实现有效退出，企业扩大投资一方面可以获得价格扭曲的要素形成的政策性补贴收益，另一方面还可以挤压其他企业的生存空间，以规模优势赢得市场竞争的胜利，而且由于企业只要运营就可以保证财政收入的稳定，企业规模越大所能贡献的增值税和营业税也越多，政府更多地在意企业是否运营和企业规模大小，会默许这种投资扩张行为。因此，在信息不对称的情况下，如果每个处于产能过剩行业的企业都做出扩大投资的决策时，这种投资扩张就会进一步加剧过剩程度。

综上所述，根据要素价格扭曲对企业过度投资行为的影响机制分析，本章提出有待验证的假设：

假设1：要素价格扭曲会对企业产生过度投资的扭曲激励，而且要素价格扭曲程度越高，企业的过度投资越严重。

假设2：要素价格扭曲使企业能够以较低成本获得生产要素，对企业形成了补贴收入效应，放松了企业的融资约束，诱导企业过度投资。

假设3：要素价格扭曲引发并加剧了企业的寻租现象，导致企业过度投资。

5.1.2　要素价格扭曲对不同特征企业过度投资的差异化影响

1. 要素价格扭曲与不同所有制企业过度投资

在要素价格扭曲的情况下，政府对国有企业有求必应的"父爱主义"倾向和国有企业与政府之间天然的政治关联，使得国有企业更多地优先获得了低成本的要素资源，导致国有企业内部成本和风险严重外部化，具有低成本投资扩张动机。然而，由于其本身就掌握着大量的低成本要素资源和政治资源，国有企业对要素价格扭曲程度变动不敏感，因此要素价格扭曲程度提高对国有企业过度投资的推动作用可能并没有想象中那么强（叶宏庆等，2015）。相对国有企业来说，银行信贷歧视使得民营企业面临着比国有企业明显较高的外部融资约束（吴宗法、张英丽，2011），而在要素价格扭曲的情况下，民营企业能够以较低成本获取企业发展所需的要素资源，这在一定程度上也放松了民营企业的融资约束，增强了民营企业的过度投资能力，再加上要素价格扭曲形成的超额利润补贴也强化了民营企业的过度投资冲动，而且民营企业缺乏政治背景，在要素资源竞争中缺乏优势，民营企业为了获取低成本的资源和政策支持更加倾向于通过寻租与政府建立政治联系，在政府政治经济目标的影响下，投资扩张成为民营企业的最佳选择，叶宏庆等（2015）也认为财政补贴和较低的融资价格会更显著地推动民营企业过度投资。最后，对于外资企业来说，其自身具有雄厚的资金实力、先进的管理经验和生产技术，企业决策制度和内部约束机制较健全，企业的投资行为更多的是从利润动机出发，要素价格扭曲并不会对其投资行为产生显著影响。据此本章提出待验证假设：

假设 4：要素价格扭曲对民营企业过度投资行为的推动作用最强，其次是国有企业，对外资企业的过度投资行为没有显著的促进作用。

2. 要素价格扭曲与不同行业、不同规模企业过度投资

从不同行业属性角度来看，由于资本密集型的重工业具有投资规模大、产出水平高的特征，对拉动地区经济增长、促进就业和增加财政收入的作用比轻工业更加显著，而且重工业的经济体量大、迁移性较小，吸引重工业投资和推动重工业产能扩张能显著提升地方官员政绩，更加符合地方政府的政治经济利益需求，因此重工业企业获得了更多的低成本要素资源支持，要素价格扭曲使得重工业的投资成本和投资风险外部化较为严重，对重工业企业融资约束的放松作用更强，增强了重工业企业的过度投资动机和能力，重工业企业也倾向于扩大投资以获取超额补贴收益。因此，相对于轻工业来说，要素价格扭曲更容易引起重工业企

业过度投资，叶宏庆等（2015）的研究也得到了较低的融资成本会促进资本密集型重工业过度投资的结论，黄健柏等（2015）的研究表明土地价格扭曲对民营和外资的重工业企业过度投资有显著正向影响。另外，要素价格扭曲的替代效应也使得整个经济社会倾向于过度使用资本，发展资本密集型行业，加剧了资本密集型重工业过度扩张的情况。

从不同企业规模的角度来看，规模越大的企业越能够受到地方政府重视，从而容易获得低成本要素资源，而且地方政府为了自身利益还会利用掌握的资源帮助大型企业上市、发行企业债券，使大型企业可以进一步掠取低成本的金融资源，此外，企业规模越大实力越强，在要素市场的议价能力就越强，而且其拥有的可以用于抵押从而获取银行信贷支持的资产规模较大，银行也更愿意为大型企业提供信贷支持，这些都会导致规模较大企业能够更多地获取低成本的要素，从而要素价格扭曲更大程度上导致规模较大企业的经营成本和经营风险严重外部化，对规模较大企业容易形成过度投资的扭曲激励。同时规模较大企业拥有更加雄厚的经济实力向政府寻租从而获取这些低成本要素资源所形成的超额显性利润，而政企联系也使得规模较大企业更容易产生过度投资行为。据此本章提出待验证假设：

假设5：相对于轻工业来说，要素价格扭曲会显著推动资本密集型的重工业企业的过度投资。

假设6：相对于规模较小的企业，要素价格扭曲会对规模较大企业产生显著的过度投资的扭曲激励。

3. 要素价格扭曲与经济发展水平和政府干预程度差异化地区的企业过度投资

我国改革开放以来，以地区经济增长水平、就业等为主要考核指标的政治晋升体制使地方政府面临着巨大的政治晋升压力。在以经济增长为基础的"政治晋升锦标赛"模式下，地方官员的晋升与地方经济增长绩效挂钩，地方官员为了获得晋升机会而努力发展地方经济，地方经济发展水平越低，越容易影响地方官员的晋升，使地方官员在政治晋升竞争中缺乏优势（周黎安，2007；曹春方等，2014），同时也受到财政分权体制下地方政府财政收支矛盾不断激化的影响，经济增长速度较低的地区，地方官员促进经济增长的愿望就更强烈，而扩大投资规模是最直接且见效快的方式，这就导致地方政府有较强的动机通过扭曲要素价格从而推动企业过度投资。因此，经济发展水平越低的地区，政府对经济的干预程度也越高，从而要素价格扭曲更严重，对企业过度投资的推动作用更强。据此本章提出待验证假设：

假设 7：要素价格扭曲对企业过度投资的推动作用会随着地区经济发展水平的提高而减弱，会随着政府干预程度的提高而提高。

5.2　要素价格扭曲导致企业过度投资的实证设计

5.2.1　样本选择、数据来源和数据处理

本章使用微观企业数据作为实证研究的基础，数据来源于中国国家统计局《中国工业企业数据库》，该数据库的统计对象包含了 1998 ~ 2007 年全部国有工业企业及规模以上非国有工业企业，截至 2007 年底，该数据库共统计了中国 31 万多家工业企业，统计企业总产值占中国工业总产值的 95% 左右（鲁晓东、连玉君，2012）。由于该数据库存在很多不足，需要进行详细的数据整理，本章借鉴布兰特等（Brandt et al.，2012）的方法对样本进行匹配处理，采用企业代码、企业名称、法人代表姓名、电话号码、邮政编码、省地县码、主要产品、行业类别、登记注册类型、企业控股情况和开工时间等 11 个企业基本信息变量作为基准变量进行匹配。在样本筛选方面，本章借鉴聂辉华等（2012）、简泽等（2013）、靳来群（2015）和其他学者的方法：剔除工业总产值、工业增加值、总资产、总固定资产、固定资产净值、固定资产原值、销售额、从业人数、中间投入缺失、为零或负值的样本；剔除从业人数少于 8 人的样本；剔除不满足规模以上标准，即销售额小于 500 万元的样本；剔除实收资本小于或等于零以及国家资本金、集体资本金、港澳台资本金和外商资本金小于零的样本；剔除总资产小于流动资产、总资产小于固定资产净值、固定资产原值小于固定资产净值的样本、总固定资产大于总资产、累计折旧小于本年折旧、利息支出大于负债合计、工业增加值或中间投入大于总产出等不符合基本会计准则的样本；剔除开工

时间小于 1949 或大于 2007 或存在缺失值或企业年龄为负值的样本；剔除省地县码缺失的样本；剔除应付工资总额小于等于零的样本；剔除补贴收入为负值的样本；剔除出口交货值为负值、新产品产值为负值、销售产值为零、本年折旧为负值、管理费用为负值、负债合计为负值的样本。对于工业增加值缺失的样本，采用工业增加值 = 工业总产值 - 工业中间投入 + 应交增值税的公式进行补齐。进一步地，根据 2003 年开始实施的国民经济行业分类标准（GB/T 4754 - 2002）对二位码行业类别进行调整，并剔除"木材及竹材采运业""其他采矿业"和"废弃资源和废旧材料回收加工业"，同时与现有文献一致，由于采矿业受资源禀赋的约束较强，"烟草制品业""电力、热力的生产和供应业""燃气的生产和供应业"和"水的生产和供应业"具有政府经营特许权，存在严重的行政垄断特征，予以剔除，本章只使用制造业企业数据。通过数据整理和异常值的剔除，最终得到了 1998 ~ 2007 年 28 个制造业行业的非平衡面板数据。另外，本章研究所需的价格指数数据来源于历年《中国统计年鉴》。

5.2.2 关键变量的衡量

1. 企业过度投资的衡量

本章参考理查森（Richardson，2006）的预期投资模型对企业的过度投资情况进行衡量。理查森（Richardson，2006）的预期投资理论将企业投资分成合理的正常投资和不合理的非效率投资（过度投资或投资不足），企业的正常投资由企业成长机会、企业规模、融资约束、投资惯性、所处行业、技术进步等因素决定，据此可以建立企业投资模型估计出企业的合理投资水平，并采用估计得到的残差项表示实际投资水平和合理投资水平的差异，以此衡量企业的非效率投资情况，残差项为正表示企业的过度投资水平，残差项为负表示企业的投资不足水平。该模型得到了学术界的广泛应用（唐雪松等，2010；王立国、鞠蕾，2012；黄健柏等，2015），具体模型设定如下：

$$\text{invest}_{i,t} = \alpha_0 + \alpha_1 \text{growth}_{i,t-1} + \alpha_2 \text{lev}_{i,t-1} + \alpha_3 \text{age}_{i,t-1} + \alpha_4 \text{size}_{i,t-1}$$
$$+ \alpha_5 \text{invest}_{i,t-1} + \sum \text{industry} + \sum \text{year} + u_i + \varepsilon_{i,t} \quad (5-1)$$

式中，$invest_{i,t}$表示企业当年的固定资产投资水平，由于企业的当年固定资产投资额没有统计，因此借鉴陈诗一（2011）、毛其淋和盛斌（2013）的方法计算得到，当年固定资产投资额 = 当年固定资产原价合计 – 上一年固定资产原价合计，当年固定资产投资水平通过当年固定资产投资额与上一年总资产的比值得到；$growth_{i,t-1}$表示企业的成长水平，采用主营业务收入增长率衡量；$lev_{i,t-1}$表示企业的财务杠杆，用资产负债率衡量；$age_{i,t-1}$表示企业年龄，采用样本统计年份与企业成立年份的差值衡量；$size_{i,t-1}$表示企业规模，采用企业总资产的自然对数值衡量；$invest_{i,t-1}$表示企业上一年的投资水平，可以控制其他不可观测的影响因素；industry 和 year 分别为行业虚拟变量和时间虚拟变量，控制行业异质性和宏观经济波动的影响；u_i 为企业的个体异质性。理查森（Richardson，2006）的过度投资模型中还包括企业的股票投资收益率和现金持有量两个变量，但由于中国工业企业数据库中的样本企业大多为非上市公司，无法获得企业的股票投资收益率，而且由于相关统计指标的缺失，企业的现金持有量也无法准确计算，考虑到数据的可得性和计算过程造成的误差影响，本章的模型中不包含股票收益率和现金持有量两个变量。通过模型估计得到残差项后，令 overinvest 表示企业的过度投资水平，若残差项为正，则表示企业的过度投资水平，若残差项小于等于零则表示企业不存在过度投资，将其数值设为零。overinvest 数值越大，表明企业的过度投资水平越高。

2. 要素价格扭曲的衡量

经过前文的分析，由于劳动要素的供给由劳动者自身决定，改革开放以来地方政府对劳动要素直接干预程度相对较弱，劳动价格扭曲更多的是源于特殊的体制原因和行业差异。相对来说，要素价格的扭曲主要集中在资本、土地、矿产资源开采权、水电价、环境资源等方面，而土地、矿产资源开采权、水电价、环境资源等价格扭曲对企业过度投资的影响最终还是通过降低了企业的资本使用成本的形式传导，而且受地域限制较多，同时考虑到数据的可获得性和完整性，本章将以资本价格扭曲为代表，实证检验要素价格扭曲对企业过度投资的影响。

由于第 4 章采用的生产函数法只能衡量要素的绝对价格扭曲和不同要素之间的相对要素价格扭曲，无法很好度量要素在不同部门之间的相

149

对价格扭曲情况，从而不能显示出不同行业的企业使用资源的相对成本信息，为了体现市场上不同行业间的要素价格相对扭曲状况，本章借鉴青木周平（Aoki，2012）和陈永伟、胡伟民（2011）构建的多部门完全竞争市场均衡模型对要素价格扭曲进行具体的定义，然后通过设定具体的计量模型进行测度。

假设在完全竞争的市场中存在 N 个行业，使用资本（K）和劳动（L）进行生产活动，行业中的企业都是同质的，同一行业的企业生产函数相同，生产函数只存在行业间差异，同时假设企业在产品市场和要素市场是价格接受者，因此同一行业的生产活动可以由一个代表性企业表示。市场完全竞争情况下企业面临的要素价格为资本要素价格 p_K、劳动要素价格 p_L，但由于现实中存在市场分割、垄断势力、政府干预等因素导致市场不完全，企业在要素市场上面临的价格是扭曲的，借鉴多勒和魏（Dollar and Wei，2007）与谢和克莱诺（Hsieh and Klenow，2009）的研究思路，假设要素价格扭曲以征收扭曲税的形式表示，不同行业面临着不同的要素价格扭曲税，因此不同行业中企业的要素实际支付价格分别为资本价格 $(1 + \tau_{K_i})p_K$、劳动价格 $(1 + \tau_{L_i})p_L$，其中 τ_{K_i}、τ_{L_i} 分别表示不同行业的要素价格扭曲税。假设代表性企业生产函数为柯布—道格拉斯形式：

$$Y_i = A_i K_i^{\beta_{K_i}} L_i^{\beta_{L_i}} \tag{5-2}$$

式中，Y_i 表示产出，A_i 表示全要素生产率，K_i、L_i 表示资本投入、劳动投入，β_{K_i}、β_{L_i} 表示资本、劳动对产出的贡献份额。假设 p_i 是行业 i 中企业面临的产品价格，则企业的利润最大化问题为：

$$\max_{K_i, L_i} \pi_i = p_i Y_i - (1 + \tau_{K_i})p_k K_i - (1 + \tau_{L_i})p_L L_i \tag{5-3}$$

其中，π_i 是行业 i 中代表性企业的利润，利润最大化的一阶条件是：

$$\beta_{K_i} p_i Y_i = (1 + \tau_{K_i})p_k K_i, \quad \beta_{L_i} p_i Y_i = (1 + \tau_{L_i})p_L L_i \tag{5-4}$$

最优化问题的一阶条件表明，在市场不完全、存在要素价格扭曲的情况下，市场中的行业和企业在边际产出等于包含扭曲税的要素实际支付价格的水平上进行生产，而不是完全竞争市场条件下边际产出等于没有扭曲情况下的市场价格水平上进行生产。假设社会中的要素资源是有限的、外生给定，则要素资源约束条件为：

$$\sum_{i=1}^{N} K_i = K, \quad \sum_{i=1}^{N} L_i = L \tag{5-5}$$

整个经济的总产量 Y 由各行业的产量和产品价格决定，即加总的生产函数为：

$$Y = \sum_{i=1}^{N} p_i Y_i \qquad (5-6)$$

经济总产量的生产函数假设为规模报酬不变，因此：

$$\frac{\partial Y}{\partial Y_i} = p_i \qquad (5-7)$$

结合以上基本设定，可以定义一个存在要素价格扭曲的竞争均衡，即：在给定全要素生产率 A_i、各行业生产要素价格扭曲税（τ_{K_i}、τ_{L_i}）和整个经济社会要素资源总量（K、L）的情况下，根据约束条件式（5-4）、式（5-5）、式（5-6）和式（5-7），可以得到要素价格扭曲情况下的各行业生产要素投入量和生产要素价格的竞争均衡最优解：

$$K_i = \left[\frac{\beta_{K_i} p_i Y_i}{(1 + \tau_{K_i}) p_k} \bigg/ \sum_{j}^{N} \frac{\beta_{K_j} p_j Y_j}{(1 + \tau_{K_j}) p_k} \right] K \qquad (5-8)$$

实际上，τ_{K_i}、τ_{L_i} 就反映了要素价格对完全竞争情况下均衡价格的绝对扭曲，值为正时表示要素价格正向绝对扭曲，值为负时表示要素价格负向绝对扭曲，其绝对值越大表示要素价格扭曲程度越高，为了进行要素价格扭曲分析，定义行业 i 的资本要素价格绝对扭曲系数为：

$$\lambda_{K_i} = 1 / (1 + \tau_{K_i}) \qquad (5-9)$$

绝对扭曲系数表示企业在存在扭曲情况下的要素价格相对于无扭曲情况下的成本加成情况，体现了企业要素使用成本信息。当资本价格高于正常水平时，$\tau_{K_i} > 0$，$0 < \lambda_{K_i} < 1$，企业使用资本的成本增加；当资本价格低于正常水平时，$\tau_{K_i} < 0$，$\lambda_{K_i} > 1$，企业使用资本的成本降低。

在竞争均衡情况下，行业 i 在整个经济社会所占的产出份额为 $s_i = p_i Y_i / Y$，以产出加权的整个经济的资本份额为 $\tilde{\beta}_K = \sum s_i \beta_{K_i}$，资本价格的相对扭曲系数为：

$$\tilde{\lambda}_{K_i} = \lambda_{K_i} \bigg/ \sum_{j=1}^{N} (s_j \beta_{K_j} / \tilde{\beta}_K) \lambda_{K_j} \qquad (5-10)$$

要素的相对价格扭曲系数表示各行业的要素资源价格相对于整个经济平均水平的偏离程度，反映各行业要素价格扭曲的相对情况，决定要素在各行业的配置情况。例如，相对于整个经济的平均水平而言，行业 i 的资本使用价格较高，则 $0 < \tilde{\lambda}_{K_i} < 1$；如果相对来说行业的资本使用

价格较低，则 $\tilde{\lambda}_{K_i} > 1$；在不存在要素价格扭曲税的情况下，资本的相对价格扭曲系数为1。由式（5 – 8）和式（5 – 10）可得：

$$K_i = (s_i \beta_{K_i} / \tilde{\beta}_K) \tilde{\lambda}_{K_i} K \qquad (5 – 11)$$

进而资本要素的相对价格扭曲系数可以写为：

$$\tilde{\lambda}_{K_i} = (K_i / K) / (s_i \beta_{K_i} / \tilde{\beta}_K) \qquad (5 – 12)$$

其中，K_i / K 表示行业 i 中代表性企业使用的资本占整个经济社会资本量的比例，$s_i \beta_{K_i} / \tilde{\beta}_K$ 表示资本有效配置时的资本使用比例，$\tilde{\lambda}_{K_i}$ 既可以表示行业间要素价格的相对扭曲状况，又可以反映要素在行业间的错配情况。当企业的资本使用价格较高时，企业倾向于减少资本要素投入，此时 $0 < \tilde{\lambda}_{K_i} < 1$；当企业的资本使用价格较低时，企业会增加资本投入量，过度使用资本要素，此时 $\tilde{\lambda}_{K_i} > 1$。同理，可以得到劳动的相对价格扭曲系数分别为 $\tilde{\lambda}_{L_i} = (L_i / L) / (s_i \beta_{L_i} / \tilde{\beta}_L)$。

为了计算要素相对价格扭曲系数，必须对生产函数和要素的产出弹性系数进行合理估计，因此，本章将对柯布—道格拉斯形式的生产函数进行估计：

$$\ln Y_{i,t} = \beta_0 + \beta_K \ln K_{i,t} + \beta_L \ln L_{i,t} + \omega_{i,t} + \varepsilon_{i,t} \qquad (5 – 13)$$

式中，$\ln Y_{i,t}$、$\ln K_{i,t}$ 和 $\ln L_{i,t}$ 分别表示 i 企业在第 t 年的产出、资本投入和劳动投入的对数值；$\omega_{i,t}$ 表示企业的生产率水平，企业可以观测到自身的生产率水平，并据此做出投资决策；$\varepsilon_{i,t}$ 是随机干扰项。关于企业产出水平的衡量，由于工业总产值在统计时包含了中间投入，中国企业的工业总产值与中间投入高度相关，本章采用工业总产值作为企业产出水平的整体和分行业估计结果中，工业总产值和中间投入的相关系数在 0.8 左右，中间投入的产出贡献份额挤压了资本和劳动正常的产出贡献份额，无法得到偏差较小、准确的资本和劳动的产出贡献份额，而工业增加值不包含中间投入，可以较好地反映企业的最终生产能力（鲁晓东、连玉君，2012）。因此，这里采用企业的工业增加值衡量企业的产出水平，并采用工业生产者出厂价格指数折算成 1998 年不变价。关于企业资本投入的衡量，由于永续盘存法的计算结果很大程度上受到对基期资本存量、投资额和折旧率等因素的假设和处理方法的影响，不同的估算方法得到的结果存在较大差异，再加上我国转型时期非市场化因素可能导致投资和折旧出现非常规波动，也考虑到我国统计数据信息不完善等的影响，永续盘存法在实际应用过程中存在各种困难（程俊杰，2015b），而且数据库中存在着很多企业进入退出行为，会造成企业投资额数据的大量缺失，影响资本存量估计的准确性。为了减少数据估计环节带来的偏差，本章借鉴庞瑞芝和李鹏（2011）、吴延兵和米增渝（2011）、韩国高等（2011）、陈永伟和胡伟民（2011）等研究的做法，采用企业的固定资产净值年平均余额作为资本存量的替代指标，并采用固定资产投资价格指数折算成 1998 年不变价。企业的劳动投入采用企业的全部从业人数衡量。

由于本章采用的是微观企业数据，因此在对生产函数进行估计时会面临同时性问题和样本选择偏误问题。同时性问题是指，在企业的实际运营过程中，自身的生产率是可以观察到的，企业会根据自身的生产率信息调整要素投入以实现利润最大化，在这种情况下，如果误差项代表生产率，则误差项和解释变量存在相关性，从而使得 OLS 估计产生偏误，这主要表现为，在企业的生产率信息可观测的情况下，相对于资本来说劳动投入在短期内的可调整性更高，生产率较高的企业更倾向于保持较大规模的资本使用量，导致 OLS 估计会高估劳动的产出贡献份额，低估资本的产出贡献份额。样本选择偏误问题是指，由于生产率会影响企业的进入、退出决策，一般来说，只有生产率较高的企业才会选择留在市场中，因此，对观测到的样本进行估计时，忽略企业的进入、退出行为会造成估计偏误。为了克服传统 OLS 估计中的同时性问题和样本选择偏误问题，本章借鉴毛其淋和盛斌（2013）、杨汝岱（2015）的做法，采用奥利和帕克斯（Olley and Pakes，1996）提出的 OP 半参数三步估计法对生产函数进行估计，将误差项分为可观测到能够影响企业投入的生产率 $\omega_{i,t}$ 和随机误差项 $\varepsilon_{i,t}$，并将企业投资作为可观测生产率冲击的代理变量，处理同时性问题，企业当年投资额由企业当年固定资产原价合计与上年固定资产原价合计的差额得到；同时采用生存概率模型估计了企业的进入和退出行为，控制了样本选择偏误。考虑到各行业间存在显著的异质性，本章将分行业进行生产函数的估计。

5.2.3　实证检验的模型构建

为了对要素价格扭曲导致企业过度投资的影响机制进行实证检验，本章以企业过度投资水平作为被解释变量，以资本价格扭曲为核心解释变量，同时为了避免遗漏变量导致估计偏误，考虑到企业的过度投资还会受到其他企业层面和行业层面因素的影响，本章在借鉴已有文献研究的基础上，加入了相应的企业特征和行业特征控制变量，另外，借鉴宋淑琴和姚凯丽（2014）的做法，加入年份虚拟变量控制宏观经济的影响响，具体模型设定如下：

$$\text{overinvest}_{i,t} = \beta_0 + \beta_1 \text{distk}_{i,t} + \delta \text{control}_{i,t} + \sum \text{year} + \varepsilon_{i,t} \quad (5-14)$$

式中，$\text{overinvest}_{i,t}$ 是根据式（5-1）计算得到的企业在第 t 年的过度投资水平；$\text{distk}_{i,t}$ 表示企业的资本价格扭曲水平；$\text{control}_{i,t}$ 为其他控制变量；$\varepsilon_{i,t}$ 为随机误差项。考虑到企业过度投资水平的数据特征，本章采用 Tobit 模型进行回归，并使用聚类稳健标准误。模型中的控制变量主要包括：

企业规模（size），采用企业销售收入取自然对数衡量，并以 1998 年为基期的商品零售价格指数进行平减。企业融资约束（leverage），采用企业的资产负债率度量，利用负债总额与资产总额的比值得到，资产负债率越高表明企业对外部资金的依赖程度越高，同时资产负债率越高也意味着企业能够用于抵押的资产减少，说明企业的融资能力降低，融资难度提升。企业盈利水平（profit），采用企业的利润率表示，利用企业的利润总额与销售收入的比值衡量。企业管理费用率（mfee），采用企业的管理费用与销售收入比值得到，管理费用率越高表明管理性的组织费用占用了较多的利润，企业可能处于低效运转状态，会抑制过度投资，同时管理费用中包括业务招待费、差旅费等非生产性支出，寻租的支出最可能隐藏在管理费用中（万华林和陈信元，2010），管理费用越高在一定程度上也说明企业为获取低成本要素而向政府寻租的成本就越高，从而政企关联紧密，企业过度投资水平越高。企业市场势力（lerner），参考杨振兵（2016）的研究方法，采用勒纳指数衡量企业的市场势力，利用公式 lerner =（VAI－LC）/Y 计算得到，式中 VAI 为工业增加值，LC 为劳动工资总额，Y 为工业总产值。行业竞争程度（hhi），利用企业所属二位码行业的赫芬达尔指数表示，赫芬达尔指数越高，表明市场集中度越高，从而市场竞争水平越低。

为了验证假设 2，本章在基准模型（5-14）基础上加入了要素价格扭曲与企业融资约束的交互项，构建以下模型：

$$\begin{aligned}
\text{overinvest}_{i,t} = {} & \beta_0 + \beta_1 \text{distk}_{i,t} + \beta_2 \text{distk}_{i,t} \times \text{leverage}_{i,t} \\
& + \delta \text{control}_{i,t} + \sum \text{year} + \varepsilon_{i,t} \quad (5-15)
\end{aligned}$$

为了验证假设3，本章在基准模型（5－14）基础上加入了要素价格扭曲与企业管理费用率的交互项，构建以下模型：

$$\text{overinvest}_{i,t} = \beta_0 + \beta_1 \text{distk}_{i,t} + \beta_2 \text{distk}_{i,t} \times \text{mfee}_{i,t}$$
$$+ \delta \text{control}_{i,t} + \sum \text{year} + \varepsilon_{i,t} \qquad (5-16)$$

针对假设4至假设7，本章采用样本分组检验方法，验证要素价格扭曲对异质企业过度投资的差异化影响。对于假设4，本章将样本总体按照企业所有制类型分为国有企业、民营企业和外资企业三组，在不同样本分组下对模型（5－14）进行回归检验；对于假设5，根据国家统计局对轻重工业的划分办法，将制造业行业分成重工业和轻工业两组，行业二位数代码为13～24、27、28、42的是轻工业，行业二位数代码为25、26、29～37、39～41的是重工业，进行轻重工业分组回归；对于假设6，本章计算行业内企业平均销售额衡量行业内企业平均规模，利用企业年均规模的三分位数将制造业企业分为三组，分别是大型企业、中型企业和小型企业，通过样本分组回归对假设进行验证；针对假设7，根据国家统计局对于三大经济地带的划分，根据企业所在地区划分为东部沿海经济发达地区、中部经济欠发达地区和西部经济不发达地区，对三组样本分别进行回归，同时借鉴张洪辉和王宗军（2010）的做法，本章利用樊纲、王小鲁和朱恒鹏编制的历年《中国市场化指数——各地区市场化相对进程报告》中的地方政府干预指数数据，采用其三分位数将样本分为政府干预程度高、中和低三个地区样本组，通过样本分组回归对假设进行验证。

5.3　关键变量的估计结果及分析

5.3.1　企业过度投资水平的估计结果

对模型（5－1）采用面板数据固定效应模型进行估计，得到系数估计结果如表5－1所示。企业成长水平对企业投资有正向影响，企业的年龄、规模和上期投资对企业当期的投资行为有显著的负向影响，这与黄健柏等（2015）的研究结论一致，但与理查森（Richardson，2006）

的结果相反，企业资产负债率对企业当期的投资行为不但没有抑制作用，反而存在显著的促进投资作用，唐雪松等（2010）、王立国和鞠蕾（2012）得到了由资产负债率衡量的企业财务杠杆变量不显著的结论，正如俞红海等（2010）的研究指出的，这可能是由于中国转型时期特殊的制度背景和所处发展阶段造成的。

表 5 - 1   预期投资模型估计结果

变量	系数
$growth_{i,t-1}$	0.0044 *** （8.603）
$lev_{i,t-1}$	0.0382 *** （11.457）
$age_{i,t-1}$	− 0.0005 ** （− 2.442）
$size_{i,t-1}$	− 0.2916 *** （− 132.756）
$invest_{i,t-1}$	− 0.1649 *** （− 154.889）
cons	2.9310 *** （91.854）
industry	控制
year	控制
观测值	736780
R^2	0.0946

注：括号内为系数 t 值；** 和 *** 分别表示 5% 和 1% 的显著性水平。
资料来源：笔者根据 Stata 估计结果整理。

根据预期投资模型估计结果可以计算得到企业的过度投资水平，从整体来看，年均 19% 的制造业企业存在过度投资情况，2004 年和 2005 年的过度投资企业比例最低，分别为 16% 和 17.8%，2006 年的过度投资企业比例最高为 28%，其余年份都维持在 22% 左右。从图 5 - 1 的轻重工业企业过度投资情况来看，重工业行业中存在过度投资的企业数量远高于轻工业企业，且呈逐年上涨的趋势，而轻工业行业中的过度投资企业数量在逐渐减少，在一定程度上说明重工业企业的过度投资现象更严重，但从企业过度投资水平来看，轻工业企业的过度投资水平整体上高于重工业企业。

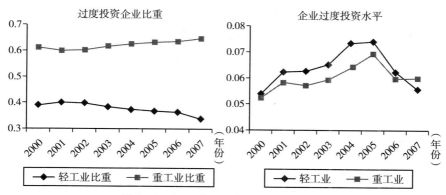

图 5 − 1　轻、重工业企业过度投资情况

资料来源：笔者绘制。

从图 5 − 2 的分所有制工业企业过度投资情况来看，过度投资的民营企业比重逐年上升并且在 2002 年超过国有企业，过度投资企业中国有企业和外资企业的比重逐年减少，国有过度投资企业比重下降幅度高于外资企业。从企业过度投资水平来看，民营企业过度投资水平最高，其次是国有企业和外资企业，导致这种现象的原因可能是：一方面随着市场化经济体制的不断完善，非公有制经济得到了迅速发展，数据库中民营企业数量不断增加，到 2007 年占全国工业企业总数的 70% 左右，外资企业也达到了 21%，而国有企业比重到 2007 年下降到 13%，民营企业的投资急剧增长，尤其在我国 2001 年加入世贸组织以后，各项产业政策得到相应的调整，鼓励非公有制经济进入国民重要行业，民营经济的投资增长速度年均高达 50%，这也是 2003 年开始经济过热的原因之一（周炼石，2007）；另一方面，由于我国目前属于发展中国家，处于世界前沿产业链的内部，加上我国地方政府出于政治和经济利益对某些重点发展行业投资的推波助澜，整个社会很容易对投资方向形成共识（林毅夫，2007），导致大量的私人资本过度投资，而随着国有企业改革的不断深化，国有企业逐渐建立和完善了现代企业制度，再加上国有企业数量所占比重逐年下降，国有企业的过度投资水平和过度投资企业比重都低于民营企业。外资企业具有科学、合理的管理制度和财务制度，企业投资主要从利润最大化角度考虑，因此外资过度投资企业比重和过度投资水平变化较平稳，且都呈下降趋势。为了应对经济过热和通货膨胀压力，确保经济软着陆，我国从 2003 年就开始针对部分行业投资过热现象进行控制和治理，2006 年更是制定了一系列宏观调控政策严控投资行为，从而使得工业企业过度投资现象得到抑制，从图中表现为企业的过度投资水平从 2005 年开始逐渐下降。

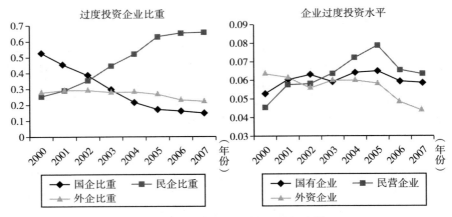

图 5 - 2　分所有制工业企业过度投资情况

资料来源：笔者绘制。

5.3.2　要素价格扭曲的估计结果

1. 生产函数的估计结果

本章利用 OP 方法对生产函数进行了分行业估计，估计结果如表 5 - 2 所示。绝大多数行业的资本和劳动的产出弹性系数在 1% 的显著性水平下显著，在制造业中，轻工业行业的劳动产出弹性系数都高于资本产出弹性系数，表明轻工业行业中劳动对产出增长的贡献大于资本。重工业行业中除了石油加工、炼焦及核燃料加工业，化学原料及化学制品制造业和非金属矿物制品业的资本产出弹性系数超过劳动产出弹性系数外，其他重工业行业也表现出劳动的产出弹性系数大于资本的产出弹性系数的现象，这表明随着产出中要素贡献份额的变化，劳动要素对重工业行业产出增长的作用逐渐增大，出现资本产出弹性下降、劳动产出弹性上升的趋势（周明生，2011），杨汝岱（2015）也得到了劳动系数大于资本系数的结果。

表 5 – 2　　　1998～2007 年中国制造业分行业生产函数估计结果

行业	资本系数	劳动系数
农副食品加工业（13）	0.268 *** （15.43）	0.391 *** （43.63）
食品制造业（14）	0.261 *** （10.40）	0.411 *** （31.13）
饮料制造业（15）	0.282 *** （6.25）	0.401 *** （22.23）
纺织业（17）	0.223 *** （13.64）	0.410 *** （74.83）
纺织服装、鞋、帽制造业（18）	0.195 *** （16.15）	0.472 *** （60.90）
皮革、毛皮、羽毛及其制品业（19）	0.267 *** （12.13）	0.436 *** （41.27）
木材加工及木竹藤棕草制品业（20）	0.248 *** （5.10）	0.406 *** （31.27）
家具制造业（21）	0.196 *** （5.30）	0.529 *** （33.22）
造纸及纸制品业（22）	0.277 *** （9.93）	0.392 *** （30.99）
印刷和记录媒介复制业（23）	0.220 *** （7.01）	0.373 *** （26.24）
文教体育用品制造业（24）	0.130 *** （4.24）	0.461 *** （36.39）
石油加工、炼焦及核燃料加工业（25）	0.354 *** （6.85）	0.241 *** （9.81）
化学原料及化学制品制造业（26）	0.303 *** （18.91）	0.237 *** （33.99）
医药制造业（27）	0.258 *** （8.57）	0.418 *** （28.26）
化学纤维制造业（28）	0.247 * （1.73）	0.369 *** （15.38）
橡胶制品业（29）	0.287 *** （8.26）	0.369 *** （24.53）
塑料制品业（30）	0.278 *** （9.79）	0.378 *** （46.91）
非金属矿物制品业（31）	0.295 *** （19.71）	0.277 *** （47.27）
黑色金属冶炼及压延加工业（32）	0.267 *** （7.03）	0.388 *** （29.44）
有色金属冶炼及压延加工业（33）	0.310 *** （8.91）	0.311 *** （21.30）
金属制品业（34）	0.230 *** （14.22）	0.373 *** （51.20）
通用设备制造业（35）	0.257 *** （16.51）	0.370 *** （53.74）
专用设备制造业（36）	0.260 *** （11.39）	0.362 *** （37.28）
交通运输设备制造业（37）	0.229 *** （9.83）	0.414 *** （42.11）
电气机械及器材制造业（39）	0.280 *** （13.55）	0.410 *** （57.45）
通信设备、计算机及其他电子设备制造业（40）	0.257 *** （13.83）	0.446 *** （55.51）
仪器仪表及文化、办公用机械制造业（41）	0.255 *** （9.22）	0.373 *** （30.37）
工艺品及其他制造业（42）	0.207 *** （13.63）	0.382 *** （38.39）

注：括号内为系数 z 值；＊和＊＊＊分别表示 10% 和 1% 的显著性水平。

资料来源：笔者根据 Stata 估计结果整理。

2. 资本价格扭曲

根据式（5-2）~式（5-12）对资本价格扭曲的推导过程，利用 OP 方法估计得到的生产函数系数，可以计算得到资本的相对价格扭曲情况，如表 5-3 所示的个别年份的中国制造业行业资本价格扭曲。从表中可以发现，整体上来说，制造业的资本价格相对扭曲程度大致呈逐年下降的趋势，行业间的资本要素使用成本的差异逐渐缩小。从各行业具体的资本相对价格和资本使用情况来看，制造业各行业的资本价格相对扭曲差异较大，大部分轻工业表现出由于获得资本的成本较高而较少使用资本的情况，这也与轻工业自身的行业特征有关，轻工业行业主要投入要素是劳动要素，因此相对来说资本使用较少，重工业行业中的石油加工、炼焦及核燃料加工业，化学原料及化学制品制造业，非金属矿物制品业，黑色金属冶炼及压延加工业，有色金属冶炼及压延加工业，交通运输设备制造业和电气机械及器材制造业由于其资本密集型的行业特征，而且受到政府的各方面支持较多，资本使用价格相对较低，这些行业存在资本的过度使用情况。同时还可以发现，部分轻工业也存在资本价格相对过低从而过度使用资本的情况，而重工业行业中也存在部分行业面临着过高的资本价格而导致资本使用不足的情况，这主要是因为通过青木周平（Aoki, 2012）完全竞争均衡模型计算得到的是各行业与整个经济社会相比的资本使用成本情况，而实际上市场并不是完全竞争的，行业间资本使用相对成本的影响因素是错综复杂的，企业获取资本的成本还会受到各种非市场因素的影响，比如会受到所处地域经济发展状况、金融市场发育程度、地方政府支持力度等各方面的约束，从而表现出差异化的资本价格扭曲和资本使用情况，陈永伟和胡伟民（2011）也得到了类似的结果。

表 5-3　　　1998~2007 年中国制造业分行业资本价格扭曲情况

行业	1998 年	2000 年	2002 年	2004 年	2006 年	2007 年
农副食品加工业（13）	0.76	0.74	0.62	0.61	0.60	0.56
食品制造业（14）	0.83	0.82	0.80	0.83	0.80	0.77
饮料制造业（15）	0.76	0.87	0.84	0.87	0.84	0.77

续表

行业	1998 年	2000 年	2002 年	2004 年	2006 年	2007 年
纺织业（17）	1.30	1.15	1.12	1.14	1.15	1.11
纺织服装、鞋、帽制造业（18）	0.68	0.63	0.60	0.67	0.69	0.70
皮革、毛皮、羽毛及其制品业（19）	0.48	0.44	0.38	0.44	0.45	0.42
木材加工及木竹藤棕草制品业（20）	1.00	1.04	1.01	0.94	0.87	0.73
家具制造业（21）	0.86	0.96	0.83	0.82	0.98	1.03
造纸及纸制品业（22）	1.01	1.17	1.24	1.35	1.49	1.38
印刷和记录媒介复制业（23）	1.08	1.21	1.17	1.37	1.47	1.38
文教体育用品制造业（24）	1.04	1.07	1.10	1.27	1.33	1.32
石油加工、炼焦及核燃料加工业（25）	1.02	1.10	0.97	0.77	0.83	0.82
化学原料及化学制品制造业（26）	1.06	1.13	1.13	0.87	1.04	0.91
医药制造业（27）	0.68	0.69	0.68	0.88	0.96	0.84
化学纤维制造业（28）	1.91	1.83	1.95	2.00	1.91	1.68
橡胶制品业（29）	0.78	0.85	0.82	0.83	0.97	0.95
塑料制品业（30）	0.85	0.84	0.77	0.93	0.86	0.79
非金属矿物制品业（31）	1.18	1.18	1.08	1.08	1.09	0.99
黑色金属冶炼及压延加工业（32）	1.54	1.39	1.30	0.88	1.10	1.07
有色金属冶炼及压延加工业（33）	1.30	1.07	1.10	0.87	0.68	0.63
金属制品业（34）	0.84	0.85	0.74	0.72	0.74	0.70
通用设备制造业（35）	0.92	0.87	0.77	0.65	0.69	0.66
专用设备制造业（36）	0.85	0.82	0.67	0.70	0.73	0.69
交通运输设备制造业（37）	1.04	1.08	0.81	0.80	0.98	0.88
电气机械及器材制造业（39）	3.08	3.81	2.28	0.49	0.51	0.48
通信设备、计算机及其他电子设备制造业（40）	0.68	0.61	0.56	0.60	0.65	0.74
仪器仪表及文化、办公用机械制造业（41）	0.55	0.53	0.53	0.56	0.57	0.57
工艺品及其他制造业（42）	0.71	0.65	0.66	0.85	0.80	0.74

资料来源：笔者计算整理。

5.3.3 变量描述性统计和相关性分析

表5-4是基准模型（5-14）中主要变量的描述性统计。从表中可以看出，企业过度投资水平的最大值高达约73，最小值为0，最大值和最小值之间的差距较明显，而且企业过度投资的均值大于0，企业过度投资水平在5.85%左右，说明我国企业确实存在过度投资问题，这与唐雪松等（2007）、周中胜和罗正英（2011）、章琳一和张洪辉（2015）等的研究结论一致。

表5-4   **主要变量描述性统计**

变量	样本数	均值	标准差	最大值	最小值
overinvest	736780	0.0585	0.3312	72.6899	0.0000
distk	736780	0.8649	0.2556	3.8137	0.3802
size	736780	10.4443	1.2205	19.0314	8.5020
leverage	736780	0.5872	0.3247	96.1122	0.0000
profit	736780	0.0333	0.1092	22.4439	−11.0956
mfee	736780	0.0645	0.0781	16.8443	0.0000
lerner	736780	0.2006	0.2079	0.9980	−107.8000
hhi	736780	0.2866	0.3076	3.8038	0.0302

资料来源：笔者计算整理。

表5-5是基准回归模型（5-14）全部变量的相关性检验结果。企业过度投资与各解释变量之间都具有显著相关性，尤其是核心解释变量要素价格扭曲与企业过度投资显著正相关，初步验证了本章关于要素价格扭曲推动企业过度投资的理论分析和研究假设的正确性。从其他控制变量与企业过度投资的相关性来看，企业规模、企业盈利水平、企业市场势力和行业竞争程度都会对企业过度投资有显著正向影响，而融资约束和管理费用率会对企业过度投资有明显的抑制作用。同时，各解释变量间相关系数的绝对值都较小，大多数都小于0.1，可以初步判断各解释变量之间不存在严重的多重共线性，进一步地，本章还对各解释变量间的方差膨胀因子进行了计算，方差膨胀因子都小于2，表明各解释变量间不存在严重的多重共线性问题。

表 5 - 5　　　　　　　　　　　主要变量的相关性检验

变量	overinvest	distk	size	leverage	profit	mfee	lerner	hhi
overinvest	1							
distk	0. 005 ***	1						
size	0. 036 ***	- 0. 020 ***	1					
leverage	- 0. 022 ***	0. 028 ***	- 0. 019 ***	1				
profit	0. 012 ***	- 0. 032 ***	0. 103 ***	- 0. 234 ***	1			
mfee	- 0. 020 ***	- 0. 034 ***	- 0. 132 ***	0. 066 ***	- 0. 313 ***	1		
lerner	0. 012 ***	0. 009 ***	0. 054 ***	- 0. 075 ***	0. 144 ***	- 0. 067 ***	1	
hhi	- 0. 005 ***	0. 138 ***	0. 099 ***	0. 019 ***	- 0. 016 ***	0. 048 ***	0. 009 ***	1

注：*** 表示 1% 的显著性水平。
资料来源：笔者计算整理。

5.4　实证检验结果及分析

5.4.1　基准回归结果分析

对前文设定的实证检验模型进行估计，得到如表 5 - 6 所示的回归结果。表中第（1）列只对资本要素价格扭曲与企业过度投资进行了回归，并控制了年份虚拟变量，从直观上反映了要素价格扭曲对企业过度投资的影响，从系数估计结果可以看出，资本要素价格扭曲的系数估计值为 0. 0025，并在 1% 的显著性水平上显著，表明要素价格扭曲会导致企业过度投资，对企业过度投资有显著推动作用，初步验证了假设 1，第（2）列为加入各控制变量但没有控制年份虚拟变量的结果，资本要素价格扭曲的系数显著为正，且各控制变量都在 1% 显著性水平上显著，第（3）列为对基准回归模型（5 - 14）的估计结果，在控制了年份虚拟变量和各控制变量的情况下，资本要素价格扭曲的系数依然显著为正，且各控制变量的系数也都在 1% 显著性水平上显著，验证了假设 1 的正确性，要素价格扭曲对企业过度投资有显著的推动作用，要素价格扭曲程度越高，企业过度投资问题越严重，要素价格扭曲是导致我国企业无效率过度投资的根源，从而形成了大规模的产能过剩，使经济运行成本增加，整体经济严重偏离了最优化目标（林毅夫、苏剑，2007）。

从表 5 - 6 中第（3）列基准模型的各控制变量回归结果看，企业规模（size）对企业过度投资水平有显著的正向影响，企业规模越大，越容易进行过度投资，过度投资问题越严重，且这种促进作用比资本要素价格扭曲的促进作用大得多，这可能是因为企业规模越大越受到地方政府的重视和支持，与政府间的关系更加密切，银行也更加倾向于为政企联系密切的大型企业提供更多的低成本金融支持，大型企业自身的过度投资动机和能力也较强，导致大型企业更容易进行过度投资，章卫东等（2014）、黄健柏等（2015）以及其他学者研究也得到了一致的结论。企业融资约束（leverage）的估计系数为 - 0.0164，且在 1% 显著性水平上显著，表明企业的融资约束有利于抑制企业的过度投资行为，融资约束越强，企业自由现金流和投资的敏感性越低，从而越不容易产生过度投资问题，这与现有研究的结论是一致（Jensen，1986；宋淑琴、姚凯丽，2014）。企业盈利水平（profit）的估计系数显著为正，表明企业利润越高，一方面在利润最大化的激励下，企业管理者会倾向于扩大投资，进行过度投资，另一方面，企业利润越高，一定程度上表明企业自由现金流较充裕，现代企业制度下企业所有者与管理者的利益不一致会导致企业管理者倾向于利用自由现金流进行利己的过度投资，周中胜和罗正英（2011）也得到了相同的结论。企业管理费率（mfee）的估计系数在 1% 的显著性水平上显著为负，企业管理费率越高越有利于抑制企业的过度投资行为，这主要是因为企业管理费用越高，一定程度上说明企业的组织成本较高，企业可能处于低效运转状态，从而无力进行过度投资。企业市场势力（lerner）的估计系数显著为正，企业市场势力越强越容易过度投资，这主要是因为，一方面，企业市场势力越强，越倾向于通过扩大投资规模占据更多的市场份额，掠夺更多的利润，从而导致过度投资，另一方面，企业市场势力越强，其盈利水平和利润越高，会吸引大量企业进入市场加剧竞争从而侵蚀企业的市场份额降低企业利润，因此具有较强市场势力的企业会通过过度投资形成过剩产能，从而对潜在进入者形成可置信的进入威胁。市场竞争程度（hhi）的估计系数显著为负，由于该变量是反向指标，数值越大表示市场集中度越高，从而市场竞争程度越低，因此系数为负表示市场竞争程度较高时企业更可能进行过度投资，即市场竞争程度对企业过度投资有正向促进作用，市场竞争加剧会导致企业过度投资，正如章琳一和张洪辉（2015）所述，在市场竞争程度较高时，企业会采取竞争策略性行为，进行过度投资形成先发优势和行业壁垒，以期在市场竞争中获得胜利。

表 5 - 6　　　　　要素价格扭曲激励企业过度投资的实证结果

变量	(1) 样本总体	(2) 样本总体	(3) 样本总体	(4) 融资约束	(5) 寻租
distk	0.0025 *** (2.93)	0.0083 *** (9.49)	0.0061 *** (6.98)	-0.0138 ** (-2.56)	0.0060 *** (4.74)
size		0.0163 *** (77.70)	0.0171 *** (81.84)	0.0172 *** (81.88)	0.0171 *** (81.80)
leverage		-0.0153 *** (-114.67)	-0.0164 *** (-122.92)	-0.0497 *** (-7.00)	-0.0164 *** (-122.92)
profit		0.0135 *** (5.23)	0.0151 *** (5.76)	0.0126 *** (4.40)	0.0151 *** (5.75)
mfee		-0.0134 *** (-3.95)	-0.0260 *** (-7.28)	-0.0258 *** (-7.21)	-0.0276 ** (-2.14)
lerner		0.0152 *** (7.71)	0.0165 *** (8.36)	0.0159 *** (7.95)	0.0165 *** (8.36)
hhi		-0.0111 *** (-14.04)	-0.0154 *** (-19.16)	-0.0155 *** (-19.36)	-0.0154 *** (-19.08)
distk × leverage				0.0339 *** (3.77)	
distk × mfee					0.0019 (0.12)
cons	-0.0790 *** (-56.72)	-0.2306 *** (-93.93)	-0.2421 *** (-88.72)	-0.2224 *** (-46.20)	-0.2420 *** (-85.28)
year	控制	不控制	控制	控制	控制
观测值	736780	736780	736780	736780	736780
Pseudo R^2	0.0042	0.0123	0.0179	0.0182	0.0179
F	216.95 ***	2451.55 ***	1564.08 ***	707.94 ***	1459.81 ***

注：括号内为系数 t 值；** 和 *** 分别表示 5% 和 1% 的显著性水平。
资料来源：笔者根据 Stata 估计结果整理。

165

为了验证假设 2 的正确性，根据模型（5 - 15）的设定，在表 5 - 6 第（4）列中加入了资本要素价格扭曲与企业融资约束的交互项。估计结果显示，资本要素价格扭曲与企业融资约束的交互项系数显著为正，企业融资约束对企业过度投资的抑制作用随着资本要素价格扭曲程度的提高而减弱，在企业融资约束不变的情况下，当资本要素价格扭曲超过 1.47 时就会显著地促进企业进行过度投资，表明资本要素价格扭曲显著放松了企业的融资约束，推动企业过度投资，要素价格扭曲程度越高，这种融资约束放松效应越明显，对企业过度投资的推动作用越强。从资本要素价格扭曲对企业过度投资的边际影响来看，尽管此时资本要素价格扭曲（distk）的系数显著为负，但资本要素价格扭曲对企业过度投资的整体边际影响效应仍显著为正，而且资本价格扭曲对融资约束越强的企业过度投资的促进作用更大，假设 2 得到经验证据的支持。这说明在要素价格扭曲的情况下，一方面，企业可以较低成本获得大量的金融资源，另一方面，要素价格扭曲对企业形成了隐性的短期可实现的补贴收益，这些无形中提高了企业的融资能力，放松了企业的融资约束，导致企业投资成本和风险外部化，强化了企业的过度投资冲动，从而推动企业进行过度投资。

表 5 - 6 第（5）列为模型（5 - 16）的估计结果，加入了资本要素价格扭曲与管理费用率的交互项。企业的管理费用中包括业务招待费、差旅费、会议费等非生产性支出，很容易成为企业报销寻租费用的捷径，因此寻租支出最可能隐藏在管理费用中（万华林、陈信元，2010；黄玖立、李坤望，2013）。从回归结果来看，资本价格扭曲和企业管理费用率的交互项系数为 0.0019，表明企业管理费用率增加对企业过度投资的抑制作用会随着资本价格扭曲程度的提高而减弱，要素价格扭曲诱使并加剧企业寻租从而导致企业过度投资，然而，从交互项的估计系数显著性水平来看，这种要素价格扭曲诱使、加剧企业寻租从而导致过度投资的推动作用可能由于不存在直接影响或会受到其他因素的影响而并不显著，假设 3 没有得到经验证据支持。

由于我国自 20 世纪 90 年代以来共发生过三次大规模的产能过剩，而本章所采用的微观企业数据样本无法做到全部覆盖，这可能会导致本章研究结论受到样本期间的限制，缺乏对新时期要素价格扭曲激励企业过度投资从而导致产能过剩现象的解释力度，但是，要素市场化改革的任务不可能一蹴而就，要素价格扭曲是发展中国家在市场经济建立和完善过程中的常态，2008 年前后的要素价格扭曲现象不会有较大的差异性，企业投资决策的决定因素短期内也是基本稳定的。同时，陈彦斌等（2015）的研究也得到了消除资本价格扭曲有利于抑制过度投资的结论；王宁和史晋川（2015）利用 1978～2011 年宏观数据的研究表明资本价格扭曲会刺激投资增长；林雪和林可全（2015）利用 1978～2013 年宏观数据的研究也发现，我国严重的资本价格扭曲对企业投资有正向影响，且持续时间较长，会导致过度投资，王希（2012）利用 1978～2010 年宏观数据的研究也得到了相同结论。而且，根据第 4 章对资本价格绝对扭曲的测度，资本价格绝对扭曲在 2008～2011 年呈上升趋势，在这期间我国发生了新一轮的过度投资和产能过剩，这在一定程度上说明本章的研究结论也适用于解释我国最近一次的过度投资和产能过剩现象。因此，本章的研究结论对新时期的经济现象同样具有重要的理论参考价值和现实指导意义。

5.4.2　区分企业特征的实证结果分析

表 5-7 中前三列是对不同所有制企业样本分别进行回归的结果，从资本要素价格扭曲的估计系数可以发现，要素价格扭曲会显著导致民营企业和国有企业过度投资，而且要素价格扭曲对民营企业过度投资的正向影响更强，这主要是因为国有企业管理体制的特殊性使其本身就掌握着大量的低成本金融资源，因此国有企业对资本要素价格扭曲程度的敏感性有限，而我国民营企业具有较高的融资约束，要素价格扭曲使得民营企业能够以较低成本获取企业发展的资本要素资源，对民营企业的融资约束放松效应更显著，为民营企业发展和扩张提供了机遇和条件，再加上要素价格扭曲形成的超额利润补贴也强化了民营企业的过度投资冲动，而且民营企业缺乏政治背景，在要素资源竞争中缺乏优势，民营企业为了获取低成本的资源和政策支持更加倾向于通过寻租与政府建立政治联系，在政府政治经济目标的影响下，投资扩张成为民营企业的最佳选择，从而使得要素价格扭曲对民营企业过度投资的推动作用更大。叶宁华和包群（2013）的研究也表明民营企业能够更有效地利用价格扭曲的低成本金融资源，从而推动民营企业进行过度投资。外资企业的

资本要素价格扭曲的估计系数显著为负，要素价格扭曲会显著抑制外资企业的过度投资，这可能是因为在要素价格扭曲情况下，外资企业自身雄厚的资金实力所形成的资本成本竞争优势弱化，一定程度上弱化了其投资扩张的动机，而且外资企业投资决策更多的是从利润最大化角度出发，要素价格扭曲情况下过度投资的预期收益受到误导较多，市场形势变化不明朗，会约束外资企业的投资行为。据此，假设4得到了经验证据的支持。表5-7中第（4）列和第（5）列是对不同行业属性的企业样本进行分组回归的结果，通过观察要素价格扭曲对轻工业企业和重工业企业过度投资的影响系数可以发现，资本要素价格扭曲显著推动了重工业企业的过度投资，对轻工业企业过度投资的推动作用不显著，因此假设5得到了验证。

表5-7　要素价格扭曲与不同所有制和不同行业企业过度投资的实证结果

变量	（1）国有企业	（2）民营企业	（3）外资企业	（4）轻工业	（5）重工业
distk	0.0043 ** (2.10)	0.0109 *** (8.36)	−0.0041 *** (−2.69)	0.0018 (1.48)	0.0122 *** (8.28)
size	0.0124 *** (32.33)	0.0257 *** (71.33)	0.0128 *** (36.80)	0.0182 *** (49.49)	0.0165 *** (64.47)
leverage	−0.0069 (−0.89)	−0.0419 *** (−24.45)	0.0037 (1.28)	−0.0122 (−1.56)	−0.0206 *** (−6.41)
profit	0.0242 *** (3.55)	0.0301 *** (4.77)	0.0041 (1.15)	0.0297 *** (3.88)	0.0046 (1.11)
mfee	−0.0133 *** (−2.65)	0.0029 (0.41)	0.0033 (0.47)	−0.0118 * (−1.72)	−0.0302 *** (−6.90)
lerner	0.0133 *** (3.45)	0.0128 *** (3.73)	0.0047 (1.57)	0.0121 *** (3.28)	0.0200 *** (7.27)
hhi	−0.0137 *** (−9.62)	−0.0147 *** (−11.64)	−0.0146 *** (−9.76)	−0.0108 *** (−5.62)	−0.0143 *** (−15.95)
cons	−0.1857 *** (−23.48)	−0.3515 *** (−73.99)	−0.1571 *** (−32.97)	−0.2572 *** (−37.29)	−0.2368 *** (−55.77)
year	控制	控制	控制	控制	控制
观测值	162014	410288	192712	294880	441900

续表

变量	(1)	(2)	(3)	(4)	(5)
	国有企业	民营企业	外资企业	轻工业	重工业
Pseudo R^2	0.0209	0.0220	0.0356	0.0188	0.0184
F	142.94***	525.14***	223.34***	326.15***	423.89***

注：括号内为系数 t 值；*、** 和 *** 分别表示 10%、5% 和 1% 的显著性水平。
资料来源：笔者根据 Stata 估计结果整理。

表 5-8 中报告了要素价格扭曲对不同规模企业过度投资差异化影响的实证结果。从资本要素价格扭曲估计系数的显著性可以看出，要素价格扭曲对不同规模的企业过度投资都有显著的正向推动作用，估计系数都在 1% 显著性水平上显著为正，进一步地，从估计系数大小可以看出，要素价格扭曲对小型企业过度投资的正向促进作用最大，其次是中型企业，最后是大型企业，与假设 6 提出的要素价格扭曲会对规模较大企业过度投资有更大的推动作用的假设恰好相反。这可能是因为，大型企业自身规模较大，盈利能力、盈利水平都较强，进行过度投资所能获得的要素价格扭曲形成的隐性补贴收入对大型企业来说重要性和吸引力就会相对较弱，而且大型企业自身的资金实力和融资能力也较强，本身就比小型企业拥有获取低成本资本的优势，从企业融资约束变量的估计系数也可以看出，大型企业的融资约束对企业投资的抑制作用不显著，大型企业的融资约束比中型企业和小型企业弱，因此大型企业对要素价格扭曲的敏感性相对小型企业来说较低。而规模越小的企业由于其财务制度不完善、信息公开透明度较低、发展前景不确定性较高、经营风险较大等，面临着较强的融资约束，企业融资约束估计系数对中型企业和小型企业有显著的抑制作用，在这种情况下，要素价格扭曲带来的经营成本和经营风险的降低就更明显，会对企业有较强的融资约束放松效应，为企业提供发展和投资扩张所需的大量的低成本资本，中型企业和小型企业为了提升竞争力、赚取更多利润，会抓住机遇进行投资扩张，要素价格扭曲形成的超额利润补贴对规模越小的企业吸引力也越大，从而中小企业更加愿意通过过度投资掠取更多的低成本要素资源和超额显性利润，甚至会通过向政府寻租的方式建立政企联系，提高企业获取低成本资源和政治支持的能力，在回归结果中表现为中、小型企业的管理

169

费用率会显著促进企业过度投资，而大型企业较完善的内部约束机制使管理费用率发挥正常的对企业过度投资的抑制、修正作用。因此，整体来看，要素价格扭曲对企业过度投资的推动作用存在显著的规模差异，规模越小的企业过度投资越容易受到要素价格扭曲较高程度的正向影响，要素价格扭曲对企业过度投资的正向促进作用随着企业规模的扩大而减弱。

表 5 – 8　　　　要素价格扭曲与不同规模企业过度投资的实证结果

变量	（1）	（2）	（3）
	小型	中型	大型
distk	0.0086 *** （5.56）	0.0064 *** （4.28）	0.0052 *** （3.57）
size	0.0499 *** （34.21）	0.0600 *** （47.21）	0.0200 *** （45.70）
leverage	− 0.0232 *** （− 12.61）	− 0.0249 *** （− 14.81）	− 0.0086 （− 1.11）
profit	0.0023 （0.42）	0.0071 * （1.74）	0.0138 * （1.81）
mfee	0.0176 *** （3.38）	0.0157 *** （2.68）	− 0.0788 *** （− 9.72）
lerner	0.0045 * （1.82）	0.0088 *** （2.81）	0.0255 *** （6.54）
hhi	− 0.0084 *** （− 5.43）	− 0.0101 *** （− 7.28）	− 0.0187 *** （− 15.05）
cons	− 0.5188 *** （− 37.45）	− 0.6503 *** （− 49.38）	− 0.3016 *** （− 40.71）
year	控制	控制	控制
观测值	186036	258177	292567
Pseudo R^2	0.0370	0.0269	0.0127
F	228.37 ***	265.89 ***	202.81 ***

注：括号内为系数 t 值；* 和 *** 分别表示 10% 和 1% 的显著性水平。
资料来源：笔者根据 Stata 估计结果整理。

表 5 – 9 是对假设 7 的检验结果，结果表明，资本要素价格扭曲对东部经济发展水平较高地区的企业过度投资的正向推动作用最小，对西

部不发达地区企业过度投资有较高程度的正向影响，要素价格扭曲对企业过度投资的正向促进作用会明显随着地区经济发展水平的提高而减弱。这表明经济发展水平高的地区，市场化程度较高，要素价格的市场化程度也较高，从而要素价格扭曲对经济发展水平较高地区的企业过度投资影响较低，经济发展水平较低的地区，在经济增长压力、政治晋升压力和财政压力的共同作用下，地方政府具有更明显的投资饥渴症，政府干预企业过度投资的动机更强，从而要素价格扭曲会更大程度地导致过度投资问题。表中后三列为区分政府干预程度的回归结果，资本要素价格扭曲估计系数随着政府干预程度的提高而变大，在政府干预程度越高的地区，要素价格扭曲程度越高，从而更大程度推动企业过度投资，在政府干预程度较低的地区，要素价格扭曲对企业过度投资正向影响程度和显著性都有所降低。因此，假设 7 得证。

表 5 - 9　　　要素价格扭曲与不同地区企业过度投资的实证结果

变量	（1）	（2）	（3）	（4）	（5）	（6）
	东部	中部	西部	政府干预高	政府干预中	政府干预低
distk	0.0049 *** （5.18）	0.0091 *** （3.02）	0.0124 *** （4.15）	0.0126 *** （5.96）	0.0070 *** （3.37）	0.0023 * （1.73）
size	0.0169 *** （71.95）	0.0204 *** （30.90）	0.0147 *** （23.00）	0.0152 *** （34.25）	0.0173 *** （38.01）	0.0173 *** （52.03）
leverage	− 0.0157 *** （− 6.74）	− 0.0151 （− 0.98）	− 0.0221 *** （− 7.41）	− 0.0449 *** （− 19.97）	− 0.0121 *** （− 67.92）	− 0.0003 （− 0.12）
profit	0.0083 ** （2.36）	0.0725 *** （4.16）	0.0058 （0.75）	0.0108 * （1.76）	− 0.0062 （− 1.11）	0.0282 *** （5.92）
mfee	− 0.0248 *** （− 5.92）	− 0.0120 （− 1.04）	− 0.0284 *** （− 3.29）	− 0.0090 （− 1.29）	− 0.0061 （− 0.91）	− 0.0487 *** （− 7.32）
lerner	0.0168 *** （6.91）	0.0101 （1.47）	0.0100 ** （2.04）	0.0115 *** （2.97）	0.0115 *** （2.84）	0.0186 *** （5.70）
hhi	− 0.0147 *** （− 15.69）	− 0.0150 *** （− 7.03）	− 0.0193 *** （− 8.72）	− 0.0175 *** （− 11.68）	− 0.0134 *** （− 8.24）	− 0.0150 *** （− 9.98）
cons	− 0.2351 *** （− 67.78）	− 0.3134 *** （− 23.12）	− 0.1961 *** （− 22.74）	− 0.2216 *** （− 38.19）	− 0.2502 *** （− 45.75）	− 0.1926 *** （− 41.93）
year	控制	控制	控制	控制	控制	控制
观测值	570065	101485	65230	215401	215335	306044

变量	(1)	(2)	(3)	(4)	(5)	(6)
	东部	中部	西部	政府干预高	政府干预中	政府干预低
Pseudo R^2	0.0190	0.0144	0.0258	0.0138	0.0168	0.0270
F	583.19 ***	98.25 ***	77.56 ***	160.94 ***	454.99 ***	360.62 ***

注：括号内为系数 t 值；﹡、﹡﹡ 和 ﹡﹡﹡ 分别表示 10%、5% 和 1% 的显著性水平。
资料来源：笔者根据 Stata 估计结果整理。

与此同时，考虑到要素价格扭曲和企业过度投资之间可能存在内生性问题，本章做了三个方面的尝试：第一，从构建的要素价格扭曲变量自身特征来看，本章考察的是行业整体层面的要素价格扭曲程度对该行业内企业过度投资的影响效应，这在一定程度上能够消除要素价格扭曲和企业过度投资之间可能存在的逆向因果关系导致的内生性问题，因为行业整体层面的要素价格扭曲会对行业内的所有企业的过度投资产生影响，但行业内单个企业行为很难影响到整个行业层面的要素价格扭曲情况，即相反的影响渠道可能并不存在，二者间的逆向因果关系可能较弱（张杰等，2011a）。第二，为了克服研究中可能存在逆向因果关系导致的内生性问题，本章参考张杰等（2011a）、施炳展和冼国明（2012）的做法，将资本要素价格扭曲进行滞后一期、滞后两期处理，代替资本要素价格扭曲的当期变量分别进行回归，滞后项一定程度上排除了当期因素的影响，外生于当期扰动项，避免变量间的反向因果关系，一定程度上能够缓解内生性问题。第三，由于现实中很难找到合适的资本要素价格扭曲的工具变量，本章采用资本要素价格扭曲的滞后一期作为其自身的工具变量，进行工具变量 Tobit 回归。回归结果如表 5 - 10 所示，表中前两列估计结果表明，资本要素价格扭曲的滞后一期变量和滞后两期变量对企业过度投资有显著的正向影响，第（3）列为采用资本要素价格扭曲滞后一期作为工具变量进行回归的结果，由于工具变量个数等于内生变量个数，因此不存在过度识别问题，Wald 外生性检验在 1% 显著性水平上认为资本要素价格扭曲为内生变量，模型估计结果显示在控制了内生性后，资本要素价格扭曲依然在 1% 显著性水平上对企业过度投资有显著的正向影响，虽然 IV - Tobit 模型中估计系数绝对值有所下降，但模型回归结果在系数的显著性和方向上与基准回归结果一致，表明本章的研究结论是稳健的。

表 5 – 10　　　　　　　　　　内生性处理的实证结果

变量	（1）	（2）	（3）
	扭曲滞后一期	扭曲滞后两期	IV – Tobit
L. distk	0. 0039 *** （4. 47）		
L2. distk		0. 0017 * （1. 93）	
distk			0. 0042 *** （3. 38）
size	0. 0171 *** （81. 73）	0. 0171 *** （81. 65）	0. 0171 *** （68. 78）
leverage	− 0. 0163 *** （ − 122. 98）	− 0. 0163 *** （ − 122. 76）	− 0. 0163 *** （ − 17. 20）
profit	0. 0149 *** （5. 68）	0. 0148 *** （5. 60）	0. 0150 *** （5. 00）
mfee	− 0. 0265 *** （ − 7. 39）	− 0. 0270 *** （ − 7. 53）	− 0. 0265 *** （ − 6. 29）
lerner	0. 0166 *** （8. 39）	0. 0167 *** （8. 45）	0. 0167 *** （7. 66）
hhi	− 0. 0152 *** （ − 18. 92）	− 0. 0150 *** （ − 18. 73）	− 0. 0152 *** （ − 15. 43）
cons	− 0. 2398 *** （ − 88. 04）	− 0. 2377 *** （ − 87. 05）	− 0. 2402 *** （ − 76. 21）
year	控制	控制	控制
观测值	736780	736780	736780
Pseudo R^2	0. 0179	0. 0178	
F	1564. 23 ***	1560. 74 ***	
Wald 检验			21. 11 ***

注：括号内为系数 t 值和 z 值；* 和 *** 分别表示 10% 和 1% 的显著性水平。
资料来源：笔者根据 Stata 估计结果整理。

5.4.3　稳健性检验

　　从前文的数据相关性分析和多重共线性检验结果可知，本章模型中各解释变量方差膨胀因子（VIF）都小于 2，表明模型不存在严重的多重共线性问题，而且对不同特征企业进行的样本分组回归也在一定程度上证实了研究结论的稳健性。为了进一步验证研究结论的可靠性，本章还从以下角度进行了稳健性回归和检验：

一是采用其他衡量要素价格扭曲的指标进行重新回归。借鉴张杰等（2011a，2011b）对要素市场扭曲的衡量方法，基于产品市场已基本实现市场化定价，产品市场化程度较高，以要素市场化程度对产品市场化程度的偏离程度衡量，计算整体的要素市场扭曲程度，$distort1_{i,t} =$（$product_{i,t} - factor_{i,t}$）$/product_{i,t}$，同时借鉴林伯强和杜克锐（2013）对要素市场扭曲的衡量方法，计算整体要素市场扭曲程度 $distort2_{i,t} =$ $[\max(factor_{i,t}) - factor_{i,t}]/\max(factor_{i,t})$，其中，$product_{i,t}$ 为产品市场化程度，$factor_{i,t}$ 为要素市场化程度，要素市场扭曲程度越高，要素价格扭曲程度就越高。二是采用要素市场化程度（factor）作为资本要素价格扭曲的替代变量，要素市场化程度越高，要素价格扭曲程度越低。三是利用政府对企业和市场的干预程度作为要素价格扭曲的替代变量，政府对经济的干预程度越高，一定程度上表明市场化程度越低，从而要素价格扭曲程度越高，采用各地区地方政府对企业的干预指数（govern）衡量。上述变量所需数据来源于樊纲、王小鲁和朱恒鹏编制的历年《中国市场化指数——各地区市场化相对进程报告》。

稳健性检验的回归结果如表 5 - 11 所示。表中第（1）列和第（2）列为两种不同方法计算的要素市场扭曲作为替代变量的回归结果，结果表明要素市场扭曲的系数显著为正，要素市场扭曲程度越高从而要素价格扭曲程度越高，企业越会进行过度投资；表中第（3）列为直接利用要素市场化程度作为替代变量的实证检验结果，要素市场化程度提高会显著抑制企业的过度投资行为，这表明要素市场化程度越低，从而要素价格扭曲程度越高，企业过度投资水平就越高；表中第（4）列为利用政府干预程度作为替代变量的估计结果，由于政府干预指数（govern）数据是反向指数，政府干预指数越低表明政府干预经济的程度越高，因此估计系数显著为负表明政府干预程度越高时，要素价格扭曲程度越严重，企业越容易进行过度投资。稳健性检验结果与研究结论没有实质性差异，因此，本章的研究结论是稳健的。

表 5 – 11　　　要素价格扭曲激励企业过度投资的稳健性检验

变量	（1）	（2）	（3）	（4）
	要素市场扭曲	要素市场扭曲	要素市场化程度	政府干预指数
distort1	0. 0125 *** (13. 37)			
distort2		0. 0065 *** (6. 73)		
factor			– 0. 0009 *** （– 9. 15）	
govern				– 0. 0006 *** （– 7. 34）
size	0. 0170 *** (81. 63)	0. 0171 *** (81. 59)	0. 0170 *** (81. 54)	0. 0171 *** (81. 65)
leverage	– 0. 0165 *** （– 124. 24）	– 0. 0165 *** （– 123. 98）	– 0. 0165 *** （– 124. 05）	– 0. 0164 *** （– 123. 37）
profit	0. 0165 *** (6. 27)	0. 0154 *** (5. 88)	0. 0158 *** (6. 00)	0. 0150 *** (5. 75)
mfee	– 0. 0244 *** （– 6. 86）	– 0. 0270 *** （– 7. 56）	– 0. 0267 *** （– 7. 48）	– 0. 0271 *** （– 7. 60）
lerner	0. 0135 *** (6. 81)	0. 0148 *** (7. 31)	0. 0139 *** (6. 90)	0. 0144 *** (7. 12)
hhi	– 0. 0151 *** （– 18. 78）	– 0. 0151 *** （– 18. 77）	– 0. 0151 *** （– 18. 81）	– 0. 0151 *** （– 18. 76）
cons	– 0. 2397 *** （– 92. 42）	– 0. 2376 *** （– 91. 81）	– 0. 2307 *** （– 88. 71）	– 0. 2321 *** （– 89. 35）
year	控制	控制	控制	控制
观测值	736774	736780	736780	736780
Pseudo R^2	0. 0180	0. 0179	0. 0179	0. 0179
F	1584. 04 ***	1579. 36 ***	1580. 49 ***	1570. 52 ***

注：括号内为系数 t 值；*** 表示 1% 的显著性水平。
资料来源：笔者根据 Stata 估计结果整理。

175

5.5　本　章　小　结

本章从企业过度投资视角研究了要素价格扭曲对产能过剩的影响，通过详细的影响机制分析，认为要素价格扭曲才是导致企业过度投资的根本原因，从而引发了大规模的产能过剩，而且要素价格扭曲对不同属性的企业过度投资有差异化的影响。在理论分析基础上，本章利用《中国工业企业数据库》的制造业微观企业数据，首先采用理查森（Richardson，2006）的预期投资模型估计了企业过度投资情况，然后又采用青木周平（Aoki，2012）、陈永伟和胡伟民（2011）构建的多部门完全竞争市场均衡模型对要素价格扭曲进行估计，最后利用 Tobit 模型对本章提出的核心理论观点和假说进行了实证检验，为本章的研究结论提供了经验性的证据支持。本章的主要结论有：

（1）我国工业企业年均有 19% 的企业存在过度投资情况，整体的企业过度投资水平在样本期间表现出先上升后下降的趋势，我国工业企业的过度投资逐渐得到抑制；重工业企业的过度投资现象比轻工业严重，重工业行业中过度投资企业比重远高于轻工业，且呈逐年上涨趋势，而轻工业行业中的过度投资企业比重在逐渐下降，但是轻工业企业过度投资水平整体上高于重工业企业；民营过度投资企业比重逐年上升并在 2002 年超过国有企业，国有和外资的过度投资企业占比逐年减少，国有企业中的过度投资企业下降幅度高于外资企业，从企业过度投资水平来看，民营企业过度投资水平 2002 年后最高，其次是国有企业和外资企业。

（2）不同行业间的资本价格存在显著的差异，大多数资本密集型行业的资本使用成本低于正常的市场价格，从而导致资本要素过度使用，部分劳动密集型的轻工业也存在资本价格相对过低从而过度使用资本的情况。

（3）对理论分析的实证检验结果表明，资本要素价格扭曲确实会显著导致企业过度投资，而且价格扭曲程度越高，企业过度投资问题越严重。这主要是因为要素价格扭曲形成了对其他生产要素的替代作用，促使企业过多使用了资本，形成了对投资拉动经济增长模式的依赖，导致企业将扩大投资作为首要选择，同时要素价格扭曲情况下企业可以较低成本获得大量资源，使企业投资成本和风险外部化，显著放松了企业的融资约束，提高了企业过度投资能力。要素价格扭曲还形成了对企业的隐性超额补贴收入，导致企业低估了投资成本，提高了投资收益预期，强化了企业过度投资动机，最终形成过度投资。在低成本要素资源和价格扭曲要素形成的超额利润吸引下，企业还会进行加倍的寻租竞争，从而加剧了企业过度投资，但这一效应并不明显。与此同时，要素价格扭曲还对处于产能过剩行业中的企业形成了通过过度投资扩张规模获取竞争胜利的扭曲激励，加重了产能过剩情况。最后通过稳健性检验证实了本章研究结论的稳健性。

（4）要素价格扭曲对不同属性企业过度投资差异化影响的实证结果表明，要素价格扭曲对民营企业过度投资的推动作用最大，其次是国有企业，对外资企业过度投资没有显著的推动作用，反而会抑制外资企业过度投资；要素价格扭曲主要显著导致了重工业企业过度投资，对轻工业企业过度投资的促进作用不显著；与假设相反的是，要素价格扭曲对企业过度投资的促进作用会随着企业规模的扩大而减弱；经济发展水平越高的地区，一定程度上表明市场化程度越高，企业根据市场化要素价格进行投资，从而要素价格扭曲对企业过度投资的正向影响会随着地区经济发展水平的提高而减弱；政府干预程度越高的地区，要素价格扭曲就越严重，因此在政府干预程度越高的地区，要素价格扭曲对企业过度投资的正向促进作用越大，在政府干预程度较低地区，这种正向影响的显著性也有所下降。

第6章 要素价格扭曲对产能过剩的影响路径 II：企业过度进入视角

企业作为市场供给侧的主体，企业的市场决策行为与市场的结构和绩效息息相关，尤其是企业的进入和退出是决定市场企业数量、规模经济、竞争情况和产能利用等市场结构和市场绩效的关键性因素，高效率企业进入、低效率企业退出是社会资源优化配置的表现，李平等（2012）、毛其淋和盛斌（2013）、李坤望和蒋为（2015）的研究都发现行业内企业进入退出有利于促进行业生产率提升和推动经济增长，新进入企业生产率普遍高于退出企业，企业进入退出促进了资源的优化再配置。而国内的众多研究都认为我国的企业进入行为并不是在利润最大化目标驱动下形成的，存在企业盲目进入的现象，导致过度进入，企业盲目的过度进入是我国部分行业恶性竞争、集中度降低、供给过剩、生产能力利用不足的直接原因，企业的过度进入造成了大规模的重复建设和产能过剩（江飞涛，2008）。因此，对企业过度进入成因的研究是深入挖掘产能过剩形成机理的重要组成部分。

目前大多文献都认为政府的不正当干预是导致企业过度进入的主要原因（周炼石，2007；周劲和付保宗，2011；白让让，2016），但对于政府通过何种方式不正当干预企业过度进入的分析较少。企业作为追求利润最大化的理性经济人，企业的进入决策都是基于其自身的利益最大化出发的，如果进入成本高于收益，即使存在政策的强制性干预，也很难改变企业的决策。在利润最大化和成本最小化的目标约束下，由于当前我国产品市场已基本实现市场定价，因此要素价格就成为影响企业利润最大化和成本最小化的主要因素，企业会根据要素价格情况对进入市场的成本和收益形成一定的预期，以此为根据做出是否应该进入市场的决策。实际上，在我国要素市场化进程缓慢、要素市场的市场化程度低的背景下，政府正是通过干预要素的价格形成机制，扭曲要素价格，通过提供价格扭曲的低成本要素资源招商引资、激励企业进入市场，在各地方政府诸侯割据式的无序竞争下形成了过度进入，各地的产业同构、重复建设现象严重，并由此引发了产能过剩。因此，深入研究和探析要素价格扭曲为何能够诱导企业过度进入的原因，对于引导企业高效、有序地进入市场，为市场经济补充新鲜血液，提高资源配置效率，避免市场恶性竞争、重复建设和产能过剩，具有重要的理论和现实意义。本章从要素价格扭曲对企业进入决策的影响入手研究了产能过剩的成因，系统分析了要素价格扭曲引发企业过度进入的影响机制，并以微观企业数据为基础进行了实证检验，为本章的研究结论提供了经验证据支持。

6.1 要素价格扭曲对企业过度进入的影响机制

6.1.1 要素价格扭曲引发企业过度进入的理论分析

企业作为理性的微观经济个体，在做出市场进入决策时，重点关注的是项目的投资成本、投资风险和未来收益情况，在完善的市场经济体制下，要素价格由市场供求决定，要素价格可以反映要素的稀缺程度和真实价值，为企业提供进入市场所需的真实成本信息，使企业能够形成准确的成本和收益预期，引导企业做出正确的进入决策。而在关键性生产要素价格存在扭曲的情况下，扭曲的要素价格势必会对企业的成本和收益预期产生误导，从而使企业的进入决策偏离了完全竞争市场下的进入决策，尤其在我国要素价格普遍低于其边际产出价值、存在严重负向扭曲的情况下，要素价格扭曲降低了企业进入市场的投资成本预期、提高了进入的收益预期，从而导致了企业的过度进入。

对于政府重点招商引资和扶持发展的行业，企业进入市场可以获得大量的低息贷款、低价甚至零价土地、低电价、低水价等低于正常市场价格的关键性要素，资源禀赋较高地区还会提供矿产资源的开发权利，对于高污染、高耗能、高排放行业，政府还会容忍企业的环境污染行为、降低环保标准，使得企业的内部经营成本和经营风险外部化为由社会民众承担，放松了企业的融资约束，增强了企业的进入动机和进入能力。一方面，要素价格扭曲降低了企业自身投资资金率，企业的投资成本和投资风险被分摊，变相降低了市场进入壁垒，企业可以轻易进入市场；另一方面，要素价格负向扭曲降低了关键性要素使用成本，从而对企业的进入决策产生扭曲激励，企业最终可能会不顾市场是否饱和，普遍做出进入市场的决策。此外，对预期所处行业会发生产能过剩的企业来说，由于要素价格扭曲降低了进入后的经营成本和经营风险，放松了企业的融资约束，企业管理者会过度自信即使发生产能过剩也是淘汰低效率企业而不是自己，这会导致企业往往忽视投资风险和投资成本选择进入市场，引发并加剧了产能过剩。

要素价格的负向扭曲实质上是对企业的进入形成了巨大的补贴效应，扭曲了企业对于进入市场的成本和收益的预期，使得潜在进入者对进入市场的未来收益预期过高，而对进入的真实成本估计不足。事实上，在要素价格扭曲的情况下，企业进入市场能够获取的由要素价格扭曲形成的隐性补贴收入很高，即使企业过度进入导致市场恶性竞争从而使得企业亏损，企业的隐性补贴收入也能完全弥补亏损额，甚至可以带来一定的预期收益，这种看似不理性的行为实际上是企业对超额隐性补贴收益的理性反应，企业甚至会通过对政府寻租的方式努力进入市场，以期获得由要素价格扭曲形成的超额利润补贴，在市场需求一定、单个企业产能和产品供给不减少的情况下，企业的过度进入就会导致行业产能过剩。同时，这种由要素价格扭曲获取的超额利润是显性的，可以在短期内实现，这种超额利润甚至超过了投资完成后项目运营创造的预期收益，如果投资补贴的是原本就存在产能过剩的行业，即使企业预期到进入市场后会面临经营状况不佳甚至亏损的局面，企业也会趋之若鹜，因为企业进入市场会获得大规模的低息贷款，还可以通过将低价甚至零价获得的土地资源作担保获取远高于购置成本的市场价格额度的银行低息信贷支持，也可以通过以市场价格转让土地获取高额的转让收入，巨大的中间价差带来的超额收益足以挽回企业的损失，这也导致当前已经产能过剩的行业仍然有大量的企业不断进入市场。

综上所述，本章提出待验证的假设：

假设1：要素价格扭曲会对企业产生过度进入的扭曲激励，而且要素价格扭曲程度越高，企业过度进入的激励越强。

假设 2：要素价格扭曲使企业进入市场的投资成本外部化，降低了企业的进入壁垒，促使企业过度进入。

假设 3：要素价格扭曲放松了企业进入市场后的融资约束，增强了企业进入动机和能力，促使企业过度进入。

假设 4：要素价格扭曲情况下，企业为了进入市场获取价格扭曲的要素形成的超额利润，会对政府进行寻租，提高企业进入市场的概率。

6.1.2　要素价格扭曲与不同属性企业的过度进入

由于劳动要素的供给由劳动者自身决定，改革开放以来地方政府对劳动要素直接干预程度相对较弱，劳动价格扭曲更多的是源于特殊的体制原因和行业差异，相对来说，政府对于要素价格的扭曲主要集中在资本、土地、矿产资源开采权、水电价、环境资源等方面。而且，在企业进入市场的前期投资中，资本和土地的成本在企业总投资成本中占据很大比重，尤其是在土地资源日益稀缺的情况下，土地的自身经济价值巨大，土地成本作为企业前期进入市场面临的最大规模的投资成本，土地价格扭曲不仅使得企业能够获取低价甚至零价的土地，降低了企业获取土地使用权的投资成本，同时土地还具有较大的资本价值，价格扭曲的土地资源相应地赋予了企业获取低成本资本要素的权利，企业可以将土地作为抵押获取银行的低息信贷资源，在项目运营过程中或结束后，还能以高于获取成本的市场价格转让，获得额外的土地转让收入，因此，低成本的土地资源及其形成的超额收益势必会诱导企业过度进入市场。本章将主要探讨资本和土地两种类型的要素价格扭曲对不同属性企业过度进入的差异化影响。

1. 要素价格扭曲与不同所有制企业过度进入

在要素价格扭曲情况下，政府对国有企业有求必应的"父爱主义"倾向和国有企业与政府之间天然的紧密政治关联，使国有企业更多地优先获得了低成本的资本、土地等要素资源，而且由于国有企业有政府作为担保，具有稳定的信贷保障和较低的信贷风险，同时国有企业大多处于具有垄断性质的行业，行业发展前景良好，以国有商业银行为主的金融机构更倾向于对国有企业提供金融支持（Allen et al.，2005），导致国有企业内部成本和风险严重外部化，国有企业掌握着大量的低成本要素资源和政治资源，能够以较低成本轻易突破市场进入壁垒，存在较强的过度进入冲动和能力。另外，由于国有企业产权不明晰和不健全的企业管理制度，国有企业经营目标多元化，往往不是以利润最大化为最终目标，所有权和代理权的分离促使代理经理人会为了个人利益做出非理性投资决策，而且国有企业主要受到地方政府的控制，为了实现多重的政治经济任务，国有企业往往通过设立项目子公司等途径进行多元化经营，导致国有企业过度进入。据此提出待验证假设：

假设5：要素价格扭曲对国有企业过度进入的影响最大。

对于外资企业来说，其自身具有雄厚的资金实力、先进的管理经验和生产技术，企业制度较健全，企业的投资更加科学，更多的是从利润动机出发，地方政府为了在地区间竞次式竞争中获得优势，也有强烈的意愿将资源配置给效率较高的外资企业，吸引外资进入本地投资，因此外资企业能够获得比本地企业更加优厚的资本、土地、水电、矿产等要素使用优惠政策，外资企业为了实现利润最大化，会具有很强的动机期望获取要素价格扭曲形成的超额补贴收益。然而，外资企业由于其本身具有雄厚的资金实力，融资约束较弱，资本的价格扭曲可能对其进入决策影响不大。土地对于企业生产来说是重要的投资成本之一，一般来说按市场价格获取的土地成本占企业投资成本的很高比例，这样一来价格扭曲的土地资源及土地带来的超额收益对外资企业的吸引力就极大，因此土地价格扭曲可能会对外资企业的过度进入行为有较大影响。据此提出待验证假设：

假设6：资本价格扭曲对外资企业的进入影响弱于国有企业和民营企业，但土地价格扭曲对外资企业进入的影响高于民营企业。

对于民营企业来说，尤其是中小型民营企业的财务信息透明度差、财务制度不健全、企业和银行的借贷双方信息不对称严重，民营企业不会受到商业银行的青睐（吴晗、贾润崧，2016），银行信贷歧视使得民营企业面临着较高的外部融资约束。而要素价格扭曲情况下，民营企业也能够以较低成本获取要素资源，同时要素价格扭曲形成的隐性补贴收益以及土地作为融资杠杆可以撬动远高于购置成本的与土地市场价格等额的银行信贷资源，赋予了民营企业突破资金和融资约束进入市场投资的动机和能力，而且随着民营企业的快速发展，民营企业具有较高的效率，地方政府与民营企业尤其是大型民企之间也形成了坚实的利益共同体，民营企业能够获得政府提供的资本、土地等政策性优惠和支持，同时在政府影响下会担负一定的地区经济发展、就业和扩大财政收入的责任，具有较强的过度进入风险。对于企业运营至关重要的资本要素来说，资本价格扭曲对民营企业融资约束的放松作用更强，能够使民营企业以较低的成本和风险做出进入投资决策，因此对民营企业的进入有较大影响。但相比国有企业和外资企业来说，由于受到经营规模和自身实力的影响，地方政府对民营企业的重视程度相对较弱，而且民营企业与政府之间的政治联系较少，民营企业在获取低成本的土地资源方面缺乏一定的优势。据此提出待验证假设：

假设7：资本价格扭曲对民营企业的过度进入有较大影响，土地价格扭曲对民营企业过度进入的影响弱于国有企业和外资企业。

2. 要素价格扭曲与不同行业企业的过度进入

我国当前的产能过剩表现出以资本密集型的重工业产能过剩为主、部分轻工业和新兴产业存在结构性产能过剩的特征，这主要是因为，资本密集型的重工业具有投资规模大、产出规模大的特征，对拉动地区经济增长和增加财政收入有重要作用，吸引重工业投资和推动重工业产能扩张还能凸显地方官员的政绩，因此各级地方政府都有强烈的动机利用掌握的要素资源和政策性资源吸引重工业企业进入，相对于轻工业来说，由于企业进入重工业可以获得大量低成本要素资源形成的实质性补贴收益，使得重工业的投资成本和投资风险外部化相对更严重，从而诱导企业进入和投资重工业，因此，要素价格扭曲更容易引起资本密集型的重工业企业过度进入。据此提出待验证假设：

假设8：要素价格扭曲对资本密集型的重工业企业过度进入的影响更大。

3. 要素价格扭曲与不同规模企业的过度进入

从要素价格扭曲对不同规模企业进入的影响来看，规模较大的企业对地方经济发展有重要意义，对政府的政治经济利益有较大程度的影响，会受到地方政府更多的重视，地方政府更愿意为大型企业提供要素资源和政策支持，商业银行也乐于为资产规模大、经营稳定、风险较小的大型企业提供信贷支持，地方政府甚至还会利用掌握的资源帮助企业上市、发行企业债券，进一步掠取低成本的金融资源，从而大型企业更容易获得价格扭曲的低成本要素资源和由此带来的超额利润，这会提高潜在进入者进入市场时的初始规模，促进大型企业的进入。据此提出待验证假设：

假设9：要素价格扭曲对规模较大企业的过度进入有更高程度的影响。

6.2 要素价格扭曲引发企业过度进入的实证设计

6.2.1 样本选择与数据来源

本章实证研究所需变量的数据主要来源于国家统计局的《中国工业企业数据库》，该数据库的统计对象包含了 1998～2007 年全部国有工业企业及规模以上非国有工业企业，提供了丰富的微观企业信息，而且数据库的覆盖面较广，截止到 2007 年底，该数据库统计企业总产值占中国工业总产值的 95% 左右（鲁晓东、连玉君，2012）。为了提高样本的可靠性，本章参考布兰特等（Brandt et al.，2012）的方法首先对样本进行匹配处理，并借鉴聂辉华等（2012）、简泽等（2013）、靳来群（2015）和其他学者的方法进行了详细的样本筛选和数据整理，具体的数据处理方法和第5章相同。同时与现有文献一致，由于采矿业受资源禀赋的约束较强，"烟草制品业""电力、热力的生产和供应业""燃气的生产和供应业""水的生产和供应业"具有政府经营特许权，存在严重的行政垄断特征，予以剔除，本章只使用制造业企业数据。通过数据整理和异常值的剔除，最终得到了 1998～2007 年 28 个制造业行业的非平衡面板数据。基于处理得到的制造业微观企业面板数据，本章对企业进入、资本价格扭曲和其他所需变量进行了衡量，另外，土地价格扭曲衡量所需数据来源于历年的《中国国土资源年鉴》，本章研究所需的价格指数数据来源于历年《中国统计年鉴》。

6.2.2　关键变量的衡量

1. 企业进入的衡量

对于企业进入行为的衡量，本章参考迪斯尼等（Disney et al.，2003）、李平等（2012）、毛其淋和盛斌（2013）的方法，对企业进入行为进行如下界定：采用企业出现在数据库样本中的初始年份来判断企业的进入行为，因此，以样本时期的第一年 1998 年为考察基期，如果某个企业在第 t－1 年不存在，而在第 t 年存在，就定义为第 t 年的进入企业（entry），所以 1998 年不存在进入企业，衡量企业进入行为的实际样本期间为 1999～2007 年。另外需要注意的是，由于《中国工业企业数据库》统计的非国有工业企业是规模以上的工业企业，可能会存在非国有企业规模下降到规模以下从而在某些年份退出数据库的情况，实际上并没有退出市场，但是根据已有的信息无法做出准确判断，因此为了避免统计误差，按照已有研究的通常做法（余森杰，2010；马光荣和李力行，2013），对于在某年退出数据库而且在后续年份中重新出现在数据库中的企业，不认定其为新进入企业，只有首次进入数据库样本才被认定为是新进入企业。设定 entry 为虚拟变量，值为 1 表明企业进入市场。令 NE_t 和 NT_t 分别表示第 t 年的企业进入数量和企业总数，企业进入率（ER_t）就可以表示为：

$$ER_t = NE_t / NT_{t-1} \qquad (6-1)$$

根据企业进入行为的定义，1998～2007 年中国国有及规模以上制造业企业的进入情况如表 6-1 所示。从整体的企业进入情况来看，在 1998～2007 年的样本期间，我国制造业企业具有很高的进入率，年均企业进入率为 30.77%，其中 1999～2004 年是企业进入市场的高峰期，年均进入率为 36.7%，这一结果与李平等（2012）、毛其淋和盛斌（2013）、范剑勇等（2013）以及其他大部分研究具有较高的一致性，同时我国制造业企业进入率整体呈波动式下降趋势。较高的企业进入率表明中国经济得到了快速发展，市场规模不断扩大，而且由于 2004 年进行了全国工业普查，建立了更完善的企业登记注册体系，使得企业统计范围大幅度扩大，更多的企业进入统计数据库，从而表现出 2004 年

185

较高水平的企业进入率（高达 73.46%），剔除这一异常的企业进入情况后，我国的企业进入率依然高达 25.4%。我国的工业企业进入水平远高于发达国家的进入水平，例如 1974 ~ 1979 年英国企业进入率为 6.5%，1963 ~ 1982 年美国的企业进入率为 7.7%（吴利华、申振佳，2013），这在一定程度上说明我国制造业可能存在企业的过度进入现象。

表 6 – 1　　1998 ~ 2007 年中国国有及规模以上制造业企业进入情况

年份	进入企业（家）	企业进入率（%）	国企进入率（%）	民企进入率（%）	外企进入率（%）
1999	31724	33.56	17.38	9.51	7.40
2000	22483	22.12	7.16	10.99	4.36
2001	37521	36.94	8.93	22.14	6.23
2002	28587	24.54	4.34	16.17	4.18
2003	37928	29.60	3.78	20.59	5.39
2004	109104	73.46	6.33	53.56	13.90
2005	35412	15.58	0.94	12.05	2.98
2006	45101	20.24	1.35	16.09	3.35
2007	52154	20.86	1.10	16.62	3.67
均值	44446	30.77	5.70	19.75	5.72

资料来源：笔者计算整理。

从分所有制的企业进入率情况来看，随着市场经济体制的发展和完善，我国多种所有制经济得到了快速发展，其中民营企业进入率最高，民营企业进入率上升幅度较高（年均 29.6%），国有企业和外资企业的进入率基本相当，分别为 5.7% 和 5.72%，民营企业进入率波动较频繁，国有企业进入率整体呈大幅度下降趋势，国有企业进入率以年均 11% 的速度下降，外资企业的进入率在 2003 年以前呈波动式下降趋势，2005 年以后呈上升趋势，而且我国本土企业的进入率明显高于外资企业的进入率。

从表 6 – 2 进入企业中的不同所有制占比情况来看，我国制造业企业高进入率的情况主要是由于民营企业的大量进入导致，在进入企业中民营企业比重年均高达 64.76%，民营进入企业比重在样本期间整体呈逐年上升趋势，这在一定程度上表明我国民营企业可能存在严重的过度进入现象。外资进入企业占总体进入企业的比例为 18.45%，且变化趋势较平稳。国有进入企业年均占比为 18.38%，而且国有进入企业比例呈逐年下降趋势。出现这种所有制之间企业进入差异的主要原因是：一方面，随着市场化经济体制的发展和完善，我国多种所有制经济都得到了快速发展，尤其是受到加入世界贸易组织和允许民营经济进入国民重要行业政策的影响，整个社会的资本由于存在着统一的行业发展共识，私人资本和外商资本的投资额急剧增长，民营企业数量和外资企业数量逐年提高，民营企业比例从 1998 年的 22% 提高到 2007 年的 71%，外资企业数量较稳定，保持在 22% 左右。另一方面，我国在 1997 年就提出国有资本可以从部分行业退出并向具有战略性和关系国计民生的重要行业集中的决策，随着国有企业改革的不断深化，国有企业比例从 1998 年的 60% 下降到 2007 年的 11%。另外，进入企业中属于重工业行业的企业年平均比例为 58.3%，远超过进入企业中属于轻工业行业的企业比例 41.7%，同时重工业进入企业所占比例呈逐年上升的趋势，而轻工业进入企业所占比例呈逐年下降的趋势，这充分说明了我国经济增长主要依靠资本密集型的重工业投资拉动，重工业行业可能存在企业的过度进入。

表 6 - 2　　　　1998 ~ 2007 年不同属性制造业企业进入比例情况　　　单位：%

年份	国企进入比例	民企进入比例	外企进入比例	轻工业进入比例	重工业进入比例
1999	51.80	28.34	22.05	43.27	56.73
2000	32.38	49.66	19.69	43.16	56.84
2001	24.17	59.92	16.87	44.43	55.57
2002	17.68	65.91	17.04	44.33	55.67
2003	12.78	69.58	18.23	42.02	57.98
2004	8.61	72.91	18.92	38.96	61.04
2005	6.02	77.33	19.14	40.53	59.47
2006	6.68	79.51	16.56	40.45	59.55
2007	5.27	79.69	17.57	38.15	61.85
均值	18.38	64.76	18.45	41.70	58.30

资料来源：笔者计算整理。

2. 要素价格扭曲的衡量

资本要素价格扭曲的衡量采用第 5 章介绍的青木周平（Aoki，2012）、陈永伟和胡伟民（2011）构建的多部门完全竞争市场均衡模型进行测度。同时，在土地资源日益稀缺的情况下，土地的经济价值和资本价值不断提升，土地成本作为企业前期进入市场面临的最大规模的投资成本，价格扭曲的土地资源对企业进入的投资成本和风险的外部化效应较大，同时形成的隐性补贴收益也极高，会在较大程度上对企业形成过度进入的扭曲激励。因此，限于数据的可得性和完整性，本章除了考察资本价格扭曲对企业过度进入的影响外，还将对土地价格扭曲对企业过度进入的影响进行实证检验。

当前我国的土地产权不明晰，政府通过行政权力垄断了土地的供给，并将土地人为地划分为不同用途，根据土地用途采用不同的定价方式，导致了土地的价格扭曲现象。目前我国的建设用地主要可以分为工业用地、商业和住宅等服务性用地和公共用地三种。公共用地主要采用划拨的形式进行配置。而对于工业用地，在不合理的财税体制和政绩考核体制影响下，由于我国的资本要素缺乏，地方政府为了在区域间政治和经济竞争中获得胜利，往往通过行政干预手段为企业提供低价甚至零价的土地以吸引企业投资，主要表现为压低工业用地价格，采用协议出让的方式配置工业用地；商业和住宅等服务型用地主要是通过招标、拍卖、挂牌的市场化方式进行配置，这主要是因为各地政府为了扩大财政收入和税收来源，通过招拍挂的方式出让土地可以使地方政府获得高额的土地出让金作为预算外收入。采用招拍挂等市场化方式配置的商住用地的价格市场化程度较高，可以反映土地真实的市场供求情况，而采用协议出让方式配置的工业用地价格一般严重低于商住用地的市场化价格，形成了工业用地对市场价格的负向扭曲（黄健柏等，2015；顾智鹏等，2016）。

本章参考顾智鹏等（2016）的研究思路，在《中国国土资源年鉴》中统计的土地供应方式主要有协议、招标、拍卖和挂牌四种，由于工业企业主要使用的是工业用地，通过协议出让的工业用地价格一般远低于招拍挂等市场化方式形成的价格，因此如果以协议方式出让土地的宗数越多，就表明企业越容易通过协议方式获得土地，而不是通过招拍挂的市场化方式，也就表明土地的价格扭曲越严重，因此可以利用地区以协议方式出让土地宗数占四种出让方式供应土地总宗数的比例来代表土地价格扭曲程度，比例越高，代表土地价格扭曲越严重。由于缺乏企业的土地利用数据，无法对每个企业面临的土地价格扭曲情况进行衡量，因此，本章采用企业所在省份土地价格扭曲情况作为替代，地区的土地价格扭曲越严重，代表企业越容易通过协议方式而不是市场化方式获取低于市场成本的土地。

通过计算得到中国整体的土地价格扭曲趋势，如图6－1所示。从图中可以看出，我国的土地价格扭曲呈下降趋势，在1998年时土地价格扭曲程度较高，高达90%的土地是通过协议出让的方式进行配置，大量的工业企业获得了价格扭曲的低成本土地资源，随着我国市场经济体制不断完善，土地市场化程度也逐步提高，2007年的土地价格扭曲程度下降到60%，这一结果与余东华和吕逸楠（2015）计算得到的土地价格负向扭曲超过50%的结果基本一致。土地价格扭曲程度的下降表明通过协议方式出让的土地数量逐渐减少，通过招标、拍卖、挂牌等市场化方式配置土地越来越多，这也意味着土地价格越来越能够反映企业的真实用地成本，促使企业形成准确的进入市场的成本和收益预期，引导企业合理、有序地进入市场。

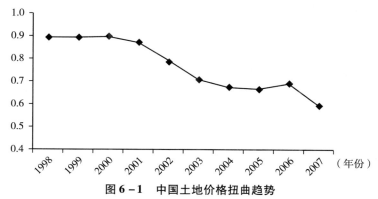

图6－1 中国土地价格扭曲趋势

资料来源：笔者绘制。

6.2.3 模型设定与实证方法

由于企业选择进入市场是一种二元选择过程，企业面临着要么进入市场要么不进入的抉择，同时由于采用的是企业面板数据，考虑到企业间显著的异质性差别，混合面板 Logit 模型将面板企业数据视作截面数据的回归结果会存在偏误，本章将运用固定效应的面板 Logit 模型对要素价格扭曲和企业进入的关系问题进行实证检验。

对于企业进入影响因素的研究大多限于理论分析，尤其是采用企业层面数据对企业进入的实证研究较少，本章借鉴已有文献的做法，将企业是否进入市场的二值虚拟变量作为被解释变量，衡量企业的进入行为，将资本价格扭曲和土地价格扭曲作为核心解释变量，验证要素价格扭曲促使企业过度进入的假说，同时为了避免遗漏变量导致估计偏误，考虑到企业进入还会受到其他企业层面和行业层面因素的影响，本章在参考现有文献基础上，加入了相应的控制变量，具体构建模型如下：

$$\Pr(entry_{i,t} = 1) = F(u_i + \beta_1 distk_{i,t} + \beta_2 dists_{i,t} + \delta control_{i,t} + \varepsilon_{i,t}) \quad (6-2)$$

式中，$entry_{i,t}$ 表示 i 企业在第 t 年是否退出市场的二值虚拟变量，值为 1 时表示企业进入市场，值为 0 时表示企业不是新进入企业；$distk_{i,t}$、$dists_{i,t}$ 分别表示资本价格扭曲和土地价格扭曲；$control_{i,t}$ 为其他控制变量；u_i 表示个体效应；$\varepsilon_{i,t}$ 是随机干扰项。模型中的控制变量主要包括：

企业研发能力（innovation），采用企业新产品产值与工业总产值的比值衡量；企业利润率（profit），用企业的利润率表示，采用企业的利润总额与销售收入的比值衡量；企业盈利能力（rpce），采用企业的成本费用利润率衡量企业消耗一单位成本的盈利能力；企业规模（size），采用企业销售收入取自然对数衡量，对各年的企业销售收入采用以 1998 年为基期的商品零售价格指数进行平减；企业融资约束（leverage），采用企业的资产负债率度量，利用负债总额与资产总额的比值得到，资产负债率越高表明企业对外部资金的依赖程度越高，同时资产负债率越高也意味着企业能够用于抵押的资产减少，说明企业的融资能力降低，融资难度提升；企业经营管理水平（mfee），采用企业的管理费用与销售收入比值得到的管理费用率衡量企业的经营管理水平，管理费用率越高表明管理性的组织费用占用了较多的利润，企业可能处于低效运转状态，同时管理费用中包括业务招待费、差旅费等非生产性支出，由于企业的寻租支出难以在财务记录上显示出来，因此这种非生产性支出最可能隐藏在企业的管理费用中（万华林、陈信元，2010；许家云、毛其淋，2016），管理费用越高在一定程度上说明企业为了获取低成本要素而向政府寻租的成本就越高；劳动成本（totalwage），采用企业的应付工资总额取自然对数表示企业运营需要的劳动成本，各年的企业应付工资总额利用以 1998 年为基期的居民消费价格指数进行平减；行业集中度（hhi），利用企业所属二位码行业的赫芬达尔指数表示；企业进入资本壁垒（kdensity），采用企业的资本密集度衡量企业进入市场的资本壁垒，企业进入市场所需要的资本投资规模越大，企业进入市场的壁垒越高，利用企业资产总额和从业人数比值的自然对数计算得到，各年的企业资产总额利用以 1998 年为基期的固定资产投资价格指数平减。

为了验证假设 2，本章在模型（6-2）的基础上加入了要素价格扭曲与企业进入资本壁垒的交叉项，构建模型如下模型进行检验：

$$Pr(entry_{i,t}=1)=F(u_i+\beta_1 distk_{i,t}+\beta_2 dists_{i,t}+\beta_3 distk_{i,t}\times kdensity_{i,t}$$
$$+\beta_4 dists_{i,t}\times kdensity_{i,t}+\delta control_{i,t}+\varepsilon_{i,t}) \quad (6-3)$$

为了验证假设 3，本章在模型（6-2）的基础上加入了要素价格扭曲与企业融资约束（leverage）的交叉项，构建如下模型：

$$Pr(entry_{i,t}=1)=F(u_i+\beta_1 distk_{i,t}+\beta_2 dists_{i,t}+\beta_3 distk_{i,t}\times leverage_{i,t}$$
$$+\beta_4 dists_{i,t}\times leverage_{i,t}+\delta control_{i,t}+\varepsilon_{i,t}) \quad (6-4)$$

为了验证假设 4，本章在模型（6-2）的基础上加入了要素价格扭曲与企业经营管理水平（mfee）的交叉项，构建如下模型：

$$Pr(entry_{i,t}=1)=F(u_i+\beta_1 distk_{i,t}+\beta_2 dists_{i,t}+\beta_3 distk_{i,t}\times mfee_{i,t}$$
$$+\beta_4 dists_{i,t}\times mfee_{i,t}+\delta control_{i,t}+\varepsilon_{i,t}) \quad (6-5)$$

同时，对于假设 5 至假设 7，本章将样本总体按照企业所有制类型分为国有企业、民营企业和外资企业三组，分别进行了实证检验；为了验证假设 8，根据国家统计局对轻重工业的划分办法，将 28 个制造业行业分成重工业和轻工业两组，行业二位数代码为 13~24、27、28、42 的是轻工业，行业二位数代码为 25、26、29~37、39~41 的是重工业，并分别利用轻重工业数据进行实证检验；针对假设 9，本章计算行业内企业平均销售额衡量行业内企业平均规模，利用企业平均规模的四分位数将制造业企业分为五组，通过分组回归验证要素价格扭曲对不同规模企业过度进入的影响。

6.3　实证检验结果及分析

6.3.1　要素价格扭曲引发企业过度进入的实证分析

由于模型（6-2）中的被解释变量是取值 0 或 1 的二值变量，因此利用固定效应的面板数据 Logit 模型估计得到的解释变量系数代表的就是解释变量每变动一个单位对企业进入概率的影响，通过对模型进行估计，得到了如表 6-3 所示的实证检验结果。第（1）列是基准回归结果，在控制其他因素影响的情况下，资本价格扭曲和土地价格扭曲都对企业进入市场的概率有显著为正的影响，即资本价格扭曲和土地价格扭曲显著提高了企业进入市场的概率，从而提高了宏观层面上企业过度进入的风险。在我国市场经济体制尚不完善的情况下，企业过度进入市场很大程度上会造成重复建设、过度竞争，从而导致产能过剩，因此假设 1 得证。从二者的影响系数大小来看，工业用地作为企业生产的基础，土地成本是企业前期进入市场面临的最大规模的投资成本，随着城镇化和工业化的不断推进，工业用地的经济价值不断提升，土地的资本价值也日益凸显，工业用地价格扭曲不仅能够为工业企业提供低价甚至零价的土地，甚至也相应地赋予了企业获取低成本资本要素的权利，因此相对来说，土地价格扭曲比资本价格扭曲对企业进入的正向影响更大。

表 6-3　　　要素价格扭曲引发企业过度进入的实证结果

变量	（1）	（2）	（3）	（4）
	样本总体	进入壁垒	融资约束	寻租
distk	1.344 *** （29.39）	0.945 *** （6.71）	1.321 *** （25.30）	1.201 *** （24.36）
dists	12.819 *** （191.66）	11.308 *** （46.07）	12.276 *** （115.34）	12.739 *** （164.66）
distk × kdensity		0.083 *** （2.95）		

续表

变量	（1）样本总体	（2）进入壁垒	（3）融资约束	（4）寻租
dists × kdensity		0.319 *** (6.36)		
distk × leverage			0.042 (0.97)	
dists × leverage			0.939 *** (6.49)	
distk × mfee				2.284 *** (7.79)
dists × mfee				1.195 ** (2.01)
innovation	0.027 (0.70)	0.026 (0.68)	0.028 (0.74)	0.027 (0.70)
profit	0.233 *** (3.00)	0.233 *** (2.99)	0.238 *** (3.06)	0.268 *** (3.45)
rpce	0.387 *** (5.32)	0.388 *** (5.31)	0.389 *** (5.34)	0.364 *** (5.02)
size	− 1.885 *** (− 159.43)	− 1.887 *** (− 159.45)	− 1.886 *** (− 159.46)	− 1.888 *** (− 159.57)
leverage	− 0.040 *** (− 2.82)	− 0.040 *** (− 2.83)	− 0.826 *** (− 6.18)	− 0.039 *** (− 2.74)
mfee	− 2.481 *** (− 24.78)	− 2.482 *** (− 24.77)	− 2.485 *** (− 24.79)	− 5.430 *** (− 9.69)
totalwage	− 0.752 *** (− 83.98)	− 0.752 *** (− 83.92)	− 0.752 *** (− 84.00)	− 0.752 *** (− 83.94)
hhi	1.910 *** (54.16)	1.905 *** (53.97)	1.910 *** (54.16)	1.923 *** (54.43)
kdensity	− 0.757 *** (− 84.74)	− 1.086 *** (− 22.61)	− 0.757 *** (− 84.75)	− 0.756 *** (− 84.69)
观测值	693783	693783	693783	693783
Log lik.	− 124673.87	− 124649.18	− 124651.69	− 124645.03
Chi-squared	207374.28 ***	207423.65 ***	207418.63 ***	207431.95 ***

注：括号内为系数 z 值；** 和 *** 分别表示5%和1%的显著性水平。

资料来源：笔者根据 Stata 估计结果整理。

从其他控制变量估计结果来看，企业研发能力（innovation）的系数为正但不显著，较强的研发能力并没有显著推动企业进入市场。企业利润率（profit）会显著提高企业进入的概率，这主要是因为市场中的利润率越高，出于追逐利润最大化的本性，市场中的高利润往往能够吸引更多的企业进入，这一点也可以从市场集中度（hhi）的符号显著为正看出。市场集中度指数越高，表示市场中的垄断势力较强，从而市场中存在较高的行业利润和良好的发展前景，有利于吸引潜在进入者进入。这也可能与我国鼓励、支持非公有制经济发展有关，改革开放后我国的非公有制经济就得到了快速发展，2001 年加入世界贸易组织、2005 年允许非公有制经济进入具有高垄断性的国民经济重要行业，这些都促使大量企业进入高利润、高集中度的垄断性较强的行业，从而使得高市场集中度并没有对企业形成较高的进入壁垒（杨天宇、张蕾，2009）。企业盈利能力（rpce）的估计系数显著为正，表明企业的盈利能力越强越容易激励企业进入市场。企业规模（size）对企业进入有显著的负向影响，这是因为企业生产运营所需的规模越大，进入市场需要投入的生产要素的规模就越大，从而市场进入成本就越高，企业面临的进入壁垒就越高，降低了企业进入市场的概率，这从劳动成本（totalwage）的系数显著为负也可以看出。企业进入市场需要消耗大规模的劳动成本，企业生产成本较高，这显著降低了企业进入市场的动机，而且这也表明市场中存在规模经济，只有达到一定的生产规模才能使得进入市场有利可图，规模经济要求提高了企业进入壁垒。企业融资约束（leverage）对企业进入有显著的负向阻碍作用，这说明市场中企业如果普遍面临较高的融资约束，导致企业融资难度增加，无法获得有效的外源资金支持，使得企业望而却步。企业经营管理水平（mfee）对企业进入有显著的负向影响，表明企业进入市场需要付出较高的非生产性成本，从而降低了企业进入的概率。企业进入的资本壁垒（kdensity）的估计系数显著为负，表明企业进入市场所需的资本规模越大，企业进入市场的难度越高，企业的进入壁垒越高，从而企业进入概率下降。

另外，根据模型（6－3），本章验证了在要素价格扭曲情况下，企业进入市场的资本壁垒对企业进入行为的影响，表6－3 第（2）列中加入了要素价格扭曲和企业进入资本壁垒的交叉项，交叉项的估计系数显著为正，要素价格扭曲程度越高时，资本密集度越高的企业越倾向于进入市场，资本密集度的进入壁垒作用随着要素价格扭曲程度的提高而减弱，要素价格扭曲降低了企业进入市场的门槛，尤其是在土地价格扭曲下，企业进入市场可以获得低成本的土地资源，极大地降低了企业进入市场的成本。同时土地还可以作为抵押品获取商业银行的低成本信贷资源，对进入壁垒的降低效应更强。同时，资本密集度较高的行业大多属于资本密集型的重化工业，实证结果也意味着要素价格扭曲对资本密集型的重化工业的进入壁垒降低效应更显著，这是由于政府的发展倾向和银行信贷支持的青睐，进入资本密集型行业可以获得更多的价格扭曲的低成本要素资源支持，企业进入市场的成本降低更多，成本和风险外部化效应更严重，从而资本密集型行业的进入壁垒相比资本密集度要求较低行业降低更多。同时企业进入还能够获取超额利润，企业在高收益、低成本、低风险的扭曲激励下会更多地选择进入资本密集型行业，这在一定程度上助推了资本密集型行业的过度进入，加剧了产能过剩的风险。因此，假设 2 得证。

针对假设 3，对模型（6-4）进行估计，实证结果为表 6-3 中第（3）列，资本价格扭曲和土地价格扭曲与企业融资约束的交叉项系数都为正，表明要素价格扭曲降低了企业进入的融资约束壁垒，融资约束对企业进入的阻碍作用会随着要素价格扭曲程度的提高而减弱，这意味着要素价格扭曲放松了企业的融资约束，使企业能够以较低的成本获取发展所需的要素资源，企业经营成本和风险外部化，甚至能够获得超额显性利润，而且进入市场后，企业即使面临着激烈的竞争、低利润甚至亏损等情况，企业也可以从价格扭曲的要素所形成的超额收益中弥补亏损，误导企业高估了进入的预期收益、低估了进入的成本风险，提高了企业进入市场的概率，诱导企业过度进入市场。其中，工业用地既作为主要的生产性投入，又具有较高的资本价值，可以用作抵押获取远超过购置成本的低息贷款资源，还可以出租或转让使用权获取高额显性利润，对企业融资约束的放松效应最为显著。据此，假设 3 得证。

根据模型（6-5）的设定，表 6-3 中第（4）列在基准回归基础上加入了要素价格扭曲与企业经营管理水平的交叉项，考察在要素价格扭曲情况下，寻租对于企业进入的影响。资本价格扭曲和土地价格扭曲与企业经营管理水平的交叉项估计系数都显著为正，企业寻租进一步增强了要素价格扭曲对企业进入的推动效应，这说明，在要素价格扭曲的情况下，低成本要素资源及其所形成的超额收益会吸引企业进入市场，为了能够进入市场掠取低成本要素资源和超额利润，企业往往会向政府寻租，建立紧密的政企联系，提高进入概率和获得超额利润的可能性。要素价格扭曲对企业进入的推动作用随着寻租支出的增加而增强，这也意味着要素价格扭曲对企业进入形成了扭曲激励，很多并没有进入市场意向的企业也会为了高额的利润选择进入，最终可能引发过度进入，导致并加剧了产能过剩。假设4得证。

6.3.2 要素价格扭曲对不同属性企业过度进入的差异化影响

为了验证假设5至假设7，本章进行了分所有制样本的回归，实证结果如表6-4前三列所示。从资本价格扭曲的估计系数来看，与假设不同的是，资本价格扭曲对民营企业进入有最强的推动作用，其次是国有企业，这可能是因为民营企业能够更有效地利用金融资源，在存在资本价格扭曲的情况下，民营企业也可以较容易地获得低成本的金融资源促进其企业成长和发展，从而较大程度地促进了民营企业的进入，导致民营企业羊群性大范围群体涌入现象（叶宁华、包群，2013；余东华、邱璞，2016）。而国有企业由于其自身就掌握着大量的低成本金融资源，可能导致其对资本价格扭曲程度变动的敏感性就降低，再加上国有企业产权不明晰，经营目标多元化，国有企业进入行为不仅会受到企业成本收益预期的约束，还会受到众多非市场化因素影响，因此资本价格扭曲对其进入的推动作用比民营企业弱。相比国有企业和民营企业来说，外资企业由于其本身拥有雄厚的资金实力，资本价格扭曲与否对其影响较弱，并且资本价格扭曲越严重，意味着外资企业的资本优势将大幅度削弱，这反而会降低外资企业的进入概率。从土地价格扭曲对不同所有制企业进入的影响来看，土地价格扭曲对不同所有制企业进入都有较强的推动作用，由于外资企业往往能够获得要素资源供给方面的超国民待遇，而土地作为重要的生产要素，土地成本是企业前期进入市场面临的最大规模的投资成本，同时土地的经济价值和资本价值随着经济发展而日益提升，从而价格扭曲的土地资源对外资企业有较高的吸引力，因此土地价格扭曲对外资企业进入的推动作用较强，相对于外资企业和国有企业，民营企业与政府的政治联系弱，多数企业规模小、实力弱，因此在价格扭曲的土地资源的竞争中不具有优势，土地价格扭曲对民营企业进入概率的提升程度最小。实证结果与假设存在微弱的偏差，假设部分得证。

表 6 - 4　要素价格扭曲与不同所有制和不同行业企业过度进入的实证结果

变量	(1) 国有企业	(2) 民营企业	(3) 外资企业	(4) 轻工业	(5) 重工业
distk	1.980 *** (17.62)	2.091 *** (32.51)	-0.597 *** (-6.28)	-2.932 *** (-37.28)	6.692 *** (84.22)
dists	12.611 *** (83.24)	12.500 *** (137.00)	13.274 *** (89.76)	13.163 *** (127.05)	11.840 *** (130.04)
innovation	0.049 (0.50)	-0.045 (-0.85)	0.147 ** (2.04)	-0.025 (-0.39)	0.082 * (1.67)
profit	-0.214 * (-1.77)	0.965 *** (8.19)	-0.279 * (-1.93)	-0.129 (-1.08)	0.551 *** (4.96)
rpce	1.124 *** (7.04)	-0.004 (-0.08)	0.769 *** (5.85)	0.454 *** (3.91)	0.317 *** (3.30)
size	-1.518 *** (-53.69)	-2.164 *** (-129.40)	-1.590 *** (-64.83)	-1.747 *** (-98.84)	-2.000 *** (-119.11)
leverage	-0.094 ** (-2.23)	-0.059 * (-1.93)	0.111 *** (2.93)	-0.074 ** (-2.55)	0.035 (1.16)
mfee	-1.509 *** (-9.40)	-4.407 *** (-23.60)	-1.510 *** (-8.23)	-2.989 *** (-17.28)	-2.065 *** (-15.90)
totalwage	-0.317 *** (-16.27)	-0.800 *** (-63.36)	-1.018 *** (-51.86)	-0.718 *** (-53.20)	-0.768 *** (-60.93)
hhi	1.174 *** (17.47)	2.122 *** (41.70)	1.906 *** (24.87)	1.871 *** (26.36)	2.969 *** (61.91)
kdensity	-0.523 *** (-25.36)	-0.899 *** (-73.02)	-0.568 *** (-29.05)	-0.719 *** (-53.96)	-0.745 *** (-58.82)
观测值	102932	397082	147452	281207	396502
Log lik.	-22307.91	-66886.39	-26992.38	-52904.54	-64414.11
Chi-squared	23939.99 ***	132875.78 ***	40903.37 ***	80162.90 ***	132412.30 ***

注：括号内为系数 z 值；* 、** 和 *** 分别表示 10%、5% 和 1% 的显著性水平。
资料来源：笔者根据 Stata 估计结果整理。

表 6-4 中后两列为分轻、重工业的分样本回归结果，资本价格扭曲和土地价格扭曲都会显著推动重工业企业进入，这一结果与假设 2 的实证检验结果也一致，即要素价格扭曲相对来说会更大程度上降低资本密集型的重化工业的进入壁垒，促使更多的企业进入重工业。回归结果还显示资本价格扭曲对轻工业企业的进入有显著的负向影响，这一结论的可能原因是，由于重工业行业经济体量大、盈利性强、可迁移性弱，能够显著带动经济增长、增加地方政绩，重工业企业能够获得更多的价格扭曲的要素资源，这使得相对轻工业来说，重工业企业自身承担的投资成本和投资风险极小，又能够获取由价格扭曲的要素资源形成的超额补贴收益，因此在资本价格扭曲情况下，企业更倾向于进入重工业行业，从而使得资本价格扭曲降低了轻工业企业的进入概率，同时重工业的高利润率特征也进一步促使企业进入重工业。从轻、重工业利润率变量的系数可以看出，重工业企业的高利润率显著增加了企业进入的概率，而轻工业企业的利润率反而对其进入具有不显著的负向影响，重工业的行业集中度对企业进入的影响系数显著为正且大于轻工业，这进一步表明重工业行业的高集中度意味着较高的行业利润，使得众多企业趋之若鹜。从土地价格扭曲对轻、重工业企业进入的影响来看，相对于重工业，土地价格扭曲更容易促进轻工业企业的进入，这可能是因为重工业企业既有获得大规模低成本金融资源的优势，又能够以较低成本获取廉价的土地资源，从而使得要素价格扭曲对重工业企业进入行为的推动作用被分摊。重工业企业本身的资本密集型特征也使得其对资本要素的依赖程度较高，从而资本价格扭曲对重工业企业的进入也有较强的推动作用，相应地挤压了土地对对重工业企业进入的推动作用，而土地作为工业企业生产的主要投入之一，价格扭曲的土地资源对轻工业企业也具有极大的吸引力，在轻工业企业的资本可获得难度相对于重工业企业较高的情况下，廉价的土地资源就对轻工业企业显得尤为重要，既可以作为生产性要素投入建厂生产，又可以作为财务杠杆撬动商业银行的信贷资金支持，因此土地价格扭曲对轻工业企业的进入有较强的推动作用。假设 8 关于要素价格扭曲与不同行业的企业过度进入关系的结论部分得证。

在表 6-5 中，本章将样本企业分成不同规模的五个组别，对五组不同规模的企业进行分别回归，检验要素价格扭曲对不同规模企业进入的影响。从资本价格扭曲的估计系数来看，资本价格扭曲对不同规模企业进入都有显著的正向影响，但这种影响存在规模差异，资本价格扭曲对企业进入的推动作用大致上呈U形，这可能是因为小型企业规模小、经营方式灵活多变、经营成本较低，而且其创新能力较强、盈利能力较强，但由于小企业财务制度不健全、信息透明度低、信息不对称程度高，因而其发展面临的最主要的问题就是融资约束强、融资困难。在资本价格扭曲的情况下，小企业获取资金的成本也降低，更容易突破进入壁垒，在利润驱使下，小企业进入市场的概率提高。而对于大型企业来说，规模较大企业更容易受到政府和银行的重视，从而获得更多的优惠资源和超额利润，价格扭曲的资本要素对大型企业的成本和风险外部化效应更强，在高收益、低成本的扭曲激励下，企业进入市场的初始规模会提高。从土地价格扭曲的影响系数来看，土地价格扭曲会显著推动不同规模企业进入，而且与假设一致，土地价格扭曲对企业进入的影响大体上会随着规模的增加而增加，这是因为规模较大企业一定程度上也意味着需要投入更大规模的土地资源，土地价格扭曲对经营成本的降低效应随着规模的扩大而增强，规模越大企业的成本外部化越严重，从而更多促进大型企业的进入，同时由于土地资源的可获得难度高，价格扭曲的土地为企业带来的超额收益也较大，大型企业更容易受到政府的重视和资源支持，同时也更有能力向政府寻租从而争取更多的由土地价格扭曲形成的超额收益，这从企业经营管理水平的影响系数逐渐增大可以看出，经营管理水平对大型企业进入冲动的抑制作用更强，这在一定程度上表明大型企业进入市场需要支付更多的非生产性成本，其中包括更多的寻租支出。实证结果与假设存在差异，假设9部分得证。

表6-5　　要素价格扭曲与不同规模企业过度进入的实证结果

变量	(1)	(2)	(3)	(4)	(5)
	小型	中小型	中型	大中型	大型
distk	1.643 *** (16.81)	1.052 *** (11.09)	0.977 *** (9.96)	1.326 *** (12.44)	2.093 *** (16.98)
dists	11.815 *** (93.08)	12.781 *** (91.82)	13.095 *** (86.85)	13.468 *** (82.44)	13.392 *** (72.43)
innovation	0.195 ** (2.44)	0.085 (1.02)	-0.073 (-0.84)	-0.022 (-0.26)	-0.056 (-0.64)

变量	（1）	（2）	（3）	（4）	（5）
	小型	中小型	中型	大中型	大型
profit	− 0. 303 （ − 1. 41）	− 0. 154 （ − 0. 94）	0. 076 （0. 57）	0. 374 *** （3. 27）	0. 154 （0. 73）
rpce	1. 020 *** （5. 37）	1. 020 *** （5. 91）	0. 518 *** （3. 80）	0. 041 （0. 83）	0. 559 *** （2. 76）
size	− 1. 655 *** （ − 46. 53）	− 1. 731 *** （ − 67. 95）	− 1. 794 *** （ − 75. 41）	− 1. 879 *** （ − 77. 02）	− 2. 314 *** （ − 76. 04）
leverage	− 0. 104 *** （ − 2. 65）	− 0. 066 * （ − 1. 78）	− 0. 072 ** （ − 2. 26）	0. 106 ** （2. 02）	− 0. 014 （ − 0. 29）
mfee	− 1. 801 *** （ − 9. 17）	− 2. 587 *** （ − 12. 17）	− 2. 550 *** （ − 11. 73）	− 2. 813 *** （ − 11. 41）	− 3. 208 *** （ − 11. 33）
totalwage	− 0. 600 *** （ − 31. 44）	− 0. 691 *** （ − 36. 31）	− 0. 782 *** （ − 39. 56）	− 0. 796 *** （ − 39. 30）	− 0. 923 *** （ − 39. 78）
hhi	2. 504 *** （28. 33）	1. 777 *** （23. 74）	1. 694 *** （22. 35）	1. 723 *** （21. 46）	2. 018 *** （25. 25）
kdensity	− 0. 793 *** （ − 42. 12）	− 0. 831 *** （ − 43. 44）	− 0. 724 *** （ − 37. 64）	− 0. 698 *** （ − 34. 47）	− 0. 697 *** （ − 29. 31）
观测值	130429	141341	143057	141945	137011
Log lik.	− 30000. 62	− 28359. 16	− 25366. 93	− 22560. 38	− 17891. 35
Chi-squared	28982. 64 ***	37252. 88 ***	43193. 51 ***	47153. 64 ***	51782. 45 ***

注：括号内为系数 z 值；* 、** 和 *** 分别表示 10% 、5% 和 1% 的显著性水平。
资料来源：笔者根据 Stata 估计结果整理。

6.3.3 稳健性检验

本章区分企业属性的分样本回归在一定程度上初步证实了研究结论的稳健性。为了进一步增强研究结论的可靠性，本章还从以下角度进行了稳健性检验：第一，采用其他衡量要素价格扭曲的指标进行重新回归。借鉴张杰等（2011a，2011b）的做法，以要素市场化程度对产品市场化程度的偏离程度衡量整体的要素市场扭曲程度，$distort_{i,t} = (product_{i,t} - factor_{i,t})/product_{i,t}$，其中，$product_{i,t}$ 为产品市场化程度，$factor_{i,t}$ 为要素市场化程度，要素市场扭曲程度越高，要素价格扭曲程度就越高。第二，采用要素市场化程度（factor）作为要素价格扭曲的替代变量，要素市场化程度越高，要素价格扭曲程度越低。第三，利用政府对企业和市场的干预程度作为要素价格扭曲的替代变量，进行重新回归。政府对经济的干预程度越高，一定程度上表明市场化程度越低，从而要素价格扭曲程度越高，采用各地区地方政府对企业的干预指数（govern）衡量。上述变量所需数据来源于樊纲、王小鲁和朱恒鹏编制的历年《中国市场化指数——各地区市场化相对进程报告》。

稳健性检验的回归结果如表6-6所示。从替代变量的系数估计结果可以看出，都在1%的显著性水平上显著，绝大多数控制变量也具有较高的显著性，稳健性回归的主要变量系数符号基本没有发生变化。要素市场扭曲（distort）程度越高，会显著提高企业进入概率；要素市场化（factor）程度提高，会降低要素价格扭曲程度，从而降低了企业进入概率，即要素市场化程度越低，要素价格扭曲越严重，会显著提高企业进入市场的概率；政府干预指数（govern）是反向指数，数值越大表明政府干预程度越低，因此系数估计结果显著为负表明，政府干预指数越小，从而政府干预程度越高时，比政府干预程度较低时的企业进入概率大，即政府干预程度越高，要素价格扭曲越严重，会显著导致企业更大概率的进入市场。稳健性检验的实证结果与研究结论一致，因此，本章的研究结论是稳健的。

表6-6　　　　要素价格扭曲引发企业过度进入的稳健性检验

变量	（1） 要素市场扭曲	（2） 要素市场化程度	（3） 政府干预指数
distort	12.761 *** （197.31）		
factor		-3.742 *** （-240.58）	
govern			-0.878 *** （-202.45）
innovation	0.035 （0.95）	0.330 *** （5.96）	0.219 *** （5.63）
profit	0.293 *** （3.67）	0.371 *** （4.16）	0.273 *** （3.65）

变量	(1)	(2)	(3)
	要素市场扭曲	要素市场化程度	政府干预指数
rpce	0.568 *** (7.76)	0.235 *** (3.11)	0.340 *** (4.82)
size	−1.965 *** (−171.28)	−2.080 *** (−130.60)	−1.939 *** (−159.50)
leverage	−0.036 ** (−2.54)	−0.005 (−0.23)	−0.031 ** (−2.22)
mfee	−2.626 *** (−26.24)	−2.307 *** (−16.94)	−2.260 *** (−22.72)
totalwage	−0.675 *** (−78.09)	−0.378 *** (−32.95)	−0.623 *** (−69.73)
hhi	2.205 *** (63.65)	1.582 *** (34.31)	1.856 *** (52.45)
kdensity	−0.694 *** (−79.55)	−0.465 *** (−39.16)	−0.713 *** (−78.17)
观测值	693731	693737	693737
Log lik.	−131263.9	−66961.11	−122120.3
Chi-squared	194160.45 ***	322770.18 ***	212451.80 ***

注：括号内为系数 z 值； ** 和 *** 分别表示 5% 和 1% 的显著性水平。
资料来源：笔者根据 Stata 估计结果整理。

6.4 本 章 小 结

本章详细分析了要素价格扭曲对企业过度进入的理论影响机制，认为要素价格扭曲对企业形成了过度进入的扭曲激励，导致企业过度进入市场，形成"潮涌现象"，是导致我国目前大规模产能过剩的主要原因之一。随后通过利用 1998 ~ 2007 年《中国工业企业数据库》中的制造业微观企业数据，对本章的核心观点和相关研究假设进行了实证检验，为研究结论提供了经验证据支持。本章的研究结论主要有以下几个：

（1）对样本期间我国制造业企业进入情况的测度结果表明，我国制造业企业具有远高于发达国家的进入率，表明中国经济得到了快速发展，市场规模不断扩大。同时，我国制造业高进入的现象主要是由于市场经济发展过程中民营企业的高速发展和数量规模快速扩张导致，而且我国重工业进入企业比重高于轻工业，重工业进入企业比重逐年上升，轻工业进入企业比重逐年下降，一定程度上说明我国经济发展主要以资本密集型重工业投资扩张拉动。

（2）对核心理论的实证检验结果表明，我国目前存在的要素价格扭曲会导致企业过度进入（杨振，2013）。第一，要素价格扭曲降低了企业进入市场的投资成本和投资风险，从而显著降低了企业进入市场的壁垒，赋予了企业较强的突破市场进入壁垒的能力，促使企业过度进入；第二，要素价格扭曲显著放松了企业进入市场的融资约束，强化了企业过度进入的动机；第三，要素价格扭曲相当于为企业进入市场提供了隐性的补贴，这种补贴收益有时候甚至能形成超额利润，从而在要素价格扭曲降低了企业进入成本和风险的同时，使企业错误估计了进入市场的收益预期和成本预期，促使企业为补贴而过度进入，甚至促使企业通过寻租的方式建立政企联系提高进入市场的概率，掠夺低成本的要素资源，企业寻租显著增强了要素价格扭曲对企业进入的推动效应。这些共同作用提高了企业进入市场的概率，形成了"潮涌现象"，使得市场过度进入风险增加，这种扭曲的过度进入激励会导致重复建设、企业数量过多、市场集中度下降、生产能力利用不足、过度竞争的现象，严重时便形成产能过剩（盛文军、孟辛，2001）。同时，虽然本章所采用的微观企业数据样本时期无法全部覆盖我国三次大规模的产能过剩，可能会导致本章研究结论受到样本期间的限制，缺乏对新时期要素价格扭曲引发企业过度进入从而导致产能过剩现象的解释力度，但是，要素市场化改革的任务不可能一蹴而就，要素价格扭曲是发展中国家在市场经济建立和完善过程中的常态，2008 年前后的要素价格扭曲现象并不会有较大的差异性，要素价格扭曲对企业进入的影响在短期内是基本稳定的。因此，本章的研究结论对近些年的过度进入和产能过剩现象同样具有重要的理论参考价值和现实指导意义。

（3）要素价格扭曲对不同属性企业过度进入的差异化影响的实证结果表明：资本价格扭曲会在更大程度上显著推动民营企业过度进入，导致民营企业羊群性大范围群体涌入现象，其次是国有企业，对外资企业进入有负向影响，而土地价格扭曲会较高程度地推动外资企业过度进入，其次是国有企业，民营企业由于缺乏竞争优势，土地价格扭曲对民营企业进入概率提升最小；资本价格扭曲会显著推动重工业企业过度进入，却降低了轻工业企业进入概率，土地价格扭曲对轻、重工业企业过度进入都具有显著推动作用，其中对轻工业企业的进入概率提升最大；资本价格扭曲对不同规模企业过度进入的推动作用大致上呈 U 形，对企业规模处于两侧的企业进入概率的正向影响最大，土地价格扭曲对企业过度进入的正向影响大体上会随着规模的增大而提高。

第 7 章　要素价格扭曲对产能过剩的影响路径Ⅲ：企业退出障碍视角

　　现代经济学的产业组织理论认为，企业的进入和退出是决定市场企业数量、规模经济、竞争情况和产能利用等市场结构和市场绩效的关键性因素，高效率企业进入、低效率企业退出是社会资源优化配置的表现，企业过度进入会导致市场恶性竞争、集中度降低、供给过剩，从而形成产能过剩，而企业无法有效退出市场则是产能过剩矛盾长期以来无法化解的重要原因。在完善的市场中，不存在企业的退出障碍，低效率企业可以自由退出，即使发生产能过剩，市场优胜劣汰的竞争机制也会自动调节市场供需，恢复供求平衡，市场中不会出现严重的产能过剩问题，因此，企业退出障碍也是导致产能过剩的主要原因之一，加剧了产能过剩的严重程度。在我国市场经济体制不健全的背景下，企业退出不仅面临着资产专用性、沉没成本等经济技术障碍，还面临着诸多非市场性的退出障碍。尤其是我国普遍存在要素价格扭曲的现象，要素无法合理、有效流动，要素价格扭曲必然会对企业的退出决策产生重要影响，从而影响市场中的产能情况，事实上，我国的要素价格扭曲形成了企业的退出障碍，阻止企业有效退出，从而导致并加剧了产能过剩。本章系统分析了要素价格扭曲阻止企业退出、导致企业退出障碍的影响机理，并通过构建实证模型，利用制造业微观企业数据进行了实证检验，为研究结论提供实证支持。

7.1 要素价格扭曲导致企业退出障碍的理论分析与研究假设

7.1.1 要素价格扭曲导致企业退出障碍的传导机制

在完善的市场经济下，不存在退出障碍，企业可以自由退出市场，健全的市场竞争机制会自动淘汰实力较弱的、运营效率较低的、亏损的企业，实现市场竞争的优胜劣汰，因此，即使由于投资过热而形成产能过剩，也会很快恢复供需平衡，产能过剩更多的是一种短期现象。而在我国当前不完善的市场经济体制下，要素价格扭曲对企业形成了退出的隐性成本，提高了企业的市场退出壁垒，导致低效、亏损企业无法及时、有效地退出市场，成为"僵尸企业"，提高了产能过剩的化解难度，导致和加剧了产能过剩。

首先，在长期粗放型的以投资拉动的经济增长方式下，扩大投资成为政府和企业发展经济的首要选择，而资本密集型的重化工业具有高投入、高产出的特征，对拉动地区经济增长、促进就业和增加财政收入有重要作用，而且其经济体量大，吸引重化工业投资和扩张还能凸显地方官员的政绩，有利于职位晋升，因此各级地方政府及相关部门领导都有强烈的动机利用掌握的要素资源和政策性资源引导投资重化工业（张日旭，2013），而在我国劳动要素充足、资本要素匮乏的情况下，各级地方政府纷纷通过建立投融资平台和干预银行信贷的方式，压低资本价格，为资本密集型的重化工企业提供低息甚至零息贷款，使得整个社会的资本要素形成了对劳动要素的替代效应，诱导企业增加资本要素使用量，大量企业进入资本密集型行业，要素价格扭曲在促进资本密集型的重化工业飞速发展的同时，也间接提高了整个经济社会的退出壁垒，因为资本密集型企业占据了整个经济体的很大一部分，而资本密集型企业本身就具有资产专用性强、沉没成本高、行业退出壁垒高的特征，这就导致我国当前以资本密集型重化工业为主的产能过剩难以化解。

其次，企业能够获得价格扭曲的低成本要素维持生存，导致市场中存在着大量的"僵尸企业"（张栋等，2016）。由于地方政府主要通过制定产业发展指导目录、税收优惠政策、财政补贴和其他由要素价格扭曲形成的政策性补贴的方式招商引资、吸引企业在本地落户，要素价格扭曲形成的政策性补贴主要包括为投资企业提供低息信贷资源、低价甚至零价的土地、配套的矿产资源开发权、较低的水电价和较低的环保标准等，这些都形成了地方政府和银行等金融机构发展地方经济的机会成本，当出现产能过剩、企业开工率不足、企业亏损等情况时，由于这些企业与地方政府的政治经济利益息息相关，对地方经济增长、财政收入、就业和官员政绩有着重要意义，企业退出意味着财政收入减少、地方产值下降、官员政绩下降等，为了维持地方经济发展稳定、减少失业率、保证财政收入和维护社会稳定，同时出于较高的经济发展机会成本的考虑，地方政府会通过财政补贴、税收优惠等方式提供价格扭曲的低成本要素资源维持企业生存极力阻挠企业退出，还会默许企业拖欠贷款、逃废债、获取展期贷款等行为，甚至会出面与银行协商为企业续贷，债权银行出于减少呆坏账、降低不良资产率的考虑，会同政府一起设置高退出壁垒，为企业继续提供低息贷款。这种价格扭曲的低成本金融资源形成了企业退出障碍，阻止企业退出，而且企业投资所获得的土地、矿产等稀有资源也成为亏损企业继续获取银行信贷支持的担保，这些行为滋生了大量的"僵尸企业"，价格扭曲的低成本要素资源为"僵尸企业"存活提供了支持，形成了低效率企业的退出障碍，降低了资源配置效率。

再次，要素价格扭曲情况下企业获得的低成本要素资源和为获得这些低成本要素付出的竞争成本和寻租支出都提高了企业的沉没成本（王宁、史晋川，2015；阚大学、吕连菊，2016）。企业发展越依赖于由价格扭曲要素资源所形成的政策性优惠，在产能过剩发生时，企业面临的沉没成本越高，退出壁垒越高。一方面，地方政府为了吸引投资落户为企业提供了低于市场价格的资本、土地、水电价等资源型要素以及环境生态要素资源，而企业一旦获取这些低成本的要素资源，当企业退出时实际上就面临着与这些要素资源正常市场价值等额的沉没成本，因为企业一旦退出就意味着需要放弃、归还这些低成本要素资源，比如市场价值高出获取成本很多倍的土地资源、矿产资源开采权以及政府默许高耗能、高污染企业的环境污染权，而如果企业不退出市场，就可以一直掌握着具有巨大市场价值的土地、低息贷款、资源开采权、环境污染权等，这些都形成了企业退出的沉没成本。另一方面，无论是价格扭曲情况下的要素，还是实现市场化定价的要素，都具有稀缺性，而且相对来说，价格扭曲情况下的要素稀缺程度更高，企业间的竞争更加激烈，因此为了获取这种低成本的要素资源和由此带来的补贴收益，企业往往会支付大量的"寻租"成本，而且要素价格负向扭曲程度越高，企业间的竞争就会越激烈从而竞争成本就会越高，企业的"寻租"成本也越高，无形中提高了企业的市场退出壁垒，而且企业寻租获得的政企联系也使其不容易退出。

最后，当行业发生产能过剩时，由于缺乏系统的产业发展信息统计公布制度，市场信息不对称，很多企业都抱有侥幸心理，过度自信地认为其他企业会先退出市场，从而小部分企业可以独享要素价格扭曲和供给减少后产品价格上升带来的超额利润，如果所有企业都有这一"共识"，就会导致激烈的竞争战，而且当企业亏损时，企业能够获得政府提供的价格扭曲的要素资源并形成了隐性补贴收入，从而使得企业都不愿意率先退出市场，形成持续性的产能过剩。同时，要素价格扭曲导致市场无法发挥正常的竞争淘汰机制，使得落后产能仍然有利可图，长期以来淘而不汰，加剧了产能过剩严重程度（李晓华，2012）。综上所述，本章提出待验证的假设：

假设1：要素价格扭曲提高了企业的市场退出壁垒，导致企业退出障碍。

假设2：要素价格扭曲放松了企业的融资约束，使企业可以获取低成本的要素资源维持生存，降低了其退出市场的风险，提高了企业的退出壁垒。

假设3：要素价格扭曲情况下，企业会通过寻租的方式获取低成本要素和超额利润，高额的竞争成本和寻租建立的政企联系会提高其退出障碍。

7.1.2 要素价格扭曲与不同特征企业退出障碍

1. 要素价格扭曲与不同所有制企业退出障碍

国有企业由于担负着经济发展、解决就业、维护社会稳定等政治经济任务，多数集中在关系国计民生的重要行业，国有企业退出市场面临着职工安置、下岗职工生活保障金、职工再就业等政策性负担和成本，这些实际上最终都将由中央政府和地方政府承担，国有企业退出不当可能会导致严重的社会危机，再加上较高的沉没成本和资产专用性等限制，国有资产变现率和再利用率都很低，而且国有企业的退出不当还会增加银行的不良资产负担和金融风险。为了阻止国有企业退出市场、避免退出的经济和社会成本，地方政府会为亏损、低效率的国有企业提供大量的低成本要素，债权银行也会为避免大规模不良贷款而对其不断输血维持其存活，形成"僵尸企业"（余明桂和潘红波，2008；Caballero et al.，2008），阻止其退出市场，提高了国有企业的退出壁垒，同时国有企业占有大量的价格扭曲的要素资源，企业退出时也面临着较高的隐性沉没成本。据此提出待验证假设：

假设4：要素价格扭曲对国有企业退出的影响最大。

对于外资企业来说，其自身具有雄厚的资金实力、先进的管理经验和生产技术，企业制度较健全，融资约束较弱，资本价格扭曲可能对其退出决策影响不大。土地对于企业生产来说是重要的投资成本，一般来说按市场价格获取的土地成本占企业投资成本的很高比例，因此在外资企业获取政府提供的低成本土地资源后，外资企业退出时面临的失去价格扭曲的土地资源的隐性成本就会很高，企业留在市场中不仅能够转租土地获取租金收入，还能够以土地作抵押获取大量的低成本信贷资源，土地价格扭曲可能会对外资企业的退出行为有较大影响。据此提出待验证假设：

假设5：资本价格扭曲对外资企业的退出影响较弱，但土地价格扭曲对外资企业退出的影响较高。

对于民营企业来说，随着民营企业的快速发展，其效率普遍高于国有企业，地方政府逐渐开始干预民营企业的经营，为其提供价格扭曲的低成本要素资源，地方政府与民营企业尤其是大型民企也形成了坚实的利益共同体，民营企业也倾向于通过寻租获取政府的政策和资源支持，因此，在民营企业面临亏损或破产倒闭时，地方政府也会提供低成本的金融资源阻止其退出，商业银行为避免在政府影响下授予民营企业的大量贷款成为不良资产，也会为民营企业继续提供信贷支持，阻止了民营企业的有效退出。但相比国有企业和外资企业来说，由于受到经营规模和自身实力的影响，地方政府对民营企业的重视程度相对较弱，而且民营企业与政府之间的政治联系较少，民营企业在获取低成本的能够带来超额收益的土地资源方面缺乏一定的优势，民营企业退出时面临的价格扭曲土地形成的隐性退出成本相对较小。据此提出待验证假设：

假设6：资本价格扭曲对民营企业退出有较大影响，土地价格扭曲对民营企业退出的影响较弱。

2. 要素价格扭曲与不同行业企业退出障碍

我国当前的产能过剩表现出以资本密集型的重工业产能过剩为主的特征，这主要是因为，资本要素价格的严重扭曲使得整个经济社会偏向于过度使用资本，而且资本密集型重工业企业一般来说对拉动地区经济增长、促进就业和增加财政收入有重要作用，地方政府为了政治经济利益也更倾向于扶持资本密集型重工业企业落户，对资本密集型重工业的发展推波助澜，形成了重工业快速发展态势，重工业占国民经济比重较高。而资本密集型的重工业具有投资规模大、资产专用性强等行业特征，其本身就存在较高的退出沉没成本。同时由于重工业企业对地方经济发展意义重大，地方政府为了自身的政治经济利益，会继续为亏损企业提供低成本的价格扭曲要素资源以维持其生存，甚至默许、鼓励企业通过拖欠贷款、逃废债、获取展期贷款等行为继续掠取更多的金融资源，阻止重工业企业退出。商业银行为了避免大规模的不良贷款也会为资本密集型的重工业继续提供低息贷款支持，而且在要素价格扭曲下重工业企业更多地获得了低成本要素资源，企业退出就意味着必须放弃这些隐性利益，同时企业在获取价格扭曲的要素资源时可能也付出了较大的竞争成本，这些都使得重工业企业退出面临的沉没成本相对更高，因此要素价格扭曲在更大程度上阻碍了资本密集型的重工业企业退出。据此提出待验证假设：

假设7：要素价格扭曲对资本密集型重工业企业形成了较高程度的退出障碍。

3. 要素价格扭曲与不同规模企业退出障碍

从要素价格扭曲对不同规模企业退出的影响来看，在面临破产倒闭时，相对于规模较小的企业，大型企业退出市场对地区经济发展、社会稳定、财政收入、政府政绩等的负面影响更大，地方政府会出于政治经济利益的目的为规模较大企业继续提供价格扭曲的低成本要素资源维持其生存。商业银行也会出于减少呆坏账、降低不良资产率的考虑继续提供信贷支持，阻止大型企业退出市场。同时，相比规模较小的企业，规模较大的企业获得了更多的价格扭曲的低成本要素资源和隐性的补贴收益，同时企业在获取价格扭曲的要素资源时可能也付出了较大的竞争成本，规模较大的企业在退出市场时面临的由要素价格扭曲形成的沉没成本较高，而不退出市场则可以继续享受要素价格扭曲带来的巨大隐性收益，因此，要素价格扭曲会在更大程度上阻止大型企业退出。据此提出待验证假设：

假设 8：要素价格扭曲会对规模较大企业形成较高程度的退出障碍。

7.2　要素价格扭曲导致企业退出障碍的实证设计

7.2.1　数据说明

本章使用微观企业数据作为实证研究的基础，数据来源于中国国家统计局维护的《中国工业企业数据库》，该数据库的统计对象包含了1998～2007 年全部国有工业企业及规模以上非国有工业企业，截止到2007 年底，该数据库共统计了中国 31 万多家工业企业，统计企业总产值占中国工业总产值的 95% 左右，具有较好的代表性，提供了丰富的微观企业信息（鲁晓东、连玉君，2012）。与现有文献一致，由于采矿业受资源禀赋的约束较强，"烟草制品业" "电力、热力的生产和供应业" "燃气的生产和供应业" "水的生产和供应业" 具有政府经营特许权，存在严重的行政垄断特征，予以剔除，本章只使用数据库中的制造业企业数据。同时由于该数据库存在很多不足之处，需要进行详细的数据整理，采用第 5 章的处理方法进行数据整理和异常值的剔除，最终得到了 1998～2007 年 28 个制造业行业的非平衡面板数据，在此基础上，对企业退出及其他控制变量进行衡量。此外，研究中所需的价格指数数据主要来源于历年的《中国统计年鉴》，土地价格扭曲计算所需的数据来源于历年的《中国国土资源年鉴》。

7.2.2 关键变量的衡量

1. 企业退出的衡量

对于企业退出行为的衡量，本章参考马光荣和李力行（2014）、许家云和毛其淋（2016）的方法，对企业退出进行如下界定：在工业企业数据库的样本期间范围内，如果某个企业在第 $t-1$ 年存在，但在第 t 年及以后的年份不存在，则这个企业就是第 t 年的退出企业（exit），所以 2007 年不存在企业退出情况，衡量企业退出行为的实际样本期间为1998 ~ 2006 年。另外需要注意的是，由于《中国工业企业数据库》统计的非国有工业企业是规模以上的工业企业，可能会存在非国有企业规模下降到规模以下从而在某些年份退出数据库的情况，实际上并没有退出市场，但是根据已有的信息无法做出准确判断，因此为了避免统计误差，按照已有研究的通常做法（余淼杰，2010），对于在某年退出数据库且在以后年份没有再次出现的企业，就认定为退出企业，如果在后续年份中重新出现在数据库中，则不属于退出企业。设定 exit 为虚拟变量，值为 1 表明企业退出。令 NX_t、NT_t 分别表示第 t 年的企业退出数量和企业总数，企业退出率（XR_t）就可以表示为：

$$XR_t = NX_t / NT_t \qquad (7-1)$$

根据企业退出行为的界定，1998 ~ 2007 年中国国有及规模以上制造业企业的退出情况如表 7 - 1 所示。从制造业企业的整体退出情况来看，在样本期间，我国制造业企业具有很高的退出率，企业退出率年均16.08%，我国企业退出水平远高于发达国家的退出水平，例如 1974 ~ 1979 年英国企业退出率为 5.1%，1963 ~ 1982 年美国的企业退出率为7%（吴利华、申振佳，2013），结合第 6 章企业进入情况可以发现，我国制造业企业进入退出市场频繁，年均企业进入率和退出率分别为30.77% 和 16.08%，这一结果与毛其淋和盛斌（2013）、范剑勇等（2013）和其他学者大部分的实证研究具有较高的一致性。从分所有制的制造业企业退出情况来看，民营企业的年均退出率最高（7.67%），其次是国有企业，外资企业的退出率最低，仅为 2.4%，这可能是因为，虽然市场经济的发展促进了多种所有制经济进入市场，但民营企业竞争力弱，高进入的特征也伴随着高退出，民营企业退出率整体呈波动式上升趋势；外资企业的实力较强，企业退出较少，第 6 章外企进入情况表明外资企业进入率年均 5.72%，说明对外开放的深化，我国引进外资数量稳步提升；而国有企业在 1998～2000 年的退出率较高，这可能与政府国退民进的产业政策有关，国有企业退出率（6.37%）高于其进入率（5.7%），国有企业经过整合后实力逐渐提升，同时其受到政府控制，与政府关系密切，企业退出率在 2001 年后大幅度下降。

表 7 - 1　　1998～2007 年中国国有及规模以上制造业企业退出情况

年份	退出企业（家）	企业退出率（%）	国企退出率（%）	民企退出率（%）	外企退出率（%）
1998	17367	18.37	12.13	3.93	2.75
1999	17762	17.48	10.56	4.80	2.43
2000	22741	22.39	11.30	8.72	2.98
2001	15588	13.38	5.96	5.65	1.99
2002	18519	14.45	5.62	7.11	1.91
2003	30956	20.84	5.76	12.58	2.69
2004	33330	14.66	2.54	9.75	2.53
2005	22674	10.17	1.52	7.39	1.89
2006	32521	13.01	1.98	9.08	2.41
均值	23495	16.08	6.37	7.67	2.40

资料来源：笔者计算整理。

　　从表 7 - 2 的制造业退出企业中不同所有制所占比例来看，样本期间表现出的我国制造业高退出的情况主要是由于民营企业高退出导致，退出企业中民营企业几乎占一半的比例，国有企业占 37.27%，外资退出企业所占比例最低，为 15.28%。从轻重工业退出企业所占比例来看，退出企业中重工业企业占 56.33%，轻工业企业占 43.67%，同时退出企业中重工业企业所占比例在 2003 年以前较稳定，2003～2006年呈波动式上升趋势，而退出企业中轻工业企业所占比例呈逐年下降的趋势。

表 7 - 2 　　　　1998 ~ 2007 年不同属性制造业企业退出比例情况 　　　单位：%

年份	国企退出比例	民企退出比例	外企退出比例	轻工业退出比例	重工业退出比例
1998	66.05	21.41	14.95	46.82	53.18
1999	60.44	27.47	13.91	44.11	55.89
2000	50.45	38.93	13.32	44.15	55.85
2001	44.55	42.24	14.86	45.09	54.91
2002	38.86	49.19	13.21	46.56	53.44
2003	27.64	60.35	12.89	44.99	55.01
2004	17.32	66.46	17.27	38.61	61.39
2005	14.92	72.64	18.56	41.71	58.29
2006	15.19	69.81	18.54	40.97	59.03
均值	37.27	49.83	15.28	43.67	56.33

资料来源：笔者计算整理。

2. 要素价格扭曲的衡量

由于在要素价格扭曲情况下，企业融资约束软化，在低效率企业面临亏损或破产倒闭时，能够获得政府和银行提供的价格扭曲的低成本信贷资源得以维持低效率生产经营活动，保证其不退出市场，而且，只有企业不退出市场才能获得大量的优惠金融资源，企业自身只承担较少部分的由于不退出市场导致的亏损，甚至能够以此盈利，企业会选择留在市场中进行低效率的生产活动。因此，资本价格扭曲在企业退出退出障碍形成过程中起到了重要作用，本章将重点考察资本要素价格扭曲对企业退出障碍的影响，资本要素价格扭曲的衡量采用第 5 章介绍的青木周平（Aoki，2012）、陈永伟和胡伟民（2011）构建的多部门完全竞争市场均衡模型进行测度。与此同时，由于土地成本作为企业前期进入市场面临的最大规模的投资成本，地方政府往往通过提供低价甚至零价土地的方式吸引企业进入市场，我国大多数企业获取土地的成本普遍低于市场化的土地价格，而当企业面临亏损或破产倒闭时，由于土地具有较高的资本价值，企业可以通过抵押土地获取大量的信贷资源继续维持生存，但企业退出市场就意味着放弃价格扭曲的土地资源带来的超额收益，必须退还占有的高价值土地资源而不能自由转卖，因此，企业不会选择退出市场，占有土地就相当于占有大量的珍贵资源，而且在要素价格扭曲下的资源稀缺程度更高，为了获取廉价的土地资源，企业在进入市场时可能付出了较高的竞争成本，这些形成了企业退出时的巨额沉没成本，因此，土地价格扭曲会对企业退出形成较高的障碍，本章将对土地价格扭曲与企业退出障碍的关系进行重点研究，土地价格扭曲采用第6章的方法进行衡量。综上所述，考虑到实证研究的可操作性，限于要素投入、价格等数据的可获得性和完整性，本章主要考察资本和土地的价格扭曲对企业退出障碍的影响。

7.2.3 实证模型构建

本章主要研究资本价格扭曲和土地价格扭曲对企业退出障碍的影响效应。由于企业退出市场是一种二元选择过程，企业面临着要么退出市场要么不退出的抉择，同时由于采用的是企业面板数据，考虑到企业间显著的异质性差别，混合面板 Logit 模型将面板企业数据视作截面数据会使估计结果产生偏误，本章将运用固定效应的面板 Logit 模型对要素价格扭曲和企业退出障碍的关系问题进行实证检验。根据前文的影响机制分析，本章以企业是否退出的二值虚拟变量作为被解释变量，以资本价格扭曲和土地价格扭曲作为核心解释变量，检验要素价格扭曲会提高企业退出障碍、阻止企业有效退出的假设，同时为了避免遗漏变量导致估计偏误，考虑到企业退出行为还会受到众多企业自身因素和行业因素的影响，在实证模型中也加入了相应的控制变量，具体计量模型设定如下：

$$\Pr(exit_{i,t} = 1) = F(u_i + \beta_1 distk_{i,t} + \beta_2 dists_{i,t} + \delta control_{i,t} + \varepsilon_{i,t}) \qquad (7-2)$$

式中，$exit_{i,t}$ 表示 i 企业在第 t 年是否退出市场的二值虚拟变量，值为 1 时表示企业退出市场，值为 0 时表示企业没有退出；$distk_{i,t}$、$dists_{i,t}$ 分别表示资本价格扭曲和土地价格扭曲；$control_{i,t}$ 为其他控制变量；u_i 表示个体效应；$\varepsilon_{i,t}$ 是随机干扰项。模型中的控制变量主要包括：

企业研发能力（innovation），采用企业新产品产值与工业总产值的比值衡量；企业出口比重（export），采用企业出口交货值与企业销售产值的比值衡量；企业利润率（profit），采用企业的利润率表示，利用企业的利润总额与销售收入的比值衡量；企业盈利能力（rpce），采用企业的成本费用利润率衡量企业消耗一单位成本的盈利能力；企业规模（size），采用企业销售收入取自然对数衡量，各年的企业销售收入利用以 1998 年为基期的商品零售价格指数进行平减得到，为了考察企业规模对退出的非线性影响，还加入企业规模的二次方项；企业融资约束（leverage），采用企业的资产负债率度量，利用负债总额与资产总额的比值得到，资产负债率越高表明企业对外部资金的依赖程度越高，同时资产负债率越高也意味着企业能够用于抵押的资产减少，说明企业的融资能力降低，融资难度提升；企业经营管理水平（mfee），采用企业的管理费用与销售收入比值得到的管理费用率衡量企业的经营管理水平，管理费用率越高表明管理性的组织费用占用了较多的利润，企业可能处于低效运转状态，同时管理费用中包括业务招待费、差旅费等非生产性支出，由于企业的寻租支出难以在财务记录上显示出来，因此这种非生产性支出最可能隐藏在企业的管理费用中（万华林、陈信元，2010；许家云、毛其淋，2016），管理费用越高在一定程度上说明企业为了获取低成本要素而向政府寻租的成本就越高；劳动成本（totalwage），采用企业的应付工资总额取自然对数表示企业运营需要的劳动成本，各年的企业应付工资总额利用以 1998 年为基期的居民消费价格指数进行平减；行业集中度（hhi），利用企业所属二位码行业的赫芬达尔指数表示。

为了验证假设 2，本章在模型（7-2）的基础上加入了要素价格扭曲与企业融资约束（leverage）的交叉项，构建如下模型：

$$\Pr(exit_{i,t}=1)=F(u_i+\beta_1 distk_{i,t}+\beta_2 dists_{i,t}+\beta_3 distk_{i,t}\times leverage_{i,t}$$
$$+\beta_4 dists_{i,t}\times leverage_{i,t}+\delta control_{i,t}+\varepsilon_{i,t}) \qquad (7-3)$$

为了验证假设 3，本章在模型（7-2）的基础上加入了要素价格扭曲与企业经营管理水平（mfee）的交叉项，构建如下模型：

$$\Pr(exit_{i,t}=1)=F(u_i+\beta_1 distk_{i,t}+\beta_2 dists_{i,t}+\beta_3 distk_{i,t}\times mfee_{i,t}$$
$$+\beta_4 dists_{i,t}\times mfee_{i,t}+\delta control_{i,t}+\varepsilon_{i,t}) \qquad (7-4)$$

另外，为了考察要素价格扭曲对不同所有制企业退出的影响，对假设 4 至假设 6 进行验证，本章将样本总体按照企业所有制类型分为国有企业、民营企业和外资企业三组，通过分组回归进行实证检验；对于假设 7 关于要素价格扭曲与轻重工业企业退出障碍关系的假说，本章分别采用轻重工业数据进行回归验证，根据国家统计局对轻重工业的划分办法，行业二位数代码为 13 ~ 24、27、28、42 的是轻工业，行业二位数代码为 25、26、29 ~ 37、39 ~ 41 的是重工业；对于假设 8 关于要素价格扭曲对不同规模企业退出障碍影响的假说，本章计算行业内企业平均销售额衡量行业内企业平均规模，利用企业平均规模的四分位数将制造业企业分为五组，对五组不同规模的企业进行分别回归，验证要素价格扭曲对不同规模企业退出障碍的影响。

7.3　实证结果与分析

7.3.1　要素价格扭曲导致企业退出障碍的实证分析

通过利用固定效应的面板数据 Logit 模型对制造业企业数据进行估计，得到了如表 7 - 3 所示的实证结果。对于 Logit 模型估计的解释变量的系数并不代表每个解释变量对被解释变量的边际效应，而是表示解释变量在平均值处对企业退出概率或退出可能性的边际影响。表中第（1）列为基准回归结果，结果显示在控制了其他因素对企业退出的影响后，资本价格扭曲和土地价格扭曲对企业退出形成了显著的退出障碍，阻止企业有效退出，降低了企业退出概率，假设 1 得证。从系数大小来看，土地价格扭曲对企业退出的阻碍作用大于资本价格扭曲对企业退出的阻碍作用，这主要是因为，土地具有巨大的经济价值和资本价值，企业退出面临的由土地价格扭曲形成的沉没成本更高。

表 7 - 3　　　要素价格扭曲导致企业退出障碍的实证结果

变量	（1）	（2）	（3）
	样本总体	融资约束	寻租
distk	- 2.039 *** (- 38.01)	- 1.756 *** (- 24.34)	- 1.946 *** (- 34.18)
dists	- 12.080 *** (- 145.47)	- 11.835 *** (- 95.01)	- 12.056 *** (- 131.93)
distk × leverage		- 0.452 *** (- 5.79)	

续表

变量	（1）	（2）	（3）
	样本总体	融资约束	寻租
dists × leverage		− 0. 395 *** （ − 2. 60 ）	
distk × mfee			− 1. 349 *** （ − 4. 76 ）
dists × mfee			− 0. 294 （ − 0. 53 ）
innovation	− 0. 119 ** （ − 2. 44 ）	− 0. 118 ** （ − 2. 42 ）	− 0. 118 ** （ − 2. 42 ）
export	− 0. 204 *** （ − 6. 90 ）	− 0. 205 *** （ − 6. 93 ）	− 0. 204 *** （ − 6. 90 ）
profit	− 0. 852 *** （ − 9. 16 ）	− 0. 870 *** （ − 9. 33 ）	− 0. 867 *** （ − 9. 28 ）
rpce	− 0. 673 *** （ − 6. 44 ）	− 0. 659 *** （ − 6. 32 ）	− 0. 657 *** （ − 6. 29 ）
size	− 3. 548 *** （ − 29. 15 ）	− 3. 545 *** （ − 29. 13 ）	− 3. 544 *** （ − 29. 10 ）
$size^2$	0. 198 *** （ 32. 73 ）	0. 197 *** （ 32. 70 ）	0. 197 *** （ 32. 69 ）
leverage	0. 042 ** （ 2. 02 ）	0. 774 *** （ 5. 36 ）	0. 042 ** （ 1. 98 ）
mfee	1. 020 *** （ 11. 86 ）	1. 018 *** （ 11. 82 ）	2. 472 *** （ 4. 59 ）
totalwage	0. 032 *** （ 3. 60 ）	0. 032 *** （ 3. 69 ）	0. 031 *** （ 3. 57 ）
hhi	− 1. 290 *** （ − 35. 02 ）	− 1. 293 *** （ − 35. 11 ）	− 1. 294 *** （ − 35. 16 ）
观测值	361487	361487	361487
Log lik.	− 99855. 05	− 99834. 18	− 99842. 59
Chi-squared	41899. 90 ***	41941. 64 ***	41924. 83 ***

注：括号内为系数 z 值；* 、** 和 *** 分别表示 10% 、5% 和 1% 的显著性水平。
资料来源：笔者根据 Stata 估计结果整理。

　　从控制变量的估计结果来看，各控制变量都对企业退出行为有显著的影响。企业研发能力（innovation）的估计系数在 1% 的显著性水平上显著为负，表明企业研发能力越强，创新水平和创新能力越高，企业产品与市场上的其他产品之间更具有差异性，企业竞争力就越强，从而会降低企业退出市场的概率，这一结果与国内的研究是一致的，如杨天宇和张蕾（2009）、吴晗和贾润崧（2016）。企业出口比重（export）的系数显著为负，这与新贸易理论的结论一致，出口企业一般生产率较高，盈利能力较强，从而出口有效降低了企业退出市场的概率，马光荣和李力行（2014）也得到了相同的结论。企业利润率（profit）的估计系数显著为负，表明利润率较高的企业具有较强的抵抗风险的能力，其经营持续期较长，这一结论也得到了许家云和毛其淋（2016）的研究结论支持。企业盈利能力（rpce）的估计系数显著为负，表明企业消耗一单位成本的获利水平越高，企业越不容易退出市场；企业规模（size）的一次项系数显著为负，二次项系数显著为正，表明企业规模与企业退出风险之间存在显著的非线性 U 形关系，规模较小的企业抵抗风险的能力较差，规模较大的企业可能会存在企业内部组织机构臃肿，企业低效运转的情况，容易退出市场，适度的企业规模更有利于提高企业生存概率，马光荣和李力行（2014）也得到了一致的结论。企业融资约束（leverage）对企业的退出风险有显著为正的影响，企业面临的融资约束越强退出市场的概率越大，这主要是因为企业较高的资产负债率意味着企业对银行贷款等外部资金的依赖程度高，而且高负债率使得企业的融资能力降低，融资难度提升，从而使得企业竞争力下降，面临更严峻的退出风险，只有具有良好资金状况的企业才能长期生存在市场中。企业经营管理水平（mfee）的估计显著为正，企业管理费用所占比例越高，企业的经营管理水平越低，企业更容易退出，这主要是由于企业内部用于组织的管理费用占用了企业大量的资金，这种非生产性支出会挤占生产性支出和创新性支出，降低企业竞争力和利润水平，从而提高了企业退出市场的风险，从寻租的角度考虑，寻租支出越高，企业更愿意通过寻租获取利润，降低了企业努力经营、研发创新的动力，从而加剧企业退出风险。劳动成本（totalwage）越高也会导致企业退出市场的风险显著提升。行业集中度（hhi）的估计系数显著为负，可能是因为行业集中度越高的行业，行业内的垄断性较强，行业内企业普遍占据较大的市场规模，市场势力较强，而且高集中度意味着行业内企业利润较高，这些都降低了企业的退出风险。

对于假设 2，本章在表 7 - 3 第（2）列中加入了要素价格扭曲与企业融资约束的交叉项，模型（7 - 3）的估计结果显示，资本价格扭曲和土地价格扭曲与企业融资约束的交互项估计系数显著为负，这表明企业融资约束对企业退出的促进作用会随着要素价格扭曲程度的提高而显著减弱，要素价格扭曲放松了企业的融资约束，企业能够以较低成本获取价格扭曲的要素资源维持生存，甚至能够赚取超额利润，保证其不必退出市场，同时为了继续享受这种超额利润待遇和占有优惠的资本、土地资源，企业也不愿意轻易退出。而且较强的融资约束代表着企业的负债较高，银行为避免大规模不良贷款，只能继续提供低成本信贷资金维持其生存，较高的负债一定程度上也意味着政府和银行对企业的支持力度较大，因此政府也会在企业经营困难或亏损时提供价格扭曲的要素资源维持企业生存，形成了"僵尸企业"，从而要素价格扭曲降低了其退出市场的风险，提高了企业的退出壁垒。

在表 7 - 3 第（3）列中加入了要素价格扭曲和企业经营管理水平的交叉项，验证假设 3。模型（7 - 4）的估计结果显示，资本价格扭曲和土地价格扭曲与寻租支出的交叉项估计系数都为负，表明存在要素价格扭曲时，企业寻租会进一步降低企业退出市场的概率，提高企业的退出壁垒。在要素价格扭曲的情况下，低成本的要素会形成企业的补贴收入效应，甚至形成超额的显性利润，要素价格越扭曲这种补贴收入效应就越大，企业就更愿意进行"寻补贴"投资或寻租活动（邵敏和包群，2012；任曙明和张静，2013），一方面与政府建立起紧密的政治关联，企业面临亏损或破产倒闭风险时可以获取政府的低成本要素资源维持生存，另一方面企业寻租产生的高额竞争成本使企业退出时面临巨大的沉没成本，形成了企业退出障碍，这些共同作用降低了企业退出市场的概率，企业寻租增强了要素价格扭曲对企业的退出障碍作用。另外，土地价格扭曲与企业经营管理水平的交叉项系数为负但不显著，这可能是因为企业寻租更多的是针对以商业贷款为主的资本要素，而且资本要素的获取难度相比土地来说更低，土地作为重要的、价值较高的生产性资源，难以通过简单的寻租获得，同时在企业面临亏损、破产倒闭等退出风险时，价格扭曲的低成本资本要素更直接地形成了企业退出障碍，保证资金来源使企业进行低效运转而不必退出市场，而土地价格扭曲除了会导致企业形成巨大的沉没成本提高企业退出障碍，其对企业退出障碍的直接影响也是通过获取价格扭曲的资本要素维持企业生存这一途径传导，因此企业寻租并没有显著增强土地价格扭曲对企业的退出障碍作用。

7.3.2 要素价格扭曲对不同特征企业退出障碍的影响差异

为了验证假设4至假设6，本章采用不同所有制企业的分组数据进行了分别回归，表7-4前三列为估计结果。结果显示，资本价格扭曲对不同所有制企业退出障碍有差异化影响，资本要素价格扭曲对国有企业的退出障碍效应最为明显，其次是民营企业，而外资企业由于其本身具有雄厚的资金实力，资本价格扭曲与否对其影响较弱，资本价格扭曲对外资企业退出概率的降低效果并不显著；从土地价格扭曲的估计结果来看，企业退出即意味着必须归还土地使用权，而占据土地使用权可以带来大量的隐性补贴收益，同时企业退出也面临着获取价格扭曲的低成本土地时付出的竞争成本和寻租成本会变成高额的沉没成本，因此，土地价格扭曲对不同所有制企业都形成了一定程度的退出障碍。相对民营企业来说，国有企业和外资企业更加有优势获取低成本的土地资源，因此，土地价格扭曲程度越高时，国有企业和外资企业越不容易退出市场，土地价格扭曲对民营企业的退出障碍效应最弱，而且还可以发现，土地价格扭曲对国有企业的退出障碍效应最强，这意味着国有企业比外资企业更多地享受了土地价格扭曲带来的好处。假设4至假设6得证。

表7-4 要素价格扭曲与不同所有制和不同行业企业退出障碍的实证结果

变量	(1) 国有企业	(2) 民营企业	(3) 外资企业	(4) 轻工业	(5) 重工业
distk	-3.163 *** (-31.81)	-1.779 *** (-21.09)	-0.172 (-1.43)	0.847 *** (10.79)	-6.619 *** (-70.61)
dists	-15.350 *** (-95.29)	-8.869 *** (-71.33)	-11.256 *** (-60.08)	-12.724 *** (-98.93)	-10.203 *** (-90.30)
innovation	-0.412 *** (-4.34)	-0.011 (-0.15)	-0.021 (-0.20)	0.018 (0.21)	-0.207 *** (-3.30)

变量	(1)	(2)	(3)	(4)	(5)
	国有企业	民营企业	外资企业	轻工业	重工业
export	− 0.167 ** (− 2.48)	− 0.027 (− 0.56)	− 0.410 *** (− 8.40)	− 0.252 *** (− 6.69)	− 0.105 ** (− 2.09)
profit	− 0.568 *** (− 4.41)	− 2.376 *** (− 11.79)	− 0.210 (− 1.19)	− 0.367 ** (− 2.48)	− 1.113 *** (− 8.98)
rpce	− 0.390 ** (− 2.46)	0.174 (1.09)	− 1.646 *** (− 7.36)	− 0.926 *** (− 5.39)	− 0.560 *** (− 4.10)
size	− 3.055 *** (− 15.09)	− 4.354 *** (− 19.81)	− 5.456 *** (− 20.69)	− 3.733 *** (− 19.18)	− 3.272 *** (− 20.04)
size^2	0.162 *** (16.24)	0.256 *** (23.20)	0.260 *** (20.24)	0.201 *** (20.73)	0.187 *** (23.20)
leverage	0.333 *** (8.99)	− 0.162 *** (− 4.42)	0.152 *** (2.96)	0.092 *** (2.93)	0.024 (0.80)
mfee	0.978 *** (8.68)	1.303 *** (6.50)	0.106 (0.52)	1.230 *** (8.30)	0.899 *** (7.97)
totalwage	− 0.143 *** (− 9.44)	0.159 *** (11.23)	0.118 *** (5.48)	0.036 *** (2.73)	0.021 * (1.71)
hhi	− 0.965 *** (− 17.83)	− 1.596 *** (− 25.20)	− 1.497 *** (− 14.69)	− 0.568 *** (− 10.31)	− 2.496 *** (− 45.40)
观测值	126359	137809	60565	153656	200028
Log lik.	− 32822.74	− 40235.20	− 16740.38	− 43275.25	− 52197.94
Chi-squared	19439.97 ***	13809.16 ***	6281.05 ***	16608.89 ***	29226.89 ***

注：括号内为系数 z 值；* 、** 和 *** 分别表示 10%、5% 和 1% 的显著性水平。

资料来源：笔者根据 Stata 估计结果整理。

同时，针对假设 7，本章将样本数据分成轻工业和重工业两组进行分组回归，表 7 - 4 中的第（4）列和第（5）列的结果表明，资本价格扭曲对重工业企业形成了显著的退出障碍，降低了企业退出概率，但资本价格扭曲却对轻工业企业的退出有促进作用。这可能是因为，重工业企业更容易受到政府的支持，获得更多的低成本资本要素资源，从而获得大量的隐性补贴收益，在利润最大化的驱使下，轻工业企业也倾向于进入重工业领域发展，这点从第 6 章资本价格扭曲与轻、重工业企业进入的实证结果中也可以看出。资本价格扭曲会降低轻工业企业进入概率，而提高重工业企业进入概率，而且轻工业企业由于其规模小、沉没成本相对较小，退出壁垒本身就较重工业低，可以较容易的退出市场，这也助推了其退出市场进入重工业领域的冲动。因此，资本价格扭曲使得轻工业企业更容易退出市场，从利润率的估计系数也可以看出，重工业行业的企业利润率对企业退出影响系数的绝对值远大于轻工业行业，重工业行业的高利润使得企业退出市场概率下降更多，轻工业行业的企业利润对企业留在市场中的吸引力并不强，因而资本价格扭曲提高了轻工业企业退出市场的概率。从土地价格扭曲对轻、重工业企业退出的影响系数可以发现，实证结果与假设存在差异，相比重工业行业中的企业来说，土地价格扭曲会使轻工业企业退出概率下降更多。这可能是因为，重工业行业经济体量大、盈利水平高，能够显著增加地方财政收入、扩大税基，因而重工业企业的发展普遍受到地方政府和商业银行等金融机构的重视和支持，在存在资本和土地价格扭曲的情况，重工业企业不仅有获得低成本土地资源的优势，而且更加容易获得低成本的资本要素。重工业自身特性也决定了其对资本要素的依赖性较强，导致重工业企业退出时的资本沉没成本较高，从而资本价格扭曲对重工业企业形成了较强的退出障碍（从资本价格扭曲的影响系数可以看出），因此，要素价格扭曲对重工业企业的退出障碍效应被资本价格扭曲和土地价格扭曲分摊，使得低成本土地资源对重工业企业的重要程度降低，从而土地价格扭曲对重工业企业的退出障碍作用下降。而相对重工业来说，轻工业受重视程度低，轻工业企业在获取价格扭曲的土地资源时可能付出了更多的竞争成本，与此同时，在土地的经济价值和资本价值日益凸显的情况下，轻工业企业一旦获得了低成本土地资源，就可以利用土地做抵押获取大量低息贷款，同时低成本的土地也意味着高额的隐性补贴收益，因此轻工业企业退出时面临的由土地价格扭曲形成的沉没成本也较高，从而土地价格扭曲对轻工业企业形成更严重的退出障碍。

为了检验假设8，本章将样本企业分成不同规模的五个组别，分别是小型企业、中小型企业、中型企业、大中型企业和大型企业，对五组不同规模的企业进行分别回归，实证结果如表7-5所示。从资本价格扭曲估计系数来看，资本价格扭曲对不同规模企业都形成了显著的退出障碍，而且基本表现出企业规模越大资本价格扭曲形成的退出障碍越强的规律。从土地价格扭曲的估计结果来看，土地价格扭曲对不同规模企

223

业都形成了显著的退出障碍，土地价格扭曲对企业形成的退出障碍会随着企业规模的提高而提高。因此，假设 8 得到验证。

表 7 – 5　　　要素价格扭曲与不同规模企业退出障碍的实证结果

变量	(1)	(2)	(3)	(4)	(5)
	小型	中小型	中型	大中型	大型
distk	− 1.968 *** (− 18.87)	− 1.875 *** (− 16.98)	− 1.924 *** (− 16.15)	− 2.134 *** (− 16.06)	− 2.660 *** (− 17.24)
dists	− 10.587 *** (− 68.53)	− 12.099 *** (− 71.01)	− 12.644 *** (− 66.11)	− 12.968 *** (− 61.44)	− 13.026 *** (− 53.12)
innovation	− 0.197 ** (− 1.96)	− 0.099 (− 0.93)	− 0.028 (− 0.26)	− 0.232 * (− 1.94)	0.019 (0.17)
export	− 0.121 ** (− 2.12)	− 0.226 *** (− 3.93)	− 0.072 (− 1.12)	− 0.356 *** (− 4.73)	− 0.370 *** (− 3.87)
profit	− 0.287 (− 1.54)	− 0.199 (− 1.08)	− 0.882 *** (− 4.75)	− 1.163 *** (− 4.97)	− 0.990 *** (− 3.29)
rpce	− 0.912 *** (− 4.34)	− 1.274 *** (− 5.73)	− 0.406 * (− 1.92)	− 0.681 *** (− 2.67)	− 1.179 *** (− 3.43)
size	− 21.709 *** (− 12.12)	− 32.247 *** (− 33.68)	− 24.910 *** (− 34.54)	− 18.051 *** (− 33.42)	− 7.895 *** (− 24.19)
$size^2$	1.221 *** (12.30)	1.732 *** (34.06)	1.292 *** (35.14)	0.896 *** (34.12)	0.374 *** (25.68)
leverage	0.124 *** (3.11)	0.062 (1.47)	− 0.002 (− 0.04)	− 0.102 * (− 1.74)	0.120 * (1.72)
mfee	0.459 *** (2.90)	0.843 *** (4.65)	0.926 *** (4.53)	1.057 *** (4.67)	1.941 *** (8.98)
totalwage	0.021 (1.19)	0.029 (1.61)	0.038 * (1.96)	0.041 ** (1.96)	0.088 *** (3.48)
hhi	− 1.158 *** (− 15.76)	− 1.140 *** (− 14.99)	− 1.177 *** (− 14.17)	− 1.219 *** (− 13.56)	− 1.783 *** (− 18.33)
观测值	92082	84436	71905	62771	50293
Log lik.	− 27577.68	− 23192.27	− 18931.91	− 16043.78	− 12207.94
Chi-squared	7904.46 ***	10273.41 ***	9950.94 ***	9297.07 ***	8276.97 ***

注：括号内为系数 z 值；* 、** 和 *** 分别表示 10% 、5% 和 1% 的显著性水平。
资料来源：笔者根据 Stata 估计结果整理。

7.3.3　稳健性检验

前文的分子样本回归在一定程度上初步证实了研究结论的稳健性。本章还从以下角度对研究结论的稳健性进行了检验：第一，采用其他衡量要素价格扭曲的指标进行重新回归，借鉴张杰等（2011a，2011b）对要素市场扭曲的衡量方法，以要素市场化程度对产品市场化程度的偏离程度衡量，计算整体的要素市场扭曲程度，$distort_{i,t} = (product_{i,t} - factor_{i,t})/product_{i,t}$，其中，$product_{i,t}$为产品市场化程度，$factor_{i,t}$为要素市场化程度，要素市场扭曲程度越高，要素价格扭曲程度就越高；第二，采用要素市场化程度（factor）作为要素价格扭曲的替代变量，要素市场化程度越高，要素价格扭曲程度越低；第三，利用政府对企业和市场的干预程度作为要素价格扭曲的替代变量，进行重新回归，政府对经济的干预程度越高，一定程度上表明市场化程度越低，从而要素价格扭曲程度越高，采用各地区地方政府对企业的干预指数（govern）衡量。上述变量的数据来源于樊纲、王小鲁和朱恒鹏编制的历年《中国市场化指数——各地区市场化相对进程报告》。

稳健性检验的回归结果如表7－6所示。三个主要替代变量都在1%的显著性水平上显著，绝大多数控制变量也具有较高的显著性，稳健性回归的主要变量系数符号基本没有发生变化。要素市场扭曲（distort）会显著阻碍企业退出，要素市场扭曲程度越高，企业退出的概率越小；要素市场化（factor）程度越低时，要素价格扭曲越严重，会显著降低企业退出市场的概率；政府干预指数（govern）为反向指标，估计结果显示政府干预指数与企业退出有显著的正向相关关系，表明政府干预指数减小、政府干预程度提高时，要素价格扭曲程度会提高，从而降低了企业的退出概率，即要素价格扭曲显著阻碍了企业退出。稳健性检验的实证结果与研究结论没有实质性的差异，因此，本章的研究结论是稳健的。

225

表 7 - 6   要素价格扭曲导致企业退出障碍的稳健性检验

变量	(1)	(2)	(3)
	要素市场扭曲	要素市场化程度	政府干预指数
distort	-5. 237 *** (-102. 08)		
factor		2. 223 *** (203. 52)	
govern			0. 492 *** (127. 14)
innovation	-0. 181 *** (-3. 81)	-0. 368 *** (-5. 92)	-0. 245 *** (-5. 06)
export	-0. 200 *** (-7. 08)	-0. 152 *** (-4. 13)	-0. 206 *** (-7. 04)
profit	-0. 917 *** (-9. 93)	-0. 845 *** (-8. 33)	-0. 984 *** (-10. 82)
rpce	-0. 764 *** (-7. 28)	-0. 560 *** (-4. 86)	-0. 574 *** (-5. 61)
size	-3. 591 *** (-30. 73)	-2. 651 *** (-19. 01)	-3. 374 *** (-28. 43)
$size^2$	0. 206 *** (35. 46)	0. 159 *** (23. 05)	0. 196 *** (33. 37)
leverage	0. 051 *** (2. 59)	0. 064 *** (2. 67)	0. 031 (1. 58)
mfee	1. 158 *** (13. 57)	0. 970 *** (9. 96)	1. 102 *** (12. 90)
totalwage	0. 025 *** (2. 99)	-0. 052 *** (-5. 10)	0. 012 (1. 45)
hhi	-1. 564 *** (-44. 97)	-1. 369 *** (-34. 60)	-1. 443 *** (-40. 97)
观测值	361443	361454	361454
Log lik.	-110021. 42	-72982. 19	-106221. 44
Chi-squared	21537. 73 ***	95623. 94 ***	29145. 44 ***

注：括号内为系数 z 值； *** 表示1%的显著性水平。

资料来源：笔者根据 Stata 估计结果整理。

7.4　本章小结

在完善的市场经济体制下，要素自由流动，不存在退出壁垒，企业可以自由退出市场，即使市场中出现产能过剩，也可以通过市场自身的调节机制和竞争机制进行化解，重新实现市场的供需均衡。而在现实中，企业不仅受到资产专用性、沉没成本等市场性退出壁垒的影响，还会受到众多非市场化因素的影响不能有效退出。本章从我国要素价格扭曲的现实背景出发，详细探讨了要素价格扭曲对企业退出障碍的影响机制，认为要素价格扭曲导致了我国企业的退出障碍，阻碍了企业的有效退出，使大量低效率企业在市场中仍然有利可图，导致大规模的过剩产能和落后产能无法有效淘汰，是我国目前产能过剩矛盾长期无法化解的主要原因。同时，本章利用 1998~2007 年《中国工业企业数据库》中的制造业微观企业退出情况数据进行了实证检验，为研究结论提供了经验性证据支持。

实证结果显示：要素价格扭曲促使整个经济社会过度使用资本，形成了投资依赖，尤其是诱导企业更多地进入资本密集型重工业，使重工业在国民经济中的比重较高，加剧了重工业行业的产能过剩，重工业自身资产专用性强、沉没成本高的退出障碍高的行业特征进一步强化；同时要素价格扭曲显著放松了企业的融资约束，使得企业即使经营困难甚至亏损时也能够获得低成本要素形成的补贴收益的弥补，不必退出市场；要素价格扭曲下的资源稀缺程度更高，企业为了获得低成本的要素资源、追逐低成本要素资源形成的超额收益会展开激烈的竞争，付出较高的竞争成本，提高了企业退出时的沉没成本；企业为获取价格扭曲的低成本要素资源会向政府寻租，寻租建立的紧密的政企联系也显著增强了要素价格扭曲对企业的退出障碍作用。要素价格扭曲提高了企业退出的沉没成本和退出壁垒，普遍降低了企业退出市场的概率，形成了非市场性的退出障碍，导致正常的市场退出机制受阻。在要素价格扭曲的情况下，市场中企业无法有效退出，导致市场中企业数量过多、市场集中度下降、企业间过度竞争，产品供给过剩，企业的产能利用率也随着下降，最终演变成产能过剩，要素价格扭曲导致过剩产能无法有效退出，也进一步提高了产能过剩的化解难度。同时，由于要素市场化改革的任务不可能一蹴而就，要素价格扭曲是发展中国家在市场经济建立和完善过程中的常态，本章的研究结论对我国要素价格扭曲常态下的经济发展具有重要的理论参考价值和现实指导意义。

　　要素价格扭曲对不同特征企业退出障碍的差异化影响的实证结果表明：资本价格扭曲显著阻碍了国有企业和民营企业退出市场，土地价格扭曲对不同所有制企业都形成了明显的退出障碍，而由于国有企业和外资企业更有优势获取土地资源，形成了比民营企业更高的隐性沉没成本，因此土地价格扭曲对国有企业和外资企业的退出障碍作用更强；资本价格扭曲主要对重工业企业退出有显著阻碍作用，但却促使轻工业企业退出市场，而土地价格扭曲会使轻工业企业退出市场的概率相比重工业企业下降更多；整体上，资本价格扭曲和土地价格扭曲对企业所形成的退出障碍都会随着企业规模扩大而提高，对规模越大的企业形成了较高程度的退出障碍。

第8章 研究结论、政策启示与研究展望

8.1 研究结论

生产要素是进行物质资料生产所必需的经济资源，要素供给是企业生产和产品供给的基础，新古典经济理论认为生产要素主要通过商品的形式进入市场流通和配置，在完全竞争的市场中，要素价格由生产要素的市场供求情况决定，企业会根据要素边际产出价值等于边际成本的原则决定要素投入数量组合，由市场供求决定的要素价格能够反映生产要素的相对稀缺程度、动态变化和真实成本价值，从而引导以利润最大化或成本最小化为目标的理性企业做出正确的进入市场、退出市场、扩大投资等市场决策。然而，在我国尚不完善的市场经济环境下，我国要素市场发育程度滞后于产品市场的发育程度，产品价格已基本实现了由市场供求决定，但要素市场的市场化进程缓慢，要素市场受到市场分割、垄断势力、个体歧视和特殊体制下政府不正当干预等因素的影响而不能准确反映生产要素的相对富裕程度，要素实际价格偏离了其边际产出价值，形成要素价格扭曲，而在产品市场基本实现市场化定价的背景下，要素价格就成为决定企业利润和成本的关键性因素，企业会在给定产出水平和产品价格水平的基础上根据要素价格选择要素投入组合实现利润最大化或成本最小化，从而也决定了宏观经济的增长方式。因此，扭曲的要素价格势必会对企业的进入、退出、投资等市场决策行为造成误导，使得企业在扭曲要素价格下的市场决策偏离完全竞争市场中的最优市场决策。而且，企业作为产品市场的供给主体，企业的进入、退出、

投资等市场行为与市场的结构和绩效息息相关，是决定市场企业数量、规模经济、竞争情况和产能利用情况等市场结构和市场绩效的关键，企业有效投资、高效率企业进入、低效率企业退出是社会资源优化配置的表现，从而要素价格扭曲误导企业的进入、退出、投资等市场决策偏离最优市场决策势必会对市场中的产能利用情况产生不利影响。

鉴于此，本书基于我国经济转型时期要素价格扭曲和产能过剩并存的特征事实，从要素市场价格扭曲对产品市场供给侧主体的企业市场决策行为影响的角度出发，研究了要素价格扭曲对企业投资、进入和退出等市场决策行为的影响，深入探讨了要素价格扭曲情况下企业过度投资、过度进入和退出障碍等的形成原因，系统分析了要素价格扭曲通过激励企业过度投资、诱导企业过度进入、形成企业退出障碍从而导致产能过剩的影响机制，并进行了相应的实证检验，为本书的研究提供了经验证据支持。本书的研究表明：第一，中国工业行业存在严重的产能过剩问题，SFA 方法和 DEA 方法测度的样本期间中国工业行业整体产能利用率分别为 56.2% 和 64.3%，而且大致呈逐年下降的趋势；制造业产能利用率相对较高，采矿业和公共事业相对来说产能利用率较低；重工业的产能过剩情况比轻工业更严重，但轻工业的产能过剩情况也不容乐观。第二，中国工业行业普遍存在要素价格的负向扭曲，且呈现出逐年上升的趋势，近几年有所改善，其中资本要素价格扭曲现象最严重，同时相对于采矿业和公共事业来说，制造业的要素价格扭曲程度更加严重。第三，产能利用率与要素价格扭曲之间存在显著的负相关关系，即要素价格扭曲会导致产能过剩，对产能过剩的形成有显著的推动作用，而且分类型要素价格扭曲也对产能过剩有显著的正向影响。第四，要素价格扭曲会显著激励企业过度投资、诱导企业过度进入市场、形成企业退出障碍，使企业的投资、进入和退出等市场行为偏离了完全竞争情况下的最优决策，从而导致大规模的产能过剩，而且要素价格扭曲对异质性企业投资、进入和退出的影响存在显著差异。

8.2　政策启示

要素供给是企业生产和产品供给的基础，要素的合理配置对经济健康可持续发展有至关重要的意义，而价格是引导要素流动、配置的决定性因素。在完全竞争的市场经济中，要素价格由生产要素的市场供求情况决定，企业会根据要素边际产出价值等于边际成本的原则决定要素投入量。我国计划经济时期遗留的体制性缺陷和发展战略要求使得要素价格严重扭曲，改革开放以来的经济转型时期不健全的市场经济体制和不对称的渐进式改革方式导致我国要素市场化进程缓慢，尤其是不合理的财税体制和政绩考核体制强化了地方政府不正当干预要素市场价格形成机制和配置的内在动机，加剧了要素价格扭曲。根据本书的结论，要素价格扭曲会对企业的投资、进入和退出等市场决策产生扭曲激励，导致企业过度投资和过度进入并形成企业退出障碍，进而导致重复建设、市场中企业数量过多、集中度下降、过度竞争和产能过剩，要素价格扭曲是形成产能过剩的根本原因，因此深化要素市场化改革、消除价格扭曲是化解产能过剩、矫正企业市场决策行为等"供给侧"改革的重要内涵。

从根本上来说，消除要素价格扭曲、治理产能过剩必须继续推进经济体制改革，打破阻碍市场对经济活动调节机制有效运转的制度性约束，完善市场经济制度，提高市场化水平，纠正不合理政治经济制度和政府干预对市场主体行为的扭曲，处理好政府和市场的关系问题，使市场发挥配置资源的决定性作用，更好地发挥政府"看得见的手"的作用，政府应"有所为，有所不为"，维护市场公平、公正的竞争秩序和市场"优胜劣汰"机制有效运行。主要可以从以下几个方面进行：

8.2.1　切实推进市场化改革

第一，加快推进健全、完善的市场法律体系的建立，营造良好的法治环境和社会生态环境，从法律上赋予市场主体公平竞争的权利、规范市场主体的市场行为、规范政府行为，杜绝政府不正当干预企业经营、地方保护、市场分割、所有制歧视、企业寻租和不正当竞争等扰乱正常市场秩序的行为，通过法律途径建立适度的监督和惩罚机制，保证各种所有制经济主体在市场中依法参与要素和产品的公平竞争。

第二，建立和完善统一开放、竞争有序的全国性要素和产品市场及统一的市场规则，打破地方保护、行政壁垒和垄断，重点推进要素市场的市场化改革，完善市场化的要素价格形成机制，减少政府对要素价格和配置的干预，通过完善法律法规体系和加大执法力度和惩罚力度来监督和制约政府的不正当干预行为，确保市场配置资源的决定性作用有效发挥，促进要素资源自由流动，保障市场主体在统一的规则体系下公平竞争，保证市场优胜劣汰机制的有效运转。

第三，加快推进政府职能由经济建设型政府向公共服务型政府转变，减少政府对经济运行的干预，从微观经济领域退出，严格依法执政，将政府工作重点由代替市场机制管理微观主体经济活动、调节和发展经济转移到引导市场机制有效运行和维护市场公平、公正的竞争秩序上来。政府应更多地提供政策、体制、规则等无形的公共产品和服务，健全市场规则、维护市场秩序、促进公平竞争、清除市场障碍，将经济决策权交还给市场主体，充分发挥企业的市场主体作用，推动企业在利润最大化的理性目标约束下自主决策、自担风险、自负盈亏，逐步减少和取消行政审批制度，向以服务为导向的过程监管转变。

第四，深化国有企业改革，逐步清除国有企业享受的政策性优惠和补贴，消除政策执行的所有制歧视，推进国有垄断行业改革，鼓励多种所有制进入，确保各种所有制主体公平竞争。同时加快推进国有企业的政企分开、政资分开，减少地方政府与国有企业的联系，弱化地方政府的干预动机，建立现代企业制度，硬化国有企业预算约束，实现国有企业自主决策、自负盈亏。

8.2.2 改革和完善财税体制

要素价格扭曲很大程度上是中央和地方利益博弈导致的结果，这是因为目前的分税制改革主要对中央政府和地方政府的财权进行了划分，对各级政府事权的划分仍然停留在原则性层面，随着中央政府将地方政府财权不断上收，将事权和责任不断下放，地方政府财权和事权不匹配、财政入不敷出的矛盾日益突出，央地共享税比例的增加和地方税的名存实亡进一步激化了这一矛盾。在此情况下，地方政府只能依赖于扭曲掌握的要素资源的价格实行土地财政和吸引投资以扩大财政收入来源，从而导致要素价格扭曲，并进一步导致了企业过度投资和过度进入形成企业退出障碍，最终引发了产能过剩。因此，消除要素价格扭曲、治理产能过剩必须重构中央政府和地方政府关系，制定相应法律明确各级政府的权限和职责，深化财税体制改革，完善财政税收制度，调整和优化中央和地方的利益格局，建立新型央地关系。

第一，制定和完善相关的法律法规，明确中央政府和地方政府的事权和责任划分。中央政府事权重点在于收入再分配、经济稳定、国防、外交等宏观领域，地方政府的事权侧重于直接面向民众的社会管理、公共服务和基础设施建设等领域，而医疗卫生、教育、社会保障、粮食安全和环境保护等涉及全体国民的事务应该由中央和地方共同承担，适度加强中央事权和责任。

第二，在法律层面明晰中央和地方事权，以事权定财权，确保各级政府的财权和事权相匹配。现阶段应该继续推进财税体制改革，重新构建和完善中央税和地方税体系，提高地方政府的财税分配比例和央地共享税分成比例，保障地方政府拥有与事权相匹配的财政收入，从而弱化地方政府扭曲要素价格干预经济发展以增加财政收入的动机。

第三，深化税收体系改革，弱化地方政府财政收入和经济增长的关联程度，推进生产型增值税向消费型增值税转变，从而推动地方政府的职能转变为提高居民收入水平和消费水平、提供良好公共管理和服务，将地方政府收入转向为居民提供公共管理和服务获取主要收益。

第四，适当下放税政管理权，继续健全和完善地方税体系，增加地方政府税收。对于一般地方税的征收和管理，在中央统一税政和统一立法的前提下，赋予省级政府适当的税政管理权和税收减免权，允许省级政府根据实际情况调整税目税率，自行制定具体的实施细则和实施办法。

第五，建立科学合理的、公平透明的转移支付制度，有效发挥转移支付调节地方政府财权事权失衡的纠偏作用，切实保障地方财政有效提供公共产品和服务。尽快建立完善的省级以下转移支付制度，同时根据本书的结论，在经济发展水平较差地区地方政府干预经济动机更强，使得要素价格扭曲显著导致过度投资、过度进入和退出障碍，因此目前的转移支付制度应以努力实现公共产品和公共服务均等化为目标，促进区域间均衡发展。

第六，建立公开透明的规范化、民主化的地方财政预算制度，继续完善财政预算的相关法律法规体系，保证预算制定有法可依，建立有效的财政预算执行的监督、惩罚机制，确保财政预算的有效、合理执行，同时也应该促进地方财政支出信息的公开化、透明化、民主化建设，尤其涉及对企业的政府补贴、税收优惠、贷款优惠等政策性补贴和优惠措施的施行应该及时公开公示，确保公平、公正的市场竞争环境。

8.2.3　重构地方政府政绩考核体制

目前，我国实行的以 GDP 增长为主的单一政绩考核指标体系催生了诸多的地方政府短视行为，在这种单纯以经济增长速度和以 GDP 论英雄的官员晋升考核体系下，地方的投资规模、企业数量、引进外资数量等与经济增长直接关联的数量指标成为政府关注的重点，却忽视了发展过程中深层次的经济结构矛盾。地方政府出于强烈的政治晋升动机干预市场对要素资源的配置和价格形成机制，扭曲要素价格，要素价格扭曲导致企业过度投资、过度进入并形成了企业退出障碍，最终导致了大规模的产能过剩。因此，消除要素价格扭曲、治理产能过剩，必须改革 GDP 增长为导向的政绩考核体制。

首先，在推进政府职能由经济建设型政府向公共服务型政府转变的基础上，重构地方政府的激励约束机制，建立多元化的以公共服务为主、经济建设为辅的政绩考核体系，降低经济增长和与粗放型发展模式相关的产值指标在政绩考核中的比重，促进政绩考核更多反映地方政府的社会管理和公共服务职责，强化对地方的经济发展质量、就业、民生改善、维护社会稳定、社会福利、社会保障、生态环境保护、资源消耗、地区创新能力等方面的考核，促进地方政府和官员的政治经济利益与地方的长期、持续、健康发展挂钩，减少地方政府的短期行为。

其次，根据多元化的政绩考核指标体系，建立实际可行的政绩评价体系。可以通过构建多元化的、多层次的评价得分体系，对每个评价指标赋予一个科学、合理的权重，最终通过对评价指标进行加权平均得到地方政府的政绩考核结果，为了消除要素价格扭曲、提高要素市场的市场化水平，可以将要素市场化程度加入地方政府的政绩考核指标体系中。

最后，推进政绩考核的民主化进程，摒弃官员考核和晋升仅由上级官员决定的传统政绩考核办法，从政府内部自我考核转变为内、外综合考核，加入官员所在地区民众的意见，并提高民众意见所占权重，确保民众在政绩考核中的参与权，推动地方政府官员政绩考核信息公开，保障政绩考核公平、公正、透明。

8.2.4 加快推进要素市场化改革

随着市场经济体制不断完善，我国的要素市场化程度有所提高，要素市场扭曲状况有所改善，但要素市场市场化进程仍然缓慢，要素价格长期低于市场化的均衡价格，无法反映要素资源的稀缺性，要素价格扭曲对企业的市场决策造成了扭曲激励，从而诱导企业过度投资和过度进入并形成企业退出障碍，最终导致了产能过剩。因此，应加快推进要素市场化改革，提高要素市场化程度，打破要素价格扭曲的体制性障碍，建立和完善反映市场供求情况和要素稀缺性的市场化价格形成机制，发挥市场配置要素资源的决定性作用，从而促使要素价格对企业决策的信号指导作用有效运行。

1. 深化金融市场化改革，消除资本要素价格扭曲

第一，加快推进利率市场化，在目前贷款利率已经放开的基础上，循序渐进地放开存款利率，将利率决策权下放到各金融机构，形成以基准利率为基础的、自由浮动、由市场供求决定的资本价格形成机制，促使利率反映资本要素的稀缺程度，有效发挥利率的信号引导作用。第二，继续推进国有银行市场化改革，理顺政府和银行之间的关系，引导政府从银行等金融领域的经营活动中退出，剥离国有商业银行的政策性负担，将政策性业务转移到政策性银行，建立完善的现代企业制度，引导商业银行进行自主决策的商业化经营，完善信贷评估机制，加强信贷风险管理，建立不良资产的惩罚监督机制，硬化银行预算约束，提高金融资源配置效率。第三，适当降低金融领域准入标准，破除国有垄断，改变国有银行主导的金融发展模式，引导多种所有制经济进入金融市场，降低银行业的市场集中度，增强金融市场竞争，鼓励建立和发展地区性中小银行等金融机构，更好地支持中小企业的发展，解决中小企业和民营企业融资难问题。第四，加强信贷监管，完善信贷政策执行和监督体制，杜绝银行信贷的所有制歧视、规模歧视和行业歧视等现象，保障各种经济主体公平使用资本要素的权利。第五，深化投融资体制改革，减少和约束政府的投融资干预，打破地方保护主义和市场分割的体制性约束，由市场决定资本资源的配置，促进资本要素在区域间、部门间的自由流动，建立和完善统一的多层次的资本市场体系，鼓励创新金融产品和服务，拓宽股票市场、证券市场、基金市场等直接融资渠道，提高资本配置效率。

2. 完善劳动力市场建设，消除劳动要素价格扭曲

第一，加快推进户籍制度改革，打破城乡二元户籍管理结构，消除劳动力市场城乡壁垒，建立统一的户籍管理制度，剥离社会福利、社会保障、就业待遇等户籍附加条件，完善户籍制度对人口的社会管理职能。第二，推动户口迁移政策改革，加快城镇化建设，根据城市规模、城市发展规划、综合承受能力、经济和社会发展需要，有层次地逐步放开户口迁移限制，合理、有序地引导劳动力要素自由流动。第三，深化改革档案制度，促进高层次人才自由流动，以市场化手段配置高层次人力资源。第四，完善劳动力市场法律法规体系，建立和健全执法监督机制，从根本上保障劳动就业机会和社会福利、社会保障的均等化，尤其要取消农村剩余劳动力进城就业的行政限制和歧视性政策，建立统一的劳动用工原则，实现同工同酬。第五，进一步打破劳动力市场的所有制壁垒、行业壁垒和垄断壁垒，发挥市场配置劳动力资源的决定性作用，由市场供求决定劳动力价格，完善劳动力价格的市场化形成机制，矫正劳动价格扭曲。第六，继续健全和完善养老、医疗、失业和最低工资等社会保障制度，保证国民收入分配和再分配的公平、公正，减少和消除由社会保障差异导致的劳动流动成本和交易成本，促进劳动力自由流动，提高劳动力配置效率。第七，完善工会制度建设，加强工会力量，工会应切实代表劳动者利益、反映劳动者诉求，提高劳动者在劳动市场中的地位，提升劳动者的工资谈判能力。

3. 推进土地市场的市场化改革，矫正土地价格扭曲

第一，明晰农村土地产权，规范农村土地流转和征收制度，农村集体土地的处置由村民集体投票决定，村民个体土地的使用权处置由村民个人决定，从制度上杜绝地方政府运用行政手段强制流转和不合理低价征收农地的行为，应在农民自愿的基础上进行流转和征用，并对流转和征用的土地进行科学、合理的价值评估，对失地农民进行及时足额补偿，保障农民在土地流转和征用中的合法权益。第二，建立统一的城乡

建设用地交易市场，完善二级土地市场，打破政府对土地一级市场的垄断，从法律上明确政府在土地一级市场的权力和职责，在建立和健全相关法律和市场化运行机制的基础上，强化政府对土地的公共管理职能，包括保护土地产权、土地利用监管、征收土地税等。第三，加强对政府土地管理行为的监督，提高对政府不合理土地管理行为的惩罚力度，建立有效的土地管理信息公开机制，确保土地管理公开、透明。第四，加快完善土地出让管理制度，形成市场化的土地价格形成机制，由市场供求决定土地价格，推动工业用地逐渐实现采取市场化的招标、拍卖、挂牌等方式确定土地交易价格，同时建立土地交易市场公开制度，保障土地交易价格形成过程透明化、土地价格公开化。第五，建立科学、合理的土地价格评估制度，全面考察土地的肥沃程度、区位和土地用途等土地性质，以及土地的市场供求情况、经济发展水平等因素，确定科学的基准地价，以基准地价监督和判断政府有无扭曲土地价格扭曲行为，并对相应的价格扭曲行为及时更正，如补交土地出让金等。第六，建立和完善土地银行、土地保险公司、土地评估事务所等多种形式的土地交易中介服务机构，为土地交易主体提供系统的土地交易市场信息、土地交易事项咨询、土地价格评估、预测等服务，解决土地交易市场信息不对称、土地交易主体知识水平约束等困境。

4. 深化资源型要素的市场化改革

第一，在资源型要素市场中引入市场竞争机制，打破资源型要素市场的垄断格局，保障公平竞争的市场环境，发挥市场配置资源的作用。第二，理顺资源型要素价格形成机制，逐步放开政府对资源型要素的价格管制，建立和健全反映市场供求和稀缺程度的资源型要素价格形成机制，纠正价格扭曲。第三，推动资源型要素的价、税、财联动改革，对资源型要素征收从价税，并适当提高税负水平，同时积极发挥财税制度的引导作用，如加大对节能节水产品和企业的扶持力度，增加高能耗产品和企业的税收成本等。第四，完善资源型要素价格的构成，确保价格全面反映资源型要素的开发成本、税收成本、产权获得成本、安全投入成本、资源消耗成本和环境补偿成本等，强化企业运营的成本约束。第五，建立和健全反应灵敏、分类调控的差别化定价机制，如继续推行水、电的阶梯定价机制改革，促进水价、电价的合理化。

5. 加大环境保护力度，促使企业外部性成本内部化

第一，建立和健全系统、完善的环境保护法律法规体系，制定贯穿企业生产经营全过程的环境保护制度，明确环境污染行为的法律责任，建立相应的环境保护执法监督机制，加大违法违规行为的惩罚力度，保障环境保护法律法规的有效执行。第二，将环境治理、绿色 GDP、节能减排等环境指标纳入地方政府的政绩考核体系，提高地方政府扭曲环境要素价格的成本，激励地方政府加大环境治理和环境保护力度。第三，提高环境监察部门的独立性，由中央政府相关职能部门垂直管理地方环保部门的财权、事权和人事权，杜绝地方政府干扰环保执法的行为，保障环保执法的客观性、公正性，保证环保执法有效运行。第四，加快推进环境保护税立法，对企业征收环境保护税，提高环保标准，加大环境污染处罚力度，反映环境要素的稀缺程度，减少和避免企业环境保护的逆向选择行为，促使企业生产的外部性成本内部化，规范企业投资行为。

8.2.5 健全和完善市场进入退出机制和行业信息统计、公布机制

通过深化经济体制改革，提高市场化水平，转变政府职能，减少政府对经济运行的干预，建立和维护公平竞争的市场环境，消除要素价格扭曲，硬化企业的经营成本、融资约束和预算约束，从而矫正要素价格扭曲对企业投资、进入和退出决策的误导。同时还应该继续健全和完善市场进入和退出机制，建立完善的行业信息统计、公布机制。第一，建立和完善公平、公正的市场竞争环境，逐步放松和打破行业垄断，取消对非公有制经济的制度性歧视和不合理的市场准入限制，尤其要消除对民营企业和中小企业的市场准入限制，遵循市场原则引导多种所有制经济主体自由进入市场；第二，完善商业银行等金融机构的信贷制度，严格考核市场供需情况、产能利用情况、行业发展前景、行业盈利状况等，更加注重投资效率的提升，从资金源头上激励和引导企业合理投资和进入市场，优化投资结构，控制企业盲目投资、重复建设的行为；第三，研究结论显示资本要素价格扭曲对民营企业进入市场概率的提升幅度最大，表明我国目前仍然存在严重的非公有制经济融资难问题，应加

快推进金融市场化改革，推动多种所有制经济主体进入金融市场，完善多层次、多元化的直接和间接融资体系，促进民营企业和中小企业的健康发展，保障民营企业和中小企业公平竞争的权利；第四，规范和完善市场退出机制，依靠市场力量积极引导企业通过规范的兼并、重组、破产等方式合理、有序地退出市场，尤其应该科学考核企业经营盈利情况，对于经营状况不佳、长期亏损、落后产能的企业，严格禁止政府和银行变相提供价格扭曲的要素维持企业生存的行为，加大政府对企业的税收优惠、财政补贴、政府信用担保等的信息公开和监督力度，加强银行的信贷监管，禁止银行新增授信维持"僵尸企业"生存的行为；第五，建立完善的企业退出服务和社会保障体系，加大财政投入，拓展社会保障基金筹集方式和筹集面，扩大社会保险覆盖面，同时鼓励中央、地方和企业共同出资建立"企业退出专项资金"，建设完善的退出补偿机制，妥善安置下岗人员，为失业人员提供职业介绍、再就业指导、职业培训、创业培训等服务，解决企业退出的后顾之忧，另外，要完善相关的法律法规体系，切实保障退出企业的权益；第六，完善企业退出的金融支持体系，建立企业坏账退出渠道，降低退出企业承担的债务风险；第七，积极引导国有企业从产能过剩领域退出，向具有战略意义的行业集中，同时鼓励非公有制经济主体对国有企业进行兼并重组；第八，由政府主导建立健全的行业生产、技术、产能利用率、行业运营指标、发展前景和产业政策等相关信息统计监测和发布制度，鼓励建立专业化的产业发展和产业信息统计和服务机构，建设完善的市场信息共享平台，促进信息共享和流通，降低信息成本，帮助企业及时了解行业发展动向和市场供需情况，促使企业做出科学、合理的市场决策，引导行业健康、协调、有序发展。

8.3　研究展望

本书尝试对产能过剩的供给侧形成原因进行了深入研究，从产品市场供给主体——企业的市场决策行为角度出发，全面分析了作为企业生产基础的生产要素的价格扭曲对企业进入、退出和投资等市场决策的影响，深入分析了要素价格扭曲导致企业过度投资、过度进入和退出障碍从而导致和加剧产能过剩的影响机理。然而，产能过剩问题涉及经济运行的方方面面，具有一定的复杂性，仍然存在诸多的问题需要在未来的研究中进行详细的探讨和完善。

（1）目前对于产能利用率的测算仍然是对产能过剩进行事前监督、预警的难点，现有的产能利用率的计算方法各有利弊，产能利用率的测度和相关指标的统计体系尚不完善，因此，拓展和创新产能利用率的测算方法、完善产能过剩评价指标的统计发布体系将是未来研究工作的一大重点。

（2）本书主要通过理论分析并实证检验了要素价格扭曲会诱导企业过度投资、过度进入和退出障碍从而形成产能过剩的结论，但并未构建系统的理论模型进行严谨的推导和验证，在未来的研究中会通过构建数理模型推导出要素价格扭曲情况下企业投资、进入和退出的最优选择，以验证要素价格扭曲对企业过度投资、过度进入和退出障碍的影响。

（3）本书通过理论分析发现，要素价格扭曲会导致企业形成投资依赖，阻碍企业创新能力和生产技术的提升，对企业形成了低端锁定效应，从而使我国的产能过剩明显表现出低端产品过剩、高端产品匮乏的结构性特征。要素价格扭曲对企业创新绩效、创新效率和产业结构升级的影响会关系到产能过剩能否有效化解，因此，未来的工作中将对这些问题进行研究。

（4）本书主要研究了产能过剩的供给侧形成机制，没有对市场的需求侧进行深入分析，而产能过剩的形成本质上是由于市场供求的严重失衡导致，因此对产能过剩的研究还应该将供给侧和需求侧结合起来综合分析。而且要素价格扭曲同样会对市场需求有不容忽视的影响，从而影响产能过剩的形成和治理，因此，未来还需要从需求侧入手研究要素价格扭曲对产能过剩的影响。

（5）目前我国的过剩产能中存在着大规模的落后产能，淘汰落后产能是化解产能过剩的重要构成部分，但现实中却存在落后产能长期以来淘而不汰的问题。而要素价格扭曲在落后产能的形成过程中起了何种作用，会对淘汰落后产能产生哪些影响，如何有效区分落后产能、优化落后产能淘汰政策从而推动产能过剩矛盾化解，这些都是未来研究中值得关注的问题。

参 考 文 献

[1] 巴曙松. 当前产能是否真的过剩 [J]. 中国投资, 2006 (7): 16 – 17.

[2] 白俊红, 卞元超. 要素市场扭曲与中国创新生产的效率损失 [J]. 中国工业经济, 2016 (11): 39 – 55.

[3] 白让让. 供给侧结构性改革下国有中小企业退出与 "去产能" 问题研究 [J]. 经济学动态, 2016 (7): 65 – 74.

[4] 蔡卫星, 赵峰, 曾诚. 政治关系、地区经济增长与企业投资行为 [J]. 金融研究, 2011 (4): 100 – 112.

[5] 曹春方, 马连福, 沈小秀. 财政压力、晋升压力、官员任期与地方国企过度投资 [J]. 经济学 (季刊), 2014, 13 (4): 1415 – 1436.

[6] 曹建海, 江飞涛. 中国工业投资中的重复建设与产能过剩问题研究 [M]. 北京: 经济管理出版社, 2010.

[7] 曹建海. 对我国工业中过度竞争的实证分析 [J]. 改革, 1999 (4): 5 – 14.

[8] 曹建海. 论我国土地管理制度与重复建设之关联 [J]. 中国土地, 2004 (11): 11 – 14.

[9] 曹建海. 我国重复建设的形成机理与政策措施 [J]. 中国工业经济, 2002 (4): 26 – 33.

[10] 曹建海. 中国产业过度竞争的制度分析 [J]. 上海社会科学院学术季刊, 2001 (1): 58 – 66.

[11] 昌忠泽. 进入壁垒、退出壁垒和国有企业产业分布的调整 [J]. 天津社会科学, 1997 (3): 8 – 13.

[12] 陈斌开, 林毅夫. 发展战略、城市化与中国城乡收入差距 [J]. 中国社会科学, 2013 (4): 81 – 102.

[13] 陈斌开, 张鹏飞, 杨汝岱. 政府教育投入、人力资本投资与中国城乡收入差距 [J]. 管理世界, 2010 (1): 36 - 43.

[14] 陈娟, 林龙, 叶阿忠. 基于分位数回归的中国居民消费研究 [J]. 数量经济技术经济研究, 2008, 26 (2): 16 - 27.

[15] 陈林, 罗莉娅, 康妮. 行政垄断与要素价格扭曲——基于中国工业全行业数据与内生性视角的实证检验 [J]. 中国工业经济, 2016 (1): 52 - 66.

[16] 陈明森. 产能过剩与地方政府进入冲动 [J]. 天津社会科学, 2006 (5): 84 - 88.

[17] 陈胜勇, 孙仕祺. 产能过剩的中国特色、形成机制与治理对策——以 1996 年以来的钢铁业为例 [J]. 南京社会科学, 2013 (5): 7 - 14.

[18] 陈诗一. 中国工业分行业统计数据估算: 1980—2008 [J]. 经济学 (季刊), 2011 (2): 735 - 776.

[19] 陈晓华, 刘慧. 要素价格扭曲、外需疲软与中国制造业技术复杂度动态演进 [J]. 财经研究, 2014, 40 (7): 119 - 131.

[20] 陈彦斌, 马啸, 刘哲希. 要素价格扭曲、企业投资与产出水平 [J]. 世界经济, 2015 (9): 29 - 55.

[21] 陈艳莹, 王二龙. 要素市场扭曲、双重抑制与中国生产性服务业全要素生产率: 基于中介效应模型的实证研究 [J]. 南开经济研究, 2013 (5): 71 - 82.

[22] 陈烨, 张欣, 寇恩惠, 刘明. 增值税转型对就业负面影响的 CGE 模拟分析 [J]. 经济研究, 2010 (9): 29 - 42.

[23] 陈永伟, 胡伟民. 价格扭曲、要素错配和效率损失: 理论和应用 [J]. 经济学 (季刊), 2011, 10 (4): 1401 - 1422.

[24] 程俊杰. 基于产业政策视角的中国产能过剩发生机制研究——来自制造业的经验证据 [J]. 财经科学, 2016 (5): 52 - 62.

[25] 程俊杰. 中国转型时期产业政策与产能过剩——基于制造业面板数据的实证研究 [J]. 财经研究, 2015c, 41 (8): 131 - 144.

[26] 程俊杰. 转型时期中国产能过剩测度及成因的地区差异 [J]. 经济学家, 2015a, 3 (3): 74 - 83.

[27] 程俊杰. 转型时期中国地区产能过剩测度——基于协整法和

随机前沿生产函数法的比较分析 [J]. 经济理论与经济管理，2015b，35（4）：13 - 29.

[28] 崔永梅，王孟卓. 基于 SCP 理论兼并重组治理产能过剩问题研究——来自工业行业面板数据实证研究 [J]. 经济问题，2016（10）：7 - 13.

[29] 戴魁早，刘友金. 要素市场扭曲如何影响创新绩效 [J]. 世界经济，2016b（11）：54 - 79.

[30] 戴魁早，刘友金. 要素市场扭曲与创新效率——对中国高技术产业发展的经验分析 [J]. 经济研究，2016a（7）：72 - 86.

[31] 戴魁早. 地方官员激励、制度环境与要素市场扭曲——基于中国省级面板数据的实证研究 [J]. 经济理论与经济管理，2016，36（8）：60 - 78.

[32] 董敏杰，梁泳梅，张其仔. 中国工业产能利用率：行业比较、地区差距及影响因素 [J]. 经济研究，2015（1）：84 - 98.

[33] 樊纲，王小鲁，朱恒鹏. 中国市场化指数. 各省区市场化相对进程 2011 年度报告 [M]. 北京：经济科学出版社，2011.

[34] 范剑勇，赵沫，冯猛. 进入退出与制造业企业生产率变迁 [J]. 浙江社会科学，2013（4）：27 - 35.

[35] 范林凯，李晓萍，应珊珊. 渐进式改革背景下产能过剩的现实基础与形成机理 [J]. 中国工业经济，2015（1）：19 - 31.

[36] 冯梅，陈鹏. 中国钢铁产业产能过剩程度的量化分析与预警 [J]. 中国软科学，2013（5）：110 - 116.

[37] 冯俏彬，贾康. "政府价格信号" 分析：我国体制性产能过剩的形成机理及其化解之道 [J]. 财政研究，2014（4）：2 - 9.

[38] 冯俏彬，贾康. 投资决策、价格信号与制度供给：观察体制性产能过剩 [J]. 改革，2014（1）：17 - 24.

[39] 付保宗. 产能过剩的影响因素及政策建议 [J]. 中国投资，2011（9）：67 - 71.

[40] 付才辉. 政策闸门、潮涌通道与发展机会——一个新结构经济学视角下的最优政府干预程度理论 [J]. 财经研究，2016，42（6）：4 - 16.

[41] 盖庆恩，朱喜，程名望等. 要素市场扭曲、垄断势力与全要

素生产率 [J]. 经济研究, 2015 (5)：61 – 75.

[42] 干春晖, 邹俊, 王健. 地方官员任期、企业资源获取与产能过剩 [J]. 中国工业经济, 2015 (3)：44 – 56.

[43] 高连水. 什么因素在多大程度上影响了居民地区收入差距水平？——基于 1987~2005 年省际面板数据的分析 [J]. 数量经济技术经济研究, 2011 (1)：130 – 139.

[44] 高越青. "中国式"产能过剩问题研究 [D]. 大连：东北财经大学, 2015.

[45] 耿强, 江飞涛, 傅坦. 政策性补贴、产能过剩与中国的经济波动——引入产能利用率 RBC 模型的实证检验 [J]. 中国工业经济, 2011 (5)：27 – 36.

[46] 耿伟, 廖显春. 要素价格负向扭曲与中国企业进口中间品多样化 [J]. 国际贸易问题, 2016 (4)：15 – 26.

[47] 龚刚, 杨琳. 我国生产能力利用率的估算 [R]. 北京：清华大学经济管理学院工作论文, 2002.

[48] 顾智鹏, 武舜臣, 曹宝明. 中国产能过剩问题的一个解释——基于土地要素配置视角 [J]. 南京社会科学, 2016 (2)：31 – 38.

[49] 关培兰, 申学武, 祝尊乾. 绩效管理与地方重复建设 [J]. 经济管理, 2004 (19)：83 – 86.

[50] 郭庆旺, 贾俊雪. 地方政府行为、投资冲动与宏观经济稳定 [J]. 管理世界, 2006 (5)：19 – 25.

[51] 国家行政学院经济学教研部课题组. 产能过剩治理研究 [J]. 经济研究参考, 2014 (14)：53 – 62.

[52] 国务院发展研究中心《进一步化解产能过剩的政策研究》课题组. 当前我国产能过剩的特征、风险及对策研究——基于实地调研及微观数据的分析 [J]. 管理世界, 2015 (4)：1 – 10.

[53] 韩国高, 高铁梅, 王立国等. 中国制造业产能过剩的测度、波动及成因研究 [J]. 经济研究, 2011 (12)：18 – 31.

[54] 韩国高, 王立国. 我国钢铁业产能利用与安全监测：2000~2010 年 [J]. 改革, 2012 (8)：31 – 41.

[55] 韩国高. 我国工业产能过剩的测度、预警及对经济影响的实证研究 [D]. 大连：东北财经大学, 2012.

244

[56] 韩文龙，黄城，谢璐. 诱导性投资、被迫式竞争与产能过剩 [J]. 社会科学研究，2016 (4)：25 – 33.

[57] 郝枫，赵慧卿. 中国市场价格扭曲测度：1952 – 2005 [J]. 统计研究，2010, 27 (6)：33 – 39.

[58] 何彬. 基于窖藏行为的产能过剩形成机理及其波动性特征研究 [D]. 吉林大学，2008.

[59] 何蕾. 中国工业行业产能利用率测度研究——基于面板协整的方法 [J]. 产业经济研究，2015 (2)：90 – 99.

[60] 贺京同，何蕾. 国有企业扩张、信贷扭曲与产能过剩——基于行业面板数据的实证研究 [J]. 当代经济科学，2016, 38 (1)：58 – 67.

[61] 胡荣涛. 产能过剩形成原因与化解的供给侧因素分析 [J]. 现代经济探讨，2016 (2)：5 – 9.

[62] 黄健柏，徐震，徐珊. 土地价格扭曲、企业属性与过度投资——基于中国工业企业数据和城市地价数据的实证研究 [J]. 中国工业经济，2015 (3)：57 – 69.

[63] 黄玖立，李坤望. 吃喝、腐败与企业订单 [J]. 经济研究，2013 (6)：71 – 84.

[64] 黄先海，宋学印，诸竹君. 中国产业政策的最优实施空间界定——补贴效应、竞争兼容与过剩破解 [J]. 中国工业经济，2015 (4)：57 – 69.

[65] 黄益平，陶坤玉. 中国外部失衡的原因与对策：要素市场扭曲的角色 [J]. 新金融，2011 (6)：7 – 13.

[66] 黄益平. 中国经济转型的下一步路径 [J]. 新金融，2013 (11)：4 – 7.

[67] 纪志宏. 我国产能过剩风险及治理 [J]. 新金融评论，2015 (1)：1 – 24.

[68] 简泽，干春晖，余典范. 银行部门的市场化、信贷配置与工业重构 [J]. 经济研究，2013 (5)：112 – 127.

[69] 简泽. 市场扭曲、跨企业的资源配置与制造业部门的生产率 [J]. 中国工业经济，2011 (1)：58 – 68.

[70] 江飞涛，曹建海. 市场失灵还是体制扭曲——重复建设形成机理研究中的争论、缺陷与新进展 [J]. 中国工业经济，2009 (1)：

53 – 64.

[71] 江飞涛, 耿强, 吕大国, 李晓萍. 地区竞争、体制扭曲与产能过剩的形成机理 [J]. 中国工业经济, 2012 (6): 44 – 56.

[72] 江飞涛, 李晓萍. 直接干预市场与限制竞争: 中国产业政策的取向与根本缺陷 [J]. 中国工业经济, 2010 (9): 26 – 36.

[73] 江飞涛. 正确认识产能过剩问题 [J]. 中国经贸导刊, 2010 (20): 33 – 34.

[74] 江飞涛. 中国钢铁工业产能过剩问题研究 [D]. 长沙: 中南大学, 2008.

[75] 江源. 钢铁等行业产能利用评价 [J]. 统计研究, 2006, 23 (12): 61 – 68.

[76] 姜学勤. 要素市场扭曲与中国宏观经济失衡 [J]. 长江大学学报: 社会科学版, 2009 (1): 59 – 62.

[77] 蒋含明. 要素价格扭曲与我国居民收入差距扩大 [J]. 统计研究, 2013, 30 (12): 56 – 63.

[78] 蒋含明. 要素市场扭曲如何影响我国城镇居民收入分配? ——基于 CHIP 微观数据的实证研究 [J]. 南开经济研究, 2016 (5): 132 – 144.

[79] 靳来群. 所有制歧视所致金融资源错配程度分析 [J]. 经济学动态, 2015 (6): 36 – 44.

[80] 鞠蕾, 高越青, 王立国. 供给侧视角下的产能过剩治理: 要素市场扭曲与产能过剩 [J]. 宏观经济研究, 2016 (5): 3 – 15.

[81] 阚大学, 吕连菊. 要素市场扭曲加剧了环境污染吗——基于省级工业行业空间动态面板数据的分析 [J]. 财贸经济, 2016, 37 (5): 146 – 159.

[82] 康志勇. 赶超行为、要素市场扭曲对中国就业的影响——来自微观企业的数据分析 [J]. 中国人口科学, 2012 (1): 60 – 69.

[83] 柯颖. 从过度竞争到寡头垄断: 我国产业组织优化的选择 [J]. 改革与战略, 2002 (9): 53 – 55.

[84] 雷鹏. 生产要素市场扭曲对中国就业影响的实证分析 [J]. 社会科学, 2009 (7): 61 – 65.

[85] 冷艳丽, 杜思正. 能源价格扭曲与雾霾污染——中国的经验

证据 [J]. 产业经济研究, 2016 (1): 71-79.

[86] 李宏舟, 邹涛. 我国电力行业发电技术效率及影响因素: 2000~2009 年 [J]. 改革, 2012 (10): 44-50.

[87] 李江涛. "产能过剩"及其治理机制 [J]. 国家行政学院学报, 2006 (5): 32-35.

[88] 李静, 彭飞, 毛德凤. 资源错配与中国工业企业全要素生产率 [J]. 财贸研究, 2012, 23 (5): 52-59.

[89] 李军杰. 经济转型中的地方政府经济行为变异分析 [J]. 中国工业经济, 2005 (1): 39-46.

[90] 李坤望, 蒋为. 市场进入与经济增长——以中国制造业为例的实证分析 [J]. 经济研究, 2015 (5): 48-60.

[91] 李鲁, 王磊, 邓芳芳. 要素市场扭曲与企业间生产率差异: 理论及实证 [J]. 财经研究, 2016, 42 (9): 110-120.

[92] 李平, 季永宝, 桑金琰. 要素市场扭曲对我国技术进步的影响特征研究 [J]. 产业经济研究, 2014 (5): 63-71.

[93] 李平, 简泽, 江飞涛. 进入退出、竞争与中国工业部门的生产率——开放竞争作为一个效率增进过程 [J]. 数量经济技术经济研究, 2012 (9): 3-21.

[94] 李平, 刘雪燕. 要素价格扭曲对技术进步影响因素的非线性研究 [J]. 产业经济评论, 2015 (2): 61-77.

[95] 李世英, 李延平, 蒋飞龙. 企业进入阻止行为与市场绩效关系的实证研究——基于中国 29 个四位数制造业产业的面板数据 [J]. 上海经济研究, 2010 (9): 34-45.

[96] 李伟. 进入替代、市场选择与演化特征: 中国转轨过程中市场进入问题研究 [M]. 上海: 上海财经大学出版社, 2006.

[97] 李晓华. 产业转型升级中落后产能淘汰问题研究 [J]. 江西社会科学, 2012 (5): 12-18.

[98] 李晓华. 后危机时代我国产能过剩研究 [J]. 财经问题研究, 2013 (6): 3-11.

[99] 李鑫. 中国上市公司过度投资行为研究 [D]. 济南: 山东大学, 2008.

[100] 李扬. 中国城市金融生态环境评价 [M]. 北京: 人民出版

社, 2005.

[101] 李以学. 从体制变迁看我国重复建设的产生根源 [J]. 宏观经济管理, 2003 (6): 10 - 14.

[102] 梁金修. 我国产能过剩的原因及对策 [J]. 经济纵横, 2006 (7): 29 - 33.

[103] 梁莱歆, 冯延超. 政治关联与企业过度投资——来自中国民营上市公司的经验证据 [J]. 经济管理, 2010 (12): 64 - 70.

[104] 林伯强, 杜克锐. 要素市场扭曲对能源效率的影响 [J]. 经济研究, 2013 (9): 125 - 136.

[105] 林江, 张佐敏. 分税制背景下公共产品供给对地区收入差距的影响 [J]. 财贸经济, 2013, 34 (1): 28 - 38.

[106] 林雪, 林可全. 中国要素价格扭曲对经济失衡的影响研究 [J]. 上海经济研究, 2015 (8): 64 - 76.

[107] 林毅夫. 发展战略、自生能力和经济收敛 [J]. 经济学 (季刊), 2002 (1): 269 - 300.

[108] 林毅夫, 蔡昉, 李周. 比较优势与发展战略——对"东亚奇迹"的再解释 [J]. 中国社会科学, 1999 (5): 4 - 20.

[109] 林毅夫, 蔡昉, 李周. 对赶超战略的反思 [J]. 战略与管理, 1994, 1 (6): 1 - 12.

[110] 林毅夫, 龚强. 发展战略与经济制度选择 [J]. 管理世界, 2010 (3): 5 - 13.

[111] 林毅夫, 刘明兴. 中国的经济增长收敛与收入分配 [J]. 世界经济, 2003 (8): 3 - 14.

[112] 林毅夫, 刘培林. 中国的经济发展战略与地区收入差距 [J]. 经济研究, 2003 (3): 19 - 25.

[113] 林毅夫, 苏剑. 论我国经济增长方式的转换 [J]. 管理世界, 2007 (11): 5 - 13.

[114] 林毅夫, 巫和懋, 邢亦青. "潮涌现象"与产能过剩的形成机制 [J]. 经济研究, 2010 (10): 4 - 19.

[115] 林毅夫. 潮涌现象与发展中国家宏观经济理论的重新构建 [J]. 经济研究, 2007 (1): 126 - 131.

[116] 林毅夫. 中国经济增长的可持续性 [J]. 新金融评论,

2014（4）：57 – 61.

[117] 刘斌，王乃嘉. 制造业投入服务化与企业出口的二元边际——基于中国微观企业数据的经验研究 [J]. 中国工业经济，2016（9）：59 – 74.

[118] 刘航，孙早. 产能利用不足发生机制的国内外研究述评 [J]. 经济社会体制比较，2016（3）：186 – 195.

[119] 刘航，孙早. 城镇化动因扭曲与制造业产能过剩——基于 2001 – 2012 年中国省级面板数据的经验分析 [J]. 中国工业经济，2014（11）：5 – 17.

[120] 刘西顺. 产能过剩、企业共生与信贷配给 [J]. 金融研究，2006（3）：166 – 173.

[121] 刘阳阳，冯明. "4 万亿"是否造成了产能过剩？——政策干预与信贷错配 [J]. 投资研究，2016（4）：4 – 22.

[122] 刘志彪，王建优. 制造业的产能过剩与产业升级战略 [J]. 经济学家，2000（1）：64 – 69.

[123] 卢峰，姚洋. 金融压抑下的法治、金融发展和经济增长 [J]. 中国社会科学，2004（1）：42 – 55.

[124] 卢锋. 治理产能过剩问题：1999 ~ 2009 [J]. CCER 中国经济观察，2011（19）：21 – 38.

[125] 鲁晓东，连玉君. 中国工业企业全要素生产率估计：1999 – 2007 [J]. 经济学（季刊），2012，11（2）：541 – 558.

[126] 罗德明，李晔，史晋川. 要素市场扭曲、资源错置与生产率 [J]. 经济研究，2012（3）：4 – 14.

[127] 罗美娟，郭平. 政策不确定性是否降低了产能利用率——基于世界银行中国企业调查数据的分析 [J]. 当代财经，2016（7）：90 – 99.

[128] 罗云辉. 过度竞争：经济学分析与治理 [M]. 第 1 版. 上海：上海财经大学出版社，2004.

[129] 吕政，曹建海. 竞争总是有效率的吗？——兼论过度竞争的理论基础 [J]. 中国社会科学，2000（6）：4 – 14.

[130] 马光荣，李力行. 金融契约效率、企业退出与资源误置 [J]. 世界经济，2014（10）：77 – 103.

[131] 马如静，唐雪松，贺明明. 我国企业过度投资问题研究——来自证券市场的证据 [J]. 经济问题探索，2007 (6)：55 - 60.

[132] 马衍军，成丹玉，郑宪强. 新形势下重复建设的发生机制及治理 [J]. 财经问题研究，2001 (9)：49 - 53.

[133] 毛其淋，盛斌. 中国制造业企业的进入退出与生产率动态演化 [J]. 经济研究，2013 (4)：16 - 29.

[134] 毛其淋. 要素市场扭曲与中国工业企业生产率——基于贸易自由化视角的分析 [J]. 金融研究，2013 (2)：156 - 169.

[135] 门闯，孙晓骅. 个税改革、要素价格扭曲与企业过度投资 [J]. 云南财经大学学报，2016 (1)：101 - 110.

[136] 米黎钟，曹建海. 我国工业生产能力过剩的现状、原因及政策建议 [J]. 经济管理，2006 (7)：76 - 79.

[137] 聂海峰，岳希明. 行业垄断对收入不平等影响程度的估计 [J]. 中国工业经济，2016 (2)：5 - 20.

[138] 聂辉华，江艇，杨汝岱. 中国工业企业数据库的使用现状和潜在问题 [J]. 世界经济，2012 (5)：142 - 158.

[139] 牛桂敏. 从过度竞争到有效竞争：我国产业组织发展的必然选择 [J]. 天津社会科学，2001 (3)：63 - 66.

[140] 潘文轩. 化解过剩产能引发负面冲击的总体思路与对策框架 [J]. 财经科学，2016 (5)：63 - 73.

[141] 庞瑞芝，李鹏. 中国新型工业化增长绩效的区域差异及动态演进 [J]. 经济研究，2011 (11)：36 - 47.

[142] 皮建才，黎静，管艺文. 政策性补贴竞争、体制性产能过剩与福利效应 [J]. 世界经济文汇，2015 (3)：19 - 31.

[143] 皮建才. 中国地方重复建设的内在机制研究 [J]. 经济理论与经济管理，2008 (4)：61 - 64.

[144] 齐鹰飞，张瑞. 市场集中度与产能过剩 [J]. 财经问题研究，2015 (10)：24 - 30.

[145] 秦海. 对中国产业过度竞争的实证分析 [J]. 改革，1996 (5)：81 - 90.

[146] 曲玥. 产能过剩与就业风险 [J]. 劳动经济研究，2014 (5)：130 - 147.

［147］曲玥. 中国工业产能利用率——基于企业数据的测算［J］. 经济与管理评论, 2015（1）：49-56.

［148］任曙明, 张静. 补贴、寻租成本与加成率——基于中国装备制造企业的实证研究［J］. 管理世界, 2013（10）：118-129.

［149］桑瑜. 产能过剩：政策层面的反思与实证［J］. 财政研究, 2015（8）：14-20.

［150］邵敏, 包群. 外资进入是否加剧中国国内工资扭曲：以国有工业企业为例［J］. 世界经济, 2012（10）：3-24.

［151］邵宜航, 步晓宁, 张天华. 资源配置扭曲与中国工业全要素生产率——基于工业企业数据库再测算［J］. 中国工业经济, 2013（12）：39-51.

［152］沈坤荣, 钦晓双, 孙成浩. 中国产能过剩的成因与测度［J］. 产业经济评论：山东大学, 2012, 11（4）：1-26.

［153］沈利生. 我国潜在经济增长率变动趋势估计［J］. 数量经济技术经济研究, 1999（12）：3-6.

［154］盛仕斌, 徐海. 要素价格扭曲的就业效应研究［J］. 经济研究, 1999（5）：66-72.

［155］盛文军, 孟辛. 我国产业内过度竞争的成因分析与政策选择［J］. 社会科学辑刊, 2001（3）：78-83.

［156］盛誉. 贸易自由化与中国要素市场扭曲的测定［J］. 世界经济, 2005（6）：29-36.

［157］施炳展, 冼国明. 要素价格扭曲与中国工业企业出口行为［J］. 中国工业经济, 2012（2）：47-56.

［158］宋淑琴, 姚凯丽. 融资约束、异质债务与过度投资差异化：民营上市公司2007～2011年样本［J］. 改革, 2014（1）：138-147.

［159］孙宁华, 堵溢, 洪永淼. 劳动力市场扭曲、效率差异与城乡收入差距［J］. 管理世界, 2009（9）：44-52.

［160］孙巍, 何彬, 武治国. 现阶段工业产能过剩"窖藏效应"的数理分析及其实证检验［J］. 吉林大学社会科学学报, 2008（1）：68-75.

［161］孙巍, 李何, 王文成. 产能利用与固定资产投资关系的面板数据协整研究——基于制造业28个行业样本［J］. 经济管理, 2009,

31 (3)：38 - 43.

[162] 唐杰英. 要素价格扭曲对出口的影响——来自中国制造业的实证分析 [J]. 世界经济研究，2015 (6)：92 - 101.

[163] 唐雪松，周晓苏，马如静. 上市公司过度投资行为及其制约机制的实证研究 [J]. 会计研究，2007 (7)：44 - 52.

[164] 唐雪松，周晓苏，马如静. 政府干预、GDP 增长与地方国企过度投资 [J]. 金融研究，2010 (8)：99 - 112.

[165] 唐要家. 进入竞争与市场绩效：辨明与检验 [J]. 产业经济研究，2004 (4)：11 - 17.

[166] 陶小马，邢建武，黄鑫，周雯. 中国工业部门的能源价格扭曲与要素替代研究 [J]. 数量经济技术经济研究，2009 (11)：3 - 16.

[167] 万华林，陈信元. 治理环境、企业寻租与交易成本——基于中国上市公司非生产性支出的经验证据 [J]. 经济学（季刊），2010，9 (2)：553 - 570.

[168] 王必锋. 要素市场扭曲对中国经济外部失衡的影响研究 [D]. 辽宁大学，2013.

[169] 王兵，於露瑾，杨雨石. 碳排放约束下中国工业行业能源效率的测度与分解 [J]. 金融研究，2013 (10)：128 - 141.

[170] 王辉，张月友. 战略性新兴产业存在产能过剩吗？——以中国光伏产业为例 [J]. 产业经济研究，2015 (1)：61 - 70.

[171] 王立国，高越青. 基于技术进步视角的产能过剩问题研究 [J]. 财经问题研究，2012 (2)：26 - 32.

[172] 王立国，高越青. 建立和完善市场退出机制有效化解产能过剩 [J]. 宏观经济研究，2014 (10)：8 - 21.

[173] 王立国，鞠蕾. 地方政府干预、企业过度投资与产能过剩：26 个行业样本 [J]. 改革，2012 (12)：52 - 62.

[174] 王立国，农媛媛. 产能过剩化解对策——国企盲目投资扩张诱因分析 [J]. 首都经济贸易大学学报，2014 (5)：61 - 67.

[175] 王立国，张日旭. 财政分权背景下的产能过剩问题研究——基于钢铁行业的实证分析 [J]. 财经问题研究，2010 (12)：30 - 35.

[176] 王立国，周雨. 体制性产能过剩：内部成本外部化视角下

的解析 [J]. 财经问题研究, 2013 (3): 27-35.

[177] 王立国. 重复建设与产能过剩的双向交互机制研究 [J]. 企业经济, 2010 (6): 5-9.

[178] 王宁, 史晋川. 要素价格扭曲对中国投资消费结构的影响分析 [J]. 财贸经济, 2015a, 36 (4): 121-133.

[179] 王宁, 史晋川. 中国要素价格扭曲程度的测度 [J]. 数量经济技术经济研究, 2015b (9): 149-160.

[180] 王秋石, 万远鹏. "中国式" 产能过剩的形成及其化解 [J]. 江西社会科学, 2016 (5): 44-51.

[181] 王维国, 潘祺志. 价格扭曲、要素替代、相对效率与工业节能路径选择——基于我国制造业行业数据的实证分析 [J]. 数量经济研究, 2011, 2 (1): 50-67.

[182] 王维国, 袁捷敏. 我国产能利用率的估算模型及其应用 [J]. 统计与决策, 2012 (20): 82-84.

[183] 王文举, 范合君. 我国地区产业结构趋同的原因及其对经济影响的分析 [J]. 当代财经, 2008 (1): 85-89.

[184] 王希. 我国要素市场扭曲与经济失衡之间的互动关系研究 [J]. 华东经济管理, 2012, 26 (10): 64-68.

[185] 王岳平. 我国产能过剩行业的特征分析及对策 [J]. 宏观经济管理, 2006 (6): 15-18.

[186] 王自锋, 白玥明. 人民币实际汇率对工业产能利用率的影响 [J]. 中国工业经济, 2015 (4): 70-82.

[187] 魏后凯. 从重复建设走向有序竞争 [M]. 北京: 人民出版社, 2001.

[188] 闻潜. 我国产能过剩与经济高位运行的关系 [J]. 经济纵横, 2006 (11): 20-22.

[189] 吴春雅, 吴照云. 政府补贴、过度投资与新能源产能过剩——以光伏和风能上市企业为例 [J]. 云南社会科学, 2015 (2): 59-63.

[190] 吴晗, 贾润崧. 银行业结构如何促进行业资源的有效配置——基于异质性企业进入退出视角的分析 [J]. 当代经济科学, 2016, 38 (5): 77-88.

[191] 吴利华, 申振佳. 产业生产率变化: 企业进入退出、所有制与政府补贴——以装备制造业为例 [J]. 产业经济研究, 2013 (4): 30 – 39.

[192] 吴延兵, 米增渝. 创新、模仿与企业效率——来自制造业非国有企业的经验证据 [J]. 中国社会科学, 2011 (4): 77 – 94.

[193] 吴宗法, 张英丽. 所有权性质、融资约束与企业投资——基于投资现金流敏感性的经验证据 [J]. 经济与管理研究, 2011 (5): 72 – 77.

[194] 武鹏. 行业垄断对中国行业收入差距的影响 [J]. 中国工业经济, 2011 (10): 76 – 86.

[195] 夏茂森, 彭七四, 江玲玲, 等. 要素价格扭曲与工业产能过剩的关系——基于 1991 ~ 2010 年的样本数据 [J]. 技术经济, 2013, 32 (12): 33 – 39.

[196] 夏晓华, 李进一. 要素价格异质性扭曲与产业结构动态调整 [J]. 南京大学学报 (哲学·人文科学·社会科学), 2012, 49 (3): 40 – 48.

[197] 冼国明, 程娅昊. 多种要素扭曲是否推动了中国企业出口 [J]. 经济理论与经济管理, 2013, 33 (4): 23 – 32.

[198] 冼国明, 石庆芳. 要素市场扭曲与中国的投资行为——基于省际面板数据分析 [J]. 财经科学, 2013 (10): 31 – 42.

[199] 冼国明, 徐清. 劳动力市场扭曲是促进还是抑制了 FDI 的流入 [J]. 世界经济, 2013 (9): 25 – 48.

[200] 谢洪军, 张慧, 李颖. 基于 SFA 的我国制造业产能利用率测度与差异性分析 [J]. 商业经济研究, 2015 (4): 120 – 122.

[201] 修宗峰, 黄健柏. 市场化改革、过度投资与企业产能过剩——基于我国制造业上市公司的经验证据 [J]. 经济管理, 2013 (7): 1 – 12.

[202] 徐长生, 刘望辉. 劳动力市场扭曲与中国宏观经济失衡 [J]. 统计研究, 2008, 25 (5): 32 – 37.

[203] 许家云, 毛其淋. 政府补贴、治理环境与中国企业生存 [J]. 世界经济, 2016, 39 (2): 75 – 99.

[204] 雅诺什·科尔奈. 短缺经济学 [M]. 北京: 经济科学出版

社，1986.

［205］杨帆，徐长生. 中国工业行业市场扭曲程度的测定［J］. 中国工业经济，2009（9）：56 –66.

［206］杨光，马晓莹. 我国生产能力利用率的估算与预测［J］. 未来与发展，2010，31（6）：37 –40.

［207］杨蕙馨. 企业的进入退出与产业组织政策［M］. 第1版. 上海：上海人民出版社，2000.

［208］杨蕙馨. 中国企业的进入退出——1985 –2000年汽车与电冰箱产业的案例研究［J］. 中国工业经济，2004（3）：99 –105.

［209］杨莉莉，邵帅，曹建华，任佳. 长三角城市群工业全要素能源效率变动分解及影响因素——基于随机前沿生产函数的经验研究［J］. 上海财经大学学报，2014，16（3）：95 –102.

［210］杨培鸿. 重复建设的政治经济学分析：一个基于委托代理框架的模型［J］. 经济学（季刊），2006，5（1）：467 –478.

［211］杨汝岱. 中国制造业企业全要素生产率研究［J］. 经济研究，2015（2）：61 –74.

［212］杨天宇，张蕾. 中国制造业企业进入和退出行为的影响因素分析［J］. 管理世界，2009（6）：82 –90.

［213］杨振. 激励扭曲视角下的产能过剩形成机制及其治理研究［J］. 经济学家，2013，10（10）：48 –54.

［214］杨振. 以供给侧结构性改革化解产能过剩［J］. 理论视野，2016（1）：11 –13.

［215］杨振兵，张诚. 产能过剩与环境治理双赢的动力机制研究——基于生产侧与消费侧的产能利用率分解［J］. 当代经济科学，2015b，（6）：42 –52.

［216］杨振兵，张诚. 中国工业部门产能过剩的测度与影响因素分析［J］. 南开经济研究，2015a（6）：92 –109.

［217］杨振兵. 对外直接投资、市场分割与产能过剩治理［J］. 国际贸易问题，2015（11）：121 –131.

［218］杨振兵. 有偏技术进步视角下中国工业产能过剩的影响因素分析［J］. 数量经济技术经济研究，2016（8）：30 –46.

［219］叶宏庆，刘坤，董新兴. 政策性补贴、融资价格歧视与企

业过度投资 [J]. 产业经济评论：山东大学，2015，14（2）：91 - 106.

[220] 叶宁华，包群. 信贷配给、所有制差异与企业存活期限 [J]. 金融研究，2013（12）：140 - 153.

[221] 余东华，吕逸楠. 政府不当干预与战略性新兴产业产能过剩——以中国光伏产业为例 [J]. 中国工业经济，2015（10）：53 - 68.

[222] 余东华，车晓倩. 行政性垄断对行业收入差距影响的实证分析 [J]. 经济管理，2013（2）：11 - 19.

[223] 余东华，邱璞. 产能过剩、进入壁垒与民营企业行为波及 [J]. 改革，2016（10）：54 - 64.

[224] 余淼杰. 中国的贸易自由化与制造业企业生产率 [J]. 经济研究，2010（12）：97 - 110.

[225] 余明桂，潘红波. 政治关系、制度环境与民营企业银行贷款 [J]. 管理世界，2008（8）：9 - 21.

[226] 俞红海，徐龙炳，陈百助. 终极控股股东控制权与自由现金流过度投资 [J]. 经济研究，2010（8）：103 - 114.

[227] 袁江，张成思. 强制性技术变迁、不平衡增长与中国经济周期模型 [J]. 经济研究，2009（12）：17 - 29.

[228] 袁鹏，杨洋. 要素市场扭曲与中国经济效率 [J]. 经济评论，2014（2）：28 - 40.

[229] 原毅军，丁永健. 产业过度进入问题研究评述 [J]. 大连理工大学学报（社会科学版），2000（3）：15 - 18.

[230] 张保权. 产能过剩与宏观调控 [J]. 商场现代化，2006（17）：24 - 25.

[231] 张栋，谢志华，王靖雯. 中国僵尸企业及其认定——基于钢铁业上市公司的探索性研究 [J]. 中国工业经济，2016（11）：90 - 107.

[232] 张洪辉，王宗军. 政府干预、政府目标与国有上市公司的过度投资 [J]. 南开管理评论，2010，13（3）：101 - 108.

[233] 张晖. 中国新能源产业潮涌现象和产能过剩形成研究 [J]. 产业经济评论，2013（12）：7 - 15.

［234］张杰，周晓艳，李勇. 要素市场扭曲抑制了中国企业 R&D？
［J］. 经济研究，2011a，（8）：78 – 91.

［235］张杰，周晓艳，郑文平，等. 要素市场扭曲是否激发了中
国企业出口［J］. 世界经济，2011b，（8）：134 – 160.

［236］张杰. 基于产业政策视角的中国产能过剩形成与化解研究
［J］. 经济问题探索，2015（2）：10 – 14.

［237］张军，威廉·哈勒根. 转轨经济中的"过度进入"问题——
对"重复建设"的经济学分析［J］. 复旦学报社会科学版，1998（1）：
21 – 26.

［238］张前程，杨光. 投资依赖、产能过剩与地方债务风险——
基于马克思经济学的分析［J］. 东南学术，2015（2）：81 – 89.

［239］张前荣. 我国产能过剩的现状及对策［J］. 宏观经济管理，
2013（10）：26 – 28.

［240］张日旭. 我国产能过剩中的地方政府行为研究［D］. 大连：
东北财经大学，2013.

［241］张胜满，张继栋，杨筱姝. 要素价格扭曲如何影响了企业
出口［J］. 现代财经，2015（6）：15 – 27.

［242］张曙光，程炼. 中国经济转轨过程中的要素价格扭曲与财
富转移［J］. 世界经济，2010（10）：3 – 24.

［243］张伟，曹洪军. 我国不合理重复建设及其治理［J］. 宏观
经济研究，2004（5）：39 – 41.

［244］张文武，梁琦. 劳动地理集中、产业空间与地区收入差距
［J］. 经济学（季刊），2011，10（2）：691 – 708.

［245］张新海，王楠. 企业认知偏差与产能过剩［J］. 科研管理，
2009，30（5）：33 – 39.

［246］张新海. 产能过剩的定量测度与分类治理［J］. 宏观经济
管理，2010（1）：50 – 51.

［247］张莹，王磊. 地方政府干预与中国区域产业结构趋同——
兼论产能过剩的形成原因［J］. 宏观经济研究，2015（10）：102 –
110.

［248］章琳一，张洪辉. 市场竞争与过度投资的关系研究：基于
战略性投资视角［J］. 产业经济研究，2015（2）：58 – 67.

[249] 章卫东，成志策，周冬华，张洪辉. 上市公司过度投资、多元化经营与地方政府干预 [J]. 经济评论，2014（3）：139 – 152.

[250] 赵岩，陈金龙. 政府干预、政治联系与企业过度投资效应 [J]. 宏观经济研究，2014（5）：64 – 74.

[251] 赵自芳，史晋川. 中国要素市场扭曲的产业效率损失——基于 DEA 方法的实证分析 [J]. 中国工业经济，2006（10）：40 – 48.

[252] 赵自芳. 生产要素市场扭曲的经济效应 [D]. 杭州：浙江大学，2007.

[253] 植草益. 日本的产业组织：理论与实证前沿 [M]. 北京：经济管理出版社，2000.

[254] 中国工商银行课题组. 关于解决重复建设问题的调查报告 [J]. 求是，1998（3）：14 – 17.

[255] 周劲，付保宗. 产能过剩的内涵、评价体系及在我国工业领域的表现特征 [J]. 经济学动态，2011（10）：58 – 64.

[256] 周劲，付保宗. 工业领域产能过剩形成机制及对策建议 [J]. 宏观经济管理，2011（10）：33 – 35.

[257] 周劲. 产能过剩的概念、判断指标及其在部分行业测算中的应用 [J]. 宏观经济研究，2007（9）：33 – 39.

[258] 周黎安. 晋升博弈中政府官员的激励与合作——兼论我国地方保护主义和重复建设问题长期存在的原因 [J]. 经济研究，2004（6）：33 – 40.

[259] 周黎安. 中国地方官员的晋升锦标赛模式研究 [J]. 经济研究，2007（7）：36 – 50.

[260] 周炼石. 中国产能过剩的政策因素与完善 [J]. 上海经济研究，2007（2）：3 – 10.

[261] 周民良. 不合理重复建设的形成机制与治理途径 [J]. 改革，2000（5）：33 – 40.

[262] 周明生. 经济稳定与持续繁荣的宏观分析——中国经济增长与周期（2011）国际高峰论坛综述 [J]. 经济研究，2011（8）：147 – 154.

[263] 周其仁. 产能过剩的原因 [J]. 招商周刊，2005（52）.

[264] 周瑞辉，廖涵. 所有制异质、官员激励与中国的产能过

剩——基于一个 DSGE 框架的扩展分析 [J]. 产业经济研究, 2014 (3): 32 - 41.

[265] 周业樑, 盛文军. 转轨时期我国产能过剩的成因解析及政策选择 [J]. 金融研究, 2007 (2): 183 - 190.

[266] 周中胜, 罗正英. 财政分权、政府层级与企业过度投资——来自地区上市公司面板数据的经验证据 [J]. 财经研究, 2011 (11): 4 - 15.

[267] 朱喜, 史清华, 盖庆恩. 要素配置扭曲与农业全要素生产率 [J]. 经济研究, 2011 (5): 86 - 98.

[268] 踪家峰, 周亮. 市场分割、要素扭曲与产业升级——来自中国的证据 (1998~2007) [J]. 经济管理, 2013 (1): 23 - 33.

[269] Abel, A. B., 1983, "A dynamic model of investment and capacity utilization", Quarterly Journal of Economics, 96 (3): 379 - 403.

[270] Allen, B., Deneckere, R., Faith, T., Dan, K., 2000. "Capacity precommitment as a barrier to entry: a bertrand-edgeworth approach", Economic Theory, 15 (3): 501 - 530.

[271] Allen, F., Qian, J., Qian, M., 2005, "Law, finance, and economic growth in China", Journal of Financial Economics, 77 (1): 57 - 116.

[272] Allen, R. C., 2001, "The rise and decline of the soviet economy", Canadian Journal of Economics, 34 (4): 859 - 881.

[273] Aoki, S., 2012, "A simple accounting framework for the effect of resource misallocation on aggregate productivity", Journal of the Japanese & International Economies, 26 (4): 473 - 494.

[274] Arrow, K. J., Chenery, H. B., Minhas, B. S., Solow, R. M., 1961, "Capital-labor substitution and economic efficiency", Review of Economics & Statistics, 43 (3): 225 - 250.

[275] Atkinson, S. E., Cornwell, C., 1998, "Profit versus cost frontier estimation of price and technical inefficiency: a parametric approach with panel data", Southern Economic Journal, 64 (3): 753 - 764.

[276] Atkinson, S. E., Halvorsen, R., 1980, "A test of relative and absolute price efficiency in regulated utilities", Review of Economics and

Statistics, 62 (1): 81 – 88.

[277] Atkinson, S. E., Halvorsen, R., 1984, "Parametric efficiency tests, economies of scale, and input demand in U. S. electric power generation", International Economic Review, 25 (3): 647 – 662.

[278] Bain, J. S., 1956, "Barriers to new competition", Cambridge, Mass: Havard University Press.

[279] Bain, J. S., 1959, "Industrial Organization", Cambridge, Mass: Havard University Press.

[280] Ballard, K., Blomo, V., 1978, "Estimating the structure of capacity utilization in the fishing industry", Fish Review, 40 (8): 29 – 34.

[281] Ballard, K., Roberts, J., 1977, "Empirical Estimation of the Capacity Utilization Rates of Fishing Vessels in10 Major Pacific Coast Fisheries", Washington D. C. : National Marine Fisheries Service.

[282] Banerjee, A. V., 1992, "A simple model of herd behavior", Quarterly Journal of Economics, 107 (3): 797 – 817.

[283] Battese, G. E., Coelli, T. J., 1992, "Frontier production functions, technical efficiency and panel data: with application to paddy farmers in India", Journal of Productivity Analysis, 3 (1): 153 – 169.

[284] Beckerman, P., 2006, "The consequences of 'upward financial repression'", International Review of Applied Economics, 2 (2): 233 – 249.

[285] Benoit, J. P., Krishna, V., 1985, "Finitely repeated games", Econometrica, 53 (4): 905 – 922.

[286] Benoit, J. P., Krishna, V., 1987, "Dynamic duopoly: prices and quantities", Review of Economic Studies, 54 (1): 23 – 35.

[287] Berndt, E. R., Hesse, D. M., 1986, "Measuring and assessing capacity utilization in the manufacturing sectors of nine OECD countries", European Economic Review, 30 (5): 961 – 989.

[288] Berndt, E. R., Morrison, C. J., 1981, "Capacity utilization measures: underlying economic theory and an alternative approach", American Economic Review, 71 (2): 48 – 52.

［289］Bhagwati, J. N. , 1971, "The generalized theory of distortions and welfare, trade, balance of payments, and growth", Amsterdam: North Holland.

［290］Bhagwati, J. , Ramaswami, V. K. , 1969, "Domestic distortions, tariffs and the theory of optimum subsidy", Journal of Political Economy, 71 (1): 44 –50.

［291］Blinder, A. S. , 1982, "The anatomy of double digit inflation in the 1970s Inflation: Causes and Effects", Chicago: The University of Chicago Press.

［292］Brandt, L. , Biesebroeck, J. V. , Zhang, Y. , 2012, "Creative accounting or creative destruction? Firm-level productivity growth in Chinese manufacturing", Journal of Development Economics, 97 (2): 339 – 351.

［293］Bruce M. Skoorka. , 2000, "Measuring market distortion: international comparisons, policy and competitiveness", Applied Economics, 32 (3): 253 –264.

［294］Buiter, W. H. , 2000, "Optimal currency areas: why does the exchange rate regime matter?", Scottish Journal of Political Economy, 47 (3): 213 –250.

［295］Bulow, J. , Geanakoplos, J. , Klemperer, P. , 1985, "Holding idle capacity to deter entry", Economic Journal, 95 (377): 178 –182.

［296］Bye, T. , Bruvoll, A. , Larsson, J. , 2006, "Capacity utilization in a generalized Malmquist index including environmental factors: a decomposition analysis", Land Economics, 85 (3): 529 –538.

［297］Caballero, R. J. , Hoshi, T. , Kashyap, A. K. , 2008, "Zombie lending and depressed restructuring in Japan", Social Science Electronic Publishing, 98 (5): 1943 –1977.

［298］Cassels, J. M. , 1937, "Excess Capacity and Monopolistic Competition", Quarterly Journal of Economics, 51 (3): 426 –443.

［299］Caves, R. E. , 1998, "Industrial organization and new findings on the turnover and mobility of firms", Journal of Economic Literature, 36 (4): 1947 –1982.

[300] Caves, R. E. , Porter, M. E. , 1977, "From entry barriers to mobility barriers: conjectural decisions and contrived deterrence to new competition", Quarterly Journal of Economics, 91 (2): 241 – 261.

[301] Chacholiades, M. , 1978, "International Trade Theory and Policy", McGraw – Hill Book Company Press.

[302] Chamberlin, E. , 1947, "The Theory of Monopolistic Competition", Cambridge: Harvard University Press.

[303] Chou, W. L. , 2000, "Exchange Rate Variability and China's Exports", Journal of Comparative Economics, 28 (1): 61 – 79.

[304] Coelli, T. , Grifell – Tatjé, E. , Perelman, S. , 2002, "Capacity utilisation and profitability: a decomposition of short-run profit efficiency", International Journal of Production Economics, 79 (3): 261 – 278.

[305] Cowling, K. , 1983, "Excess capacity and the degree of collusion: oligopoly behaviour in the slump", The Manchester School, 51 (4): 341 – 359.

[306] Defina, R. H. , 1983, "Unions, relative wages, and economic efficiency", Journal of Labor Economics, 1 (4): 408 – 429.

[307] Demsetz, H. , 1959, "The nature of equilibrium in monopolistic competition", Journal of Political Economy, 67 (1): 21 – 30.

[308] Dergiades, T. , Tsoulfidis, L. , 2007, "A new method for the estimation of capacity utilization: theory and empirical evidence from 14 EU countries", Bulletin of Economic Research, 59 (4): 361 – 381.

[309] Dickens, W. T. , Lang, K. , 1985, "A test of dual labor market theory", American Economic Review, 75 (4): 792 – 805.

[310] Dickens, W. T. , Lang, K. , 1988, "The reemergence of segmented labor market theory" American Economic Review, 78 (2): 129 – 134.

[311] Disney, R. , Haskel, J. , Heden, Y. , 2003, "Restructuring and productivity growth in UK manufacturing", Economic Journal, 113 (489): 666 – 694.

[312] Dixon, P. B. , Rimmer, M. T. , 2011, "You can't have a CGE recession without excess capacity", Economic Modelling, 28 (1 – 2):

602 – 613.

[313] Dollar, D., Wei, S. J., 2007, "Das (wasted) kapital: firm ownership and investment efficiency in China", IMF Working Papers, NO. 13103.

[314] Dupont, D. P., Grafton, R. Q., Kirkley, J., Squires, D., 2002, "Capacity utilization measures and excess capacity in multi-product privatized fisheries", Resource and Energy Economics, 24 (3): 193 – 210.

[315] Esposito, F. F., Esposito, L., 1974, "Excess capacity and market structure", Review of Economics & Statistics, 56 (2): 188 – 194.

[316] Esposito, F. F., Esposito, L., 1979, "Excess capacity and market structure: another look at the evidence", Review of Economics & Statistics, 61 (1): 159 – 160.

[317] Fair, R. C., 1985, "Excess labor and the business cycle", American Economic Review, 75 (1): 239 – 245.

[318] Fair, R. C., 1969, "The short-run demand for workers and hours", North – Holland Pub.

[319] Färe, R., 1984, "The Existence of Plant Capacity", International Economic Review, 25 (1): 209 – 213.

[320] Fare, R., Grosskopf, S., Kirkley, J., 2000, "Multi-output capacity measures and their relevance for productivity", Bulletin of Economic Research, 52 (2): 101 – 112.

[321] Fare, R., Grosskopf, S., Kokkelenberg, E. C., 1989, "Measuring plant capacity, utilization and technical change: a Nonparametric Approach", International Economic Review, 30 (3): 655 – 666.

[322] Färe, R., Grosskopf, S., Norris, M., 1994, "Productivity growth, technical progress, and efficiency change in industrialized countries: reply", American Economic Review, 84 (5): 1040 – 1044.

[323] Fay, J. A., Medoff, J. L., 1985, "Labor and output over the business cycle: some direct evidence", American Economic Review, 75 (4): 638 – 655.

[324] Fisher, T. C. G., Waschik, R. G., 2000, "Union bargain-

ing power, relative wages, and efficiency in Canada", Canadian Journal of Economics, 33 (3): 742 – 765.

[325] Garofalo, G. A., Malhotra, D. M., 1997, "Regional measures of capacity utilization in the 1980s", Review of Economics and Statistics, 79 (3): 415 – 421.

[326] Getachew, L., Sickles, R. C., 2007, "The policy environment and relative price efficiency of Egyptian private sector manufacturing: 1987 – 1995", Journal of Applied Econometrics, 22 (4): 703 – 728.

[327] Ghemawat, P., 1984, "Capacity expansion in the titanium dioxide industry", Journal of Industrial Economics, 33 (2): 145 – 163.

[328] Gilbert, R. J., 1989, "Mobility barriers and the value of incumbency. Handbook of Industrial Organization", Amsterdam: North – Holland Publishing.

[329] Hickman, B. G., 1964, "On a new method of capacity estimation", Journal of the American Statistical Association, 59 (306): 529 – 549.

[330] Hilke, J. C., 1984, "Excess capacity and entry: some empirical evidence", Journal of Industrial Economics, 33 (2): 233 – 240.

[331] Hopper, W. D., 1965, "Allocation efficiency in a traditional Indian agriculture", American Journal of Agricultural Economics, 47 (3): 611 – 624.

[332] Hsieh, C. T., Klenow, P. J., 2009, "Misallocation and manufacturing TFP in China and India", Quarterly Journal of Economics, 124 (4): 1403 – 1448.

[333] Hsu, T. C. T., 2003, "Simple capacity indicators for peak to peak and data envelopment analyses of fishing capacity: a preliminary assessment", FAO Fisheries Technical Paper. No. 445.

[334] Ishii, J., 2011, "Useful Excess Capacity? An Empirical Study of U. S. Oil & Gas Drilling", Amherst College Working Paper.

[335] Jensen, M. C., 1986, "Agency costs of free cash flow, corporate finance, and takeovers", American Economic Review, 76 (2): 323 – 329.

[336] Johansen, L., 1968, "Production Functions and the Concept of Capacity", Recherches Recentes sur la Function de Production, Collection Economic Mathematique et Econometrie 2.

[337] Johnson, H. G., 1966, "Factor market distortions and the shape of the transformation curve", Econometrica, 34 (3): 686.

[338] Kamien, M. I., Schwartz, N. L., 1972, "Uncertain entry and excess capacity", American Economic Review, 62 (5): 918 – 927.

[339] Karagiannis, R., 2015, "A system-of-equations two-stage DEA approach for explaining capacity utilization and technical efficiency", Annals of Operations Research, 227 (1): 25 – 43.

[340] Kirkley, J., Paul, C. J. M., Squires, D., 2002, "Capacity and capacity utilization in common-pool resource industries: Definition, Measurement, and a Comparison of Approaches", Environmental and Resource Economics, 22 (1): 71 – 97.

[341] Kirkley, J., Squires, D., 1999, "Measuring capacity and capacity utilization in fisheries", Fao Fisheries Technical Paper.

[342] Kirman, W. I., Masson, R. T., 1986, "Capacity signals and entry deterrence", International Journal of Industrial Organization, 4 (1): 25 – 42.

[343] Klein, L. R., 1960, "Some Theoretical Issues in the Measurement of Capacity", Econometrica, 28 (2): 272 – 286.

[344] Klein, L. R., Summers, R., 1966, "The Wharton Index of Capacity Utilization", Economics Research Unit.

[345] Klein, L. R., Preston, R. S., 1967, "Some New Results in Measurement of Capacity Utilization", American Economic Review, 57 (1): 34 – 58.

[346] Kumbhakar, S. C., Bhattacharyya, A., 1992, "Price distortions and resource-use efficiency in Indian agriculture: a restricted profit function approach", Review of Economics & Statistics, 74 (2): 231 – 239.

[347] Kwon, J. K., Paik, H., 1995, "Factor price distortions, resource allocation, and growth: a computable general equilibrium analy-

sis", Review of Economics & Statistics, 77 (4): 664 –676.

［348］Lastrapes, W. D., 1992, "Sources of fluctuations in real and nominal exchange rates", Review of Economics and Statistics, 74 (3): 530 –539.

［349］Lau, L. J., Yotopoulos, P. A., 1971, "A Test for Relative Efficiency and Application to Indian Agriculture", American Economic Review, 61 (1): 94 –109.

［350］Lau, L. J., Yotopoulos, P. A., 1972, "Profit, supply, and factor demand functions", American Journal of Agricultural Economics, 54 (1): 11 –18.

［351］Leeuw, F. D., 1968, "The Wharton index of capacity utilization, by Lawrence R. Klein; Robert Summers", American Economic Review, 58 (4): 993 –995.

［352］Lieberman, M. B., 1987, "Excess capacity as a barrier to entry: an empirical appraisal", Journal of Industrial Economics, 35 (4): 607 –627.

［353］Lindebo, E., Hoff, A., Vestergaard, N., 2007, "Revenue-based capacity utilisation measures and decomposition: the case of Danish North Sea trawlers", European Journal of Operational Research, 180 (1): 215 –227.

［354］Magee, S. P., 1973, "Factor market distortions, production, and trade: a survey", Oxford Economic Papers, 25 (1): 1 –43.

［355］Mankiw, N. G., Whinston, M. D., 1986, "Free entry and social inefficiency", Rand Journal of Economics, 17 (1): 48 –58.

［356］Masson, R. T., Shaanan, J., 1986, "Excess capacity and limit pricing: an empirical test", Economica, 53 (211): 365 –378.

［357］Mathis, S., Koscianski, J., 1997, "Excess capacity as a barrier to entry in the U. S. titanium industry", International Journal of Industrial Organization, 15 (2): 263 –281.

［358］Mckinnon, R. I., 1973, "Money and capital in economic development", Washington D. C. Brookings Institution.

［359］Melo, J. A. P. D., 1977, "Distortions in the factor market:

some general equilibrium estimates", Review of Economics and Statistics, 59 (4): 398 – 405.

[360] Morrison, C. J., 1985a, "Primal and Dual Capacity Utilization: An Application to Productivity Measurement in the U. S. Automobile Industry", Journal of Business & Economic Statistics, 3 (4): 312 – 324.

[361] Morrison, C. J., 1985b, "On the Economic Interpretation and Measurement of Optimal Capacity Utilization with Anticipatory Expectations", Review of Economic Studies, 52 (2): 295 – 310.

[362] Mundlak, Y., 1970, "Further implications of distortion in the factor market", Econometrica, 38 (3): 517 – 532.

[363] Nachbar, J. H., Petersen, B. C., Hwang, I., 1998, "Sunk costs, accommodation, and the welfare effects of entry", The Journal of Industrial Economics, 46 (3): 317 – 332.

[364] Nelson, R. A., 1989, "On the measurement of capacity utilization", Journal of Industrial Economics, 37 (3): 273 – 286.

[365] Olley, G. S., Pakes, A., 1996, "The dynamics of productivity in the telecommunications equipment industry", Econometrica, 64 (6): 1263 – 1297.

[366] Parker, E., 1995, "Shadow factor price convergence and the response of Chinese state-owned construction enterprises to reform", Journal of Comparative Economics, 21 (1): 54 – 81.

[367] Pascoe, S., Tingley, D., 2006, "Economic capacity estimation in fisheries: a non-parametric ray approach", Resource and Energy Economics, 28 (2): 124 – 138.

[368] Phillips, A., 1963, "An appraisal of measures of capacity", American Economic Review, 53 (2): 275 – 292.

[369] Pindyck, R. S., 1988, "Irreversible investment, capacity choice, and the value of the firm", American Economic Review, 78 (5): 969 – 985.

[370] Rader, T., 1976, "The welfare loss from price distortions", Econometrica, 44 (6): 1253 – 1257.

[371] Ram, R., 1980, "Role of education in production: a slightly

new approach", Quarterly Journal of Economics, 95 (2): 365 – 373.

[372] Richardson, S., 2006, "Over-investment of free cash flow", Review of Accounting Studies, 11 (2): 159 – 189.

[373] Rodrik, D., Grossman, G., Norman, V., 1995, "Getting Interventions Right: How South Korea and Taiwan Grew Rich", Economic Policy, 10 (20): 53 – 107.

[374] Sahota, G. S., 1968, "Efficiency of resource allocation in Indian agriculture", American Journal of Agricultural Economics, 50 (3): 584 – 605.

[375] Salim, R. A., 2008, "Differentials at firm level productive capacity realization in Bangladesh food manufacturing: an empirical analysis", Applied Economics, 40 (24): 3111 – 3126.

[376] Samuelson, P. A., 1941, "The stability of equilibrium: comparative statics and dynamics", Econometrica, 9 (2): 97 – 120.

[377] Sarkar, S., 2009, "A real-option rationale for investing in excess capacity", Managerial and Decision Economics, 30 (2): 119 – 133.

[378] Segerson, K., Squires, D., 1990, "On the measurement of economic capacity utilization for multi-product industries", Journal of Econometrics, 44 (3): 347 – 361.

[379] Shaanan, J., 1997, "Idle sunk cost capacity, entry, and profitability: an empirical study", Journal of Economics and Business, 49 (3): 267 – 283.

[380] Shaikh, A. M., Moudud, J. K., 2004, "Measuring capacity utilization in OECD countries: a Cointegration Method", The Levy Economics Institute Working Paper, No. 415.

[381] Shleifer, A., Vishny, R. W., 1994, "Politicians and firms", Quarterly Journal of Economics, 109 (4): 995 – 1025.

[382] Spence, A. M., 1977, "Entry, capacity, investment and oligopolistic pricing", Bell Journal of Economics, 8 (2): 534 – 544.

[383] Spence, A. M., 1979, "Investment strategy and growth in a new market", Bell Journal of Economics, 10 (1): 1 – 19.

[384] Stiglitz, J. E., 1999, "Toward a general theory of wage and

price rigidities and economic fluctuations", American Economic Review, 89 (2): 75 – 80.

[385] Tobin, J., 1972, "Inflation and unemployment", American Economic Review, 62 (1): 1 – 18.

[386] Vestergaard, N., Squires, D., Kirkley, J., 2003, "Measuring capacity and capacity utilization in fisheries: the case of the Danish Gill-net fleet", Fisheries Research, 60 (2 – 3): 357 – 368.

[387] Wacziarg, R., 2002, "Review of Easterly's 'The Elusive Quest for Growth'", Journal of Economic Literature, 40 (3): 907 – 918.

[388] Wang, J., Wailes, E. J., Cramer, G. L., 1996, "A shadow-price frontier measurement of profit efficiency in Chinese agriculture", American Journal of Agricultural Economics, 78 (1): 146 – 156.

[389] Wenders, J. T., 1971, "Excess capacity as a barrier to entry", Journal of Industrial Economics, 20 (1): 14 – 19.

[390] Winston, G. C., 1971, "Capital utilisation in economic development", Economic Journal, 81 (321): 36 – 60.

[391] Young, A., 2000, "The Razor's edge: distortions and incremental reform in the People's Republic of China", Quarterly Journal of Economics, 115 (4): 1091 – 1135.

[392] Zhuang, J., 1996, "Estimating distortions in the Chinese economy: a general equilibrium approach", Economica, 63 (252): 543 – 556.